AX《アジャイル・トランスフォーメーション》戦略

Agile Transformation

Doing Agile Right:
Transformation Without Chaos

次世代型現場力の創造

ベイン・アンド・カンパニー

ダレル・リグビー / サラ・エルク / スティーブ・ベレズ〈著〉

Darrell Rigby / Sarah Elk / Steve Berez

石川順也・市川雅稔〈監訳・解説〉　川島睦保〈訳〉

東洋経済新報社

偉大なビジネスはよりよい人を生み出すという

私たちの信念を共有する人へ、また

私たちの仕事と成長を満たされたものにしてくれる

同僚とクライアントへ

Doing Agile Right
by Darrell Rigby, Sarah Elk, and Steve Berez

Published by arrangement with Harvard Business Review Press
through Tuttle-Mori Agency, Inc., Tokyo

はじめに

アジャイルという経営用語が世の中に出てからしばらく経ち、日本の企業経営の現場においてもよく引用されるコンセプトになってきた。

では、アジャイルという言葉を耳にしたときに、読者の皆さんは何を思い浮かべるだろうか？日本の企業経営においては、これまでアジャイルが狭義に定義、活用される傾向があった。ソフトウェア開発の手法、デジタルイノベーションの実験、などの「技術開発の世界」であったり、高速スピードでプロジェクトを動かす特命プロジェクトチームへの期待といった「個々のプロジェクト単位」、アジャイル運用マスターへの認定トレーニングなどが典型的で、アジャイルは特定の世界での匠のスキルというイメージが根強い。

しかし、アジャイルの経営コンセプトは、はるかに広義に企業の様々な場面での有効活用が可能で、企業にとって顧客支持と競争力の向上に直結する極めて実践的でパワフルなものである。アジャイル経営手法の成功原則に基づき、活き活きとした組織運営を行う企業を本書では「アジャイル企業（＝Agile Enterprise）」と呼んでいる。

ベイン・アンド・カンパニーでは様々なクライアント企業に対して、戦略策定から成果実現への大規模変革（＝トランスフォーメーション）の支援を行っている。日本で経営者の方々から聞く悩みの特徴は、組織の改革スピードの遅さである。やるべきことが明確であるにもかかわらず、競争力を損なう現況となってしまっているのだ。それは、企業が「事業を回し続ける」ことと、「事業自体を改革・イノベートする」ことを同時に追求することの難しさの表れでもある。

アジャイル企業へと脱皮・変貌を遂げるべくアジャイル・トランスフォーメーションへの取り組みはグローバルに盛んである。残念ながら、そのような徹底したアジャイルの導入と企業変革を通じた競争力のあくなき強化において、日本の企業は世界に後れをとっていないだろうか。

本書の原題は「Doing Agile Right＝アジャイルを正しく実践する」である。これは、グローバル企業がアジャイル企業へと変革していく中で、様々な失敗（Doing Agile Wrong）をしてしまうことからの教訓を踏まえ、アジャイル経営成功の虎の巻としてまとめたものである。日本においても、左記のような状況の企業で適用できるはずだ。

・これから全社的なアジャイル・トランスフォーメーションを本格化させ、アジャイル企業への脱皮を意図している
・アジャイルのチームやプロジェクトを立ち上げたが、思うように成果をあげられず、チームは焦りと疲弊、経営側は不満と不安をつのらせ、突破口が見出せない
・経営陣として、アジャイルの手法をより広範に浸透させたいが、特定の世界から殻を破って拡大させていくための決め手が欲しい
・アジャイルチームをリーダーとして率いているが、チームが高い士気をもって、ミッションを

達成するために、リーダーとして自身に求められることと、会社や上司から得るべき必要なサポートを明確にしたい

本書は、企業規模や読者の役職・所属組織機能を問わず、リードする側、メンバーとしてアジャイルに寄与貢献する側のどちらにとっても有用な、アジャイルの実践と成功への要諦をストーリー仕立てで構成している。また、日本語版では特別に日本企業への示唆を独立した章として追記している。

先の見えない中の舵取りを日々迫られる日本の企業の現場や経営のコックピットにおいて、本書が一助となれば幸いである。

なお、日本語版の出版にあたって多大なご協力をいただいた、東洋経済新報社の佐藤朋保様、関俊介様に深く感謝の意を表したい。また、本書出版の実現へ尽力してくれた、弊社マーケティング・広報チームの西由希子・有馬夕貴やコンサルティングメンバーの森口健太郎にも御礼を申し上げたい。

石川順也　市川雅稔

CONTENTS

第2章

アジャイルの拡大——社内でどこまでアジャイルを拡大するか

第3章

どのレベルまでアジャイルを適用すべきか？

第4章 アジャイルリーダーシップ

第5章 アジャイルな計画、予算、そして検証

第6章 アジャイルな組織、構造、人材管理

第7章 アジャイルなプロセスとテクノロジー

第8章 アジャイルの正しい実践法

第9章 日本の企業への示唆

イントロダクション

アジャイル――自律マネジメント型のチームが高速回転しながらイノベーションを推進するビジネスの手法――が企業経営の主流として認められるようになってきた。

アジャイルは元来、ソフトウェア開発を迅速且つ柔軟に行うための手法として確立された。今日では、ソフトウェア開発に留まらず、企業経営手法として大企業を訪問すればどこでもアジャイルチームが顧客体験やビジネスプロセスの改善のために動いていることに気づくはずだ。

農業機械会社のディア・アンド・カンパニーはアジャイルの手法を使って新しい機械を開発し、金融会社のＵＳＡＡは顧客サービスの改善を実現した。

３Ｍ カンパニー（以下、３Ｍ）は大きな買収の統合作業（ＰＭＩ）を進めた。40万社以上の関連企業に技術やサービスを提供するグローバル・サプライヤーのロバート・ボッシュ（以下、ボッシュ）は、アジャイル原理を取り入れて、企業の構造改革を着実に進めている。アマゾン、ネットフリックス、スポティファイ・テクノロジー（以下、スポティファイ）などのデジタル企業は、幅広いイノベーション活動にアジャイルの手法を取り入れている。

アジャイル手法は無数のイノベーションの源泉であるＩＴ部門では、ほぼ常識となっている。全体で見ると、ソフトウェア開発者の85％はアジャイルの方法論を活用している[1]。

アジャイルが急速に普及している理由は明白であり、特段驚くべきことではない。大企業の多くはイノベーションを起こすことが難しいと感じており、官僚主義的な組織やプロセスに押しつぶされそうになっている。アジャイルは組織のイノベーションスピリットをそうした抑圧から解き放ってくれるのだ。アジャイルによって、企業は顧客に提供する製品やサービス、あるいは社内の運営方法などを刷新することができる。アジャイルはまた、従業員の働き方を改革し、その仕事のやりがいを高めることもできる。

　これらは大げさに聞こえるかもしれないが、データの裏付けがある。多くの調査によると、アジャイルチームは伝統的手法のチームよりもイノベーションにおいてはるかに大きな成功を収めている。改善の効果がすぐに実感でき、しかもコストは安上がりだ。従業員の満足度と会社への愛着心も向上する。さらに言えば、特別な部署や独立型の研究開発チームを極秘に立ち上げたりしなくても、企業はアジャイルを実践できる。企業はすべての業務部門や管理部門でアジャイルチームを編成し、大きな成果を得ることができる。

　本社部門についても例外ではない。企業はいったんアジャイルの基本を学んでしまえば、アジャイルを拡大させ、数百の個別のアジャイルチームや複数の個別チームからなるチームを多数作ることで大プロジェクトにも取り組めるようになる。

　航空機・軍需品メーカーであるＳａａｂの航空ビジネス部門では１００以上のアジャイルチームを立ち上げ、グリペン戦闘機のソフトウェア、ハードウェア、機体についての製作を行っている。グリペン戦闘機は1機４３００万ドルもし、世界でも最も複雑な製品の１つであることは間違いない。軍事分析機関のジェーンは、グリペン戦闘機が世界で費用対効果の最も高い戦闘機だと評価している。

このようにアジャイルの手法は世の中に広く普及し、アジャイルチームはその目的を達成しつつある。それはあたかも素晴らしい将来に向かって勇気づけられる進化を体現しているかのようだ。だが、こうした見方に何か落とし穴はないのだろうか。

もちろん基本的な考えにおいて何ら問題はない。私たちは経営戦略コンサルタントであり、世界中の何百という企業でアジャイルの力と可能性を見てきた。私たちはこうした多くの企業で、アジャイルの実践を支援してきた。私たちは自らをアジャイルの最大のサポーターだと考えている。

しかし多くの素晴らしいアイデアがそうであるように、それを実践しても思い通りにならないことがよくある。アジャイルは拡大スピードが速すぎるとコントロールできなくなる恐れがある。アジャイルを上手に活用している企業がある一方で、アジャイルを誤解し、間違って用いている会社もある。熱狂者は往々にしてできそうもないことを約束するものだ。うまくいっていない企業は、そのような人々によって扇動されているのかもしれない。

アジャイル改革が何を必要とするかについて基本的な知識を得る前に、アジャイル・トランスフォーメーション実行を決断しているのかもしれない。アジャイルの用語を使って、アジャイルとは明らかに異なる目的をカモフラージュしているだけかもしれない。

実際、多くの企業でアジャイルが誤用されており、その結果、建設的変革ではなく大混乱が生じている。しかも、そのダメージは過去に経験したことがないほど深刻だ。アジャイルを間違って実行すれば、必ずといっていいほど惨憺たる結果が待ち受けている。顧客は不安に駆られ、従業員は不満を抱く。投資家は黙って見ていられなくなり、経営者の交代を求める声が強まっていく。

そして後任の新しい経営者が前体制の経営施策のすべてに不信感を抱くことは十分に理解できる。彼らは既存の責任者を排除し、アジャイルチームを解散に追い込み、（おそらく）レイオフにまで踏み込む可能性がある。これはグレシャムの法則の典型例だ。

悪いアジャイルが良いアジャイルを駆逐してしまう。このようなことがたびたび起これば、アジャイルは失格の烙印を押されてしまうだろう。ビジネスの世界は振り出しに戻り、頭でっかちで官僚主義の蔓延した企業がせっかちな新興企業や市場の急速な変化を後追いするだけになってしまうだろう。

本書を通じて、私たちはアジャイルを実践的な見地から見直し、良いアジャイルと悪いアジャイルの違いを明確にしたい。ここではまずイントロダクションとして、間違った目的、落とし穴、隠れた危険性など、企業が陥ってしまったアジャイルの誤解や誤用のパターンに焦点を当てる。

私たちが希望するのは、こうした教訓や警告を通じて、アジャイルは一種の魔法の応急処置だという考えに陥らないようにすることだ。さらに私たちは次章以降――正しいアジャイルの推進について論じる章――で取り上げる考えの一部も紹介する。

正しいアジャイルは間違ったアジャイルに比べ多くの時間や実験が必要になる。しかし、アジャイルの思想通りの結果を得るためには、そうするしかないのである。

正しいアジャイルの推進

アジャイルに対する理解にはばらつきがある。そして、企業経営者は、アジャイルをどのように実行すべきか、成功した箇所はどこで、なぜ成功したのかについて理解していないことが多い。そうした無理解によって、経営者はアジャイルという用語を乱発し、アジャイルについて明らかに間違っている思い込みを改めようとしないこともよく見受けられる。

こうした誤解は以下の状況の裏返しともいえる。アジャイル・メソッド――特にアジャイルの改革チームの守備範囲や規模を広げるメソッド――は、未だ比較的新しく、多くのビジネスリーダーがよく学習できていない、ということだ。

例えば、アジャイルは素晴らしいものの、テクノロジー由来のイノベーションにしかあてはまらず、そうした技術革新を生み出すＩＴ部門にしか素晴らしい効果をもたらさない、ということをよく聞く。こうした指摘は、アジャイル・メソッドを使ってラジオ番組を制作しているアメリカの公共ラジオ局ナショナル・パブリック・ラジオ（ＮＰＲ）や、グリペン戦闘機やハイアールの家電製品を開発している人々や、アジャイルを使ってサプライチェーンの刷新を行っている多くの会社にとっては違和感を覚えることだろう。

確かに歴史的に見ると、アジャイルはＩＴ分野で急速に広がってきた。しかしアジャイルは、他の多くの分野でも幅広く利用され、様々な分野においても成功を収めているのである。

他の誤用の例として、ある種の経営者への警鐘ともなる事例がある。百貨店のシアーズの最高経営責任者、エドワード・Ｓ・ランパート氏が２０１７年に発表したニュースリリースを見てみよう。

「本日発表したコスト削減目標に加え、私たちはオペレーティング・モデルや資本構成がよりアジャイルになるべく見直し、顧客体験向上に注力する革新的な小売業であり続けます[2]」

この文脈におけるアジャイルは、レイオフの婉曲的な表現にほかならない。こうした誤用は、ランパート氏に限ったものではない。私たちは毎月のように、次のような書き出しで始まるコンサルティングの依頼を受け取っている。

「このプロジェクトの目的は（もしこの提案を受け入れるなら）、仕事のやり方をアジャイルに切り替え、デジタル技術に変換することで、今年の事業経費を30％削減することだ」

このような依頼者は、混乱にみちた大量レイオフとアジャイルの間に、基本的な矛盾があることを理解していない。まず、大規模なレイオフは性急なリストラや毎年の予算編成において発生しがちだが、これはアジャイルが定める継続的な学習と適応というプロセスとは真逆のものだ。

次に事業の再編成や新たな経営目標の設定によってレイオフが必要になった場合、経営幹部が秘密裏に集まって計画を立てるのが普通だ。これは、現場に最も近い人々に権限を与え改善の機会を見つけてもらうアジャイルの原則に反している。

最悪のケースとして、アジャイルとレイオフを合体させようとする経営者は、深く考えずに、反アジャイル的な動き方を手本としていることになる。彼らは、試行錯誤と学習というアジャイルな文化ではなく、予言的で指揮管理的な環境を作り出そうとする。

さらに研究によれば、大規模なレイオフはリスク回避の姿勢を強め、イノベーションを鈍化させる。人々はこぞって新しい仕事を学ぼうとする。彼らは、組織上の役割分担などお構いなしに、主流となる事業で主導権を得ようと躍起になる。

会社の業績が再び悪化する可能性があるにもかかわらず、社員は翌年も会社に留まれるようにできることは何でもする。多くの場合、人々はこれまでのやり方で対処しようとするが、社員数は減っている。こうした環境ではアジャイルは成功する見込みがない。

さらに、自分の過ちを改めようとしない頑固者もいる。それは無知や冷笑主義とは別のものだ。こうした誤った利用は、アジャイルの善意の支持者によって喧伝されている。このような経営者は自分の会社をさらに機敏に、革新的にしたいと強く望むが、アジャイルが実際にどのように機能するかほとんど理解していない。

数千のアジャイル・プロジェクトを開始した数百の企業と仕事をしていく中で、私たちは次の3つの有害な過ちを発見した。

どこもかしこも、アジャイルだらけ

一部のカリスマ指導者は、アジャイルはどのような状況――すべての企業、業務、職制――においても、官僚主義にとって代わるべき万能薬として推奨している。

マジックアジャイルという会社について考えてみよう（この会社は実在の会社だが、その経営者との会話は極秘とする約束だったので仮名にした）。この会社は音楽ストリーミング会社のスポティファイのようなデジタル・ディスラプター（デジタル時代の創造的破壊者）になることを望んでいた。

スポティファイは、アジャイルな革新チームが活躍していることで有名であったため、マジックアジャイル社は会社中にアジャイルチームを立ち上げた。オフィススペースを設計し直して職場環境を開放的にした上に、顧客体験や従業員体験を向上させる改革も行った。

アジャイルの伝道師の目線からすれば、マジックアジャイル社はお手本の１つのように見えた。同社が２０１８年から２０１９年の初めにかけて時価総額の約半分を失ったという事実を無視するのであれば、そういって差し支えなかった（さらにいえば、そうした改革がなければさらに状況は悪化していただろうとか、株主価値などは重要なことではない、と澄ました顔をして主張するのであれば、そうかもしれない）。

しかしマジックアジャイル社の経営幹部と率直な意見交換をすると、ほとんどすべての役員が目に見える成果が少ないことに失望を感じていることがうかがえた。幹部たちは次のようなことを言った。

「アジャイルによってリーダーシップの問題が生じている。規律や連携がなくなった。まさにカオスだ」

「極端にやりすぎた。誰もがサーバントリーダーシップ（メンバーの持つ力を最大限に発揮させるための環境づくりに奉仕する支援型リーダーシップ）や心理的安全性（チームのメンバーが安心して対人的なリスクを取れるという暗黙の共通認識を持っている状態）についてばかり議論している。誰も『管理職』という言葉を使うことを許されない。すべての管理職がどこかに雲隠れしてしまった」

「損益計算書に対する責任があいまいになりつつある」

「各部署に戦略的な方針を示すときに、経営幹部の考えは批判され無視された」

「アジャイル自体が目的となった。私たちはにせの教会の祭壇で祈りを捧げている」

「アジャイル万能論」的な熱狂者が理解できていないのは、長期にわたり培われてきた官僚主義の長所は――時と場合によっては――評価すべきだという点だ。変革や技術革新の対極にあるものとして忌み嫌われる官僚主義が、ビジネスの歴史では偉大なイノベーションの1つだった。

　階層的な権限、労働の特化と分担、事務手続きの標準化――官僚的手法の代表例――によって、企業はそれらが導入される以前よりもはるかに大きく成長することができた。官僚主義の原理は、優れたマネジメント手法としてビジネススクールや社内研修プログラムで教えられた。企業は予測可能性や計画性の優れた点について学んだ。有能な官僚は組織の頂点に上り詰めることができた。

今日、私たちは官僚主義の限界について理解している。ドイツの社会学者マックス・ウェーバーは、官僚主義について体系的な論文を書いた最初の人物であり、その効率性について十分理解していた。そのウェーバーが、次のような警告をしたことは有名だ。官僚主義は退屈な「鉄の檻」を生み出し人々を非人間的な組織に閉じ込め、その可能性を奪ってしまう、と。[3]

彼は間違っていなかった。今日多くの人は官僚主義の中で働き、自分の仕事から疎外されていると感じている。

若い人々の間では、大企業の出世の階段を登ることに生涯をかけるより、新興企業や中小企業で働くことを魅力に感じることが増えているが、こうした現象は官僚主義の欠陥を反映したものだ。

そしてまたイノベーションも官僚主義とは相性が悪い。組織の仕事――何を提供し、それをどのようにして実現するか――が明確で、くるくる変わることがなく、しかも将来も予測できる場合、官僚主義はうまく機能する。イノベーションは定義からして、これらの基準のどれにも合致しない。こうした限界によって、官僚主義の悪評は広まり、アジャイルのような反官僚主義的手法への期待が高まっていく。

その一方で、アジャイルの特徴である、食品や医薬品の安全性、差別禁止やハラスメント対策、会計基準、航空安全、品質管理、製造規格のような領域で、多様性、現場判断、意思決定の分散化――を奨励することの弊害を考えてみよう。

　企業を経営していくためには、標準化された製品を工場から出荷し、サービスを注文通りに顧客に提供しなければならない。企業はそうした職務を遂行するために、階層的な承認、労働の特化と分業、業務手続の標準化などの官僚主義的な組織や手続きを必要としている。簡単に言えば、企業がやるべきことは、官僚主義をすべてアジャイルに置き換えればいいというのではなく、いかに両者のバランスを図っていくかということだ。

　企業はビジネスを遂行しなければならない。そのビジネスで他社よりも秀でていなければならない。企業はまた、新しい製品やサービスを発売するだけでなく、新たな手法や手続きを導入することで業務全般を見直していかなければならない。イノベーションにも長けていなければならない。こうした仕事ではそれぞれ異なる技能が必要とされるが、お互いに水と油ではない。すべての技能は補完的、相互依存的、互恵的であり、企業として存続するためにお互いを必要としている。

　イノベーションへの取り組みが不十分であれば、企業活動は停滞し、環境の変化に適応できなくなるだろう。日常的な生産や販売活動を疎かにすれば大混乱――品質の低下、コストの上昇、顧客や事業への深刻なリスクなど――を招くことになる。

　今日、ほとんどの大企業ではイノベーションを渇望しながらも、過度の官僚主義から逃れられずにいる。組織は停滞しきっており、満足のいく結果が出せずにいる。こういう理由からアジャイルが必要とされているのだが、かといって全く反対の方向に舵を切ればいいというものでもない。むしろ官僚主義や階層主義が望ましく、働く人の疎外感を招かない範囲において、それらを継続することも必要だ。同時に状況によっては、アジャイルと官僚主義をバランスよく組み合わせることがあってもいい。

こう言えば簡単なことのように聞こえるかもしれないが、実はそうではない。アジャイルと官僚主義は一緒になればお似合いのカップルだが、そう簡単には混じり合わない。

アジャイルチームが成功するのは、物事を迅速に進める場合だ。チームは新しいアイデアが十分確立される前に、将来の顧客のために試してみようとする。彼らは官僚主義的な手続きや細かな計画に従うこともない。そしてチームが組織内で力を発揮するためには、彼らに多くの自由を与え、それを支援する必要がある。

官僚主義の場合は、もちろんその逆だ。彼らは強い権限によって機能する。彼らが正確に知りたいことは、ある部署がこれまで何をやってきたか、今後12ヵ月間に何を計画しているのか、そのためにどのくらいの費用がかかるのか、である。

古臭い官僚主義にとって、アジャイルチームは組織に感染しているウイルスのようなものだ。免疫システムにおけるT細胞のように、官僚は自分の仕事から感染ウイルスを取り除き、あるいは最低でもその悪影響を緩和したいと考えている。

アジャイルを本当に成功させようとするなら、官僚主義とイノベーションは共に手を携えなければならない。それによって両方の機能が改善し、スタッフが互いに協力し合ってパフォーマンスが向上するシステムが生まれる。本書で示そうとしているのは、官僚主義とイノベーションの調和をいかに図っていくかということである。

スタッフにアジャイルを実践させよう

フレデリック・ウィンズロー・テイラーは、官僚主義的管理手法を芸術から科学へ高めることを主張した。彼の時間研究は経営学の歴史における古典である。1911年の著書『科学的管理法の原理』で、彼は4つの原理を示している。

（1）管理者が仕事の計画を立て、従業員がそれを実行する。
（2）管理者が科学的に最も効率的な働き方を研究し、その分析結果に基づいて労働者が仕事をする。
（3）管理者が科学的に適材適所で従業員を選び、訓練を施す。
（4）管理者は従業員が職務を遂行しているかどうか厳格に管理する。[4]

本の刊行当時、テイラーの手法は人間を機械のように取り扱っているとして厳しい批判を浴びた。しかしこの手法は人気を博し、発案者のテイラーよりも長生きした――現在においても、多くの企業はうわべはともかく本心ではテイラー主義者の管理職や取締役を数多く抱えている。そして、こうしたテイラー主義者がアジャイルを実践しようとすると最悪の事態が生じる。

る。彼らは転換を促進するために、大きな権限を持った計画推進オフィスを設置する。この部署において、計画通りに業務が遂行されるように、詳細な予算管理、節目ごとの達成目標、ガントチャート（プロジェクト管理や生産管理などで工程管理に用いられる表）やストップライト・レポーティングシステム（信号機のような赤青黄を用いて進捗度を表現する仕組み）が完備された業務執行工程表が策定される。

経営トップは自分自身ではなく部下に対してアジャイル・トランスフォーメーションを計画す

計画推進オフィスは多くのアジャイルチームを編成するが、それぞれのチームは一般的に2週間程度の訓練を受けただけの素人のテイラー主義者によって率いられる。そのチームが1つでも目標を達成すれば、それほど重要な達成ではなくても、計画推進オフィスはそれを大々的に喧伝しようとする。内外の人々に、アジャイルの変革が計画通りに進行していることを印象付けるためだ。

一方、経営トップは従来のやり方のままで業務を続けている。つまり、経営トップは部下たち、つまり今ではアジャイルチームのメンバーを含むグループを監督し、（しばしば）現場の些細なことまでも干渉し続けている。こうした経営幹部は部下に対して何をすべきかだけでなく、どのように実行すべきかについても細かく指示を出す。しかし、そうした指示は経営者の仕事とは言えないのではないだろうか。

しかし経営トップが現場の細かなことにまで口出しするようになれば、アジャイルは失敗する。自己管理、検証、学習などといったアジャイルの用語のすべてが、見せかけのように感じられ始める。いずれにせよ、トップダウン型の経営手法は変化の激しい環境下ではうまく機能しない。ベンチマークは、その背景にある文脈と切り離して議論することはできない。事前の予想に基づく計画は、失敗することが多い。予想外のシステム上の変化を認識して、それにうまく対応することができないからだ。

私たちはベイン・アジリティ指数を活用して、組織全体のアジャイル計画の健全性や成熟度を診断している。テイラー主義者の手法が主流である企業ではどこでも、経営幹部とアジャイルチームの間に大きな認識ギャップが生じる。経営幹部は会社のアジャイル計画はうまくいっており、満足のいくものだと考える。現場の近くにいるアジャイルチームのメンバーは従来の〝タスクフォースチーム〟と全く変わらないことに失望し、フラストレーションを募らせている。

最初、私たちは経営幹部が真実から目を背けているのだと思ったが、すぐに彼らが単に現場のことを知らないだけであることがわかった。彼らはアジャイルの現場から遠く離れた場所にいるために、彼らの知識は部下の報告から得たものだけであり、部下は経営者の聞きたいことしか報告しないからだ。

確かに、経営トップがテイラー主義者であっても、アジャイルチームが成功することもある。彼らは経営幹部の監督下で上司の指示を受けながらも成功しているのであり、成功は経営幹部の指示によるものではない。

しかし真のアジャイル・トランスフォーメーションに必要なのは、経営幹部の積極的な関与と支持だ。アジャイルのレベルをさらに引き上げたいと本心から思っている経営幹部は、部下をトレーニングセミナーに送ることよりも、アジャイルの実施法について部下に正しく説明できれば良い成果を得ることができる。経営幹部自身が、アジャイルを正しく理解し、好きになり、自分自身の部署で実際に活用してみることだ。

ガンジーの有名な言葉に「自分自身を変えることができれば、世の中の流れもまた変わるだろう」というのがある。アジャイルについても、まさにそれが当てはまる。

拙速なアジャイル化

緊急を要する戦略的な脅威に直面して、抜本的な変革が必要になっている企業は少なくない。そうした状況の中で、一部の部署においてビッグバン型の、すなわち一瞬にしてすべてのやり方が一変するような拙速なアジャイル転換を追求してきた会社がある。

例えばＩＮＧグループ。同社では２０１５年に、デジタルソリューションへの顧客のニーズの高まりや、フィンテックと呼ばれる最新の金融テクノロジーを駆使したライバル企業の参入拡大を予想して、経営者が積極的な対応に乗り出し、ＩＴ開発、商品管理、販売チャネル管理、マーケティングなど最も革新的な機能を持っていた社内組織を解体してしまった。

はっきり言ってしまえば、従業員全員の仕事が廃止されてしまった。その後、経営者は小回りの利く「スクワッド（小部隊）」を創設し、約３５００人の従業員に対して、それらの小部隊に新たに設けられた２５００のポストに再応募するよう求めた。新設のポストに就いた人々の約40％は、新しい仕事を一から学ばなければならなかった。全員が自分の考え方を根本から見直さざるを得なくなった[5]。

　その後の経験を踏まえると、この手法には無数の問題点があることが浮き彫りになった。まず組織が大混乱し、ショック状態に陥った。人々は何を目指したらいいのか、何をすべきなのか、自信が持てなくなった。新しい組織改革では、数千人がアジャイルの経験や知識を持っていないにもかかわらず、突然アジャイルの原則を理解し、それに従って行動することが前提になっていた。

　抜本的な変化を遂げた人は自らの成功を世間にアピールするが、全体としての成果は現実離れした目標に届いていないことが多い。例えば、株価（ＩＮＧグループを含めて）は下落し、30％以上も値を下げることがしばしば起きた。非公式な場では、経営者も従業員もバランスがとれていた。誰もが次のような現状認識を持っていた。

「経営トップや社内文化は、そうした性急な改革への対応ができていない。『えいやっと、一気に片をつけてしまおう』、『背水の陣を敷く』などの古臭い常套句を繰り返せば繰り返すにつれて、私たちはそれを信じるようになった。しかし、自分たちの経営幹部にはアジャイルな環境で働いたことのある人は誰もいない。私たちは想定外の結果を予想することも、それに備えることもしてこなかった。さらに悪いことに、一部の優れた人材は会社を去っていった。最悪の事態を指摘しようとする人々に対して改革の妨害者というレッテルを貼ってしまったからだ。私たちのアジャイルの導入の仕方はまったくアジャイルではなかった」

拙速なビッグバン型アジャイルよりもさらによく見られたのは、官僚が好むイノベーション手法、つまり他人のまねをすることだ。もちろん経営者は〝ものまね行為〟に対して知的に聞こえる名前――ベンチマーキング（優良企業とのパフォーマンス比較）、コンペティティブ・インテリジェンス（競合情報分析）、いわゆるファスト・フォロアー（俊敏な追随者）になれ、など――をつけている。しかし、これらのすべては煎じ詰めると人のものまねである。

人気のお手本企業は、スポティファイだ。この会社は、スクワッド（小部隊）、トライブ（部族）、ギルド（職能別組織）といったアジャイルに関する独創的な語彙を生み出したことで有名だ。最初にスポティファイのものまねをした会社があって、さらにその会社のものまねをしようとする会社まで出てきている。

ものまねの論理は誘惑的だ。スポティファイのようなアジャイルの先駆者は長い時間をかけてアジャイルの原則を学び、それを現実に応用した。わずか6ヵ月間で、その成功を追体験すればいいではないか。特に心を惹きつけられてしまうのは、先駆者の組織構造やオフィスのデザインをまねするだけでいいというアイデアだ。部屋の仕切りやレイアウトを変更すれば、従業員の仕事の取り組み方が変わる。働き方が変われば、仕事の成果や結果が変わる。こうした手法のどこに問題があるというのだろうか。

では、そのやり方を検討してみよう。第一に、人の組織は（人間の体のように）複雑なシステムである。環境が変わればメンバーの相互作用も変化する。ある患者に効果があった医薬品であっても、遺伝子、性別、年齢、食習慣が異なる人には有害であるかもしれない。アジャイルに成功した企業のある部署の組織構造をそのまま別の会社全体に適用しようとする場合、予期せぬ結果を招く可能性がある。

スポティファイ自身は先進的な企業で、アジャイルについて十分理解していた。各部署に特有の組織文化に対応するために、エンジニアリング・モデル（設計のためのひな形）を作り、その価値観に特有の信頼と協働をうまく引き出すことができた。

スポティファイのエンジニア部門は、そのモジュラー製品や技術アーキテクチャーゆえに、他の多くの組織よりも相互の依存性が少ない。大勢の関係者との緊密な調整を必要とする製造ラインにおいて、スポティファイのやり方を単純に模倣しようとすれば往々にして利害対立が表面化し混乱をきたす。スポティファイは、自分たちのエンジニアモデルは絶えず進化しており、他の会社はおろかスポティファイの他の部署さえも模倣すべきではないと強く警告している。しかし他社の模倣は依然として続いている。

次に2番目の問題点である。よく起きるのは、他社の組織を模倣することによって業務部署の説明責任が意図に反して曖昧になってしまうことだ。アジャイルチームという金ピカの新組織ができても、かつての機能別の組織の場合と同じように全体の相互調整という課題がすべて消えてなくなるわけではない。

各部署でＣＥＯ（最高経営責任者）のように振る舞ってきた部長が突然、難しい決定をする権限を失う。例えば、部門リーダーの権限の及ばないところで、収入や費用の部門間の配分が決められたことで、クレジットカード部門の業績が大幅に悪化したとしよう。アジャイルチームは、ビジネス部門の括りを適切に見直さなければならない。各ビジネス部門が重要な損益計算書に対して説明責任を負えるようにするためだ。ビジネス部門の再編成においては、こうした説明責任を曖昧にすることがあってはならない。

3番目の問題点は、マトリックス・マネジメント（企業全体の重要課題に取り組むために各部署から主要人物を集めてチームを作る手法）は予期せぬ複雑さを生み出すことだ。アジャイルチームは機能横断的な組織だ。機能横断的なチームは、その定義からして、マトリックス的な組織を必要とする。マトリックス・マネジメントは理論上、簡単なように見えるが、実際には会社内を整理整頓して、数百のアジャイルチームを発進させ、お決まりの縄張り争いを起こさないようにすることが必要だ。

誰がそれらのアジャイルチームを取り仕切るのか。誰がアジャイルチームを追加で発足させることができるのか。技術専門のアジャイルチーム（プロダクトチームと呼ばれる）や他のイノベーションチームもすべて別組織を作るべきなのか。誰がチームに資金提供するのか、決定権はどのように行使されるのか、チームの成果はどのように評価され報酬はどのように決まるのか、など課題は多くある。こうした詳細な取り決めは組織図では明らかになっていない。それらすべてを正確に理解して、自分の会社にまるごと導入するのは、不可能である。

しかし最悪の問題は、ものまねをする側がアジャイルの成功に必要な基本を理解していないことだ。つまり学び、実践し、改善することを繰り返すことで、成長を続ける能力だ。この過程を端折れば、現実の顧客ニーズに対応し、業務システム全般を見直すといったスキルを培うことができない。

アジャイルへの転換は終わりのない試行錯誤である。コピペして、それで終わりというわけにはいかない。新しい業務モデルを作り、それに習熟するには時間が必要だ。どのような変化でも、それが組織にどのように影響するかを正確に予測することはできない。そのためにテスト・アンド・ラーン（試行錯誤を通し最適な方法を学ぶ）をした上で、段階を追ってアジャイルの適応範囲を拡大させる必要がある。

アジャイルの手法は、他の経営手法と同様に長所と短所がある。問題がすべて解決できるというわけではない。適切な状況で正しく活用されてはじめて、深刻な影響をもたらす可能性のある問題を改善することができる。

少人数で自己完結型のアジャイルチームは人間関係が良く、行動も迅速で、生産性も高いが、その一方で相互調整を綿密に行い、計画や資金調達の見直しを頻繁に行う必要がある。アジャイルチームでは階層構造がシンプルになる反面で、肩書きの変更や昇進の頻度が少なくなる。こうした課題を先取りして解決できなければ、チームのメンバーは混乱し失望感が高まる。

最も優れた運用は、すべての経営手法をアジャイルへ切り替えるのではなく、他の経営手法と併用する中で、いつ、どのような状況で、どのように活用すべきかを学ぶことだ。これは２３００年以上前にアリストテレスが「中庸の発見」と呼んだものと通じるところがある。これは、ある人がコンティンジェンシー理論とマクレガーのＹ理論哲学の両方使える組織と呼んだものを実現する実践的な手法でもある。

アジャイルの正しい実践法：本書のロードマップ

２００１年は、ソフトウェア開発業者がいわゆる軽量型の開発方法を実践して約10年が経過した年だった。その年に、17人の実務家が一堂に会し、開発方法の改善についてそれまで学んだ成果を持ち寄って議論した。彼らはその軽量型の手法をアジャイルと再命名し、いくつかの原則を設けてその定義を行った。

彼らの「アジャイルソフトウェア開発宣言」によって無数のソフトウェア開発チームがアジャイルの手法を実践することができた。現在でも多くの企業が過去の約10年間、アジャイル拡大期と取り組んできたので、同じような状況にある。私たちは今や十分な経験の蓄積があるので、成功や失敗の新たなパターンを分析することができる。

悪いアジャイルが良いアジャイルを駆逐する前に――この強力な経営哲学がリエンジニアリングのビジネスプロセスや、種々雑多なマネジメント手法に対する自発的な品質管理活動の中に組み込まれる前に――、アジャイルの適用拡大に関する不健全な誤解や誤用を取り除いておく必要がある。アジャイル運動の健全性、実用性、安定性をもっと高める時期でもある。それが本書の目的だ。

私たちはアジャイルがフラストレーションを高めるだけの一時的なブームではなく、価値のある実用的なツールになってもらいたいと願っている。私たちは、アジャイルの考え方や手法が組織の中で働く人たちの一層の幸せや成功につながるはずだと信じている。私たちは読者にこれから5〜10年のアジャイルへの転換プロセスを、失望や後悔ではなく、誇りや充実感をもって振り返ってもらいたいと願っている。

本書を読んで利益を得るのは誰か。私たちはいくつかのタイプの読者を想定している。例えば、大企業——特に官僚主義がはびこっている大企業——の経営者が、官僚主義の弊害を克服しアジャイルへ期待をつなぐ支援をしたい。あるいは、アジャイルの改革に乗り出したばかりの人々が、ここで指摘したような失敗を犯さないための手助けをしたい。また、彼らがアジャイルな対応や行動を習慣化し、混乱ではなく結果を持続的に出し続けるための支援もしたい。

ある会社がすでにアジャイルの取り組みのスタート時点で誤った一歩を踏み出しているのであれば、それを早く認識して手遅れになる前に事態を改善する手助けをしたい。もちろん、アジャイルチームのメンバー——そしてアジャイルチームと協働している他の従業員——も、この本を読むことで自らのパフォーマンスを改善することができるだろう（そしておそらく、本書をアジャイルに批判的な上司の説得にも使うこともできる）。

すでにアジャイルの実践に深く取り組んでいる新興企業は、本書を利用し、アジャイルの対象を広げていくにつれて、よりバランスのとれた形にすることができるだろう。こうしたすべてのケースにおいて私たちが目標とするのは、人々がアジャイルな習慣を確立することで、仕事のパフォーマンスが改善し、より幸せになってもらう一助となることだ。

こうしたすべての読者のために、本書は多忙なビジネスパーソンでも簡単に読めるようにコンパクトなガイドブック形式にした。各段階の取り組みが章ごとにまとめられているので、アジャイルを論理的なつながりをもって理解できるようになっている。

第1章：「アジャイルはどのように機能するのか」

アジャイルチームが実際に活動している場面を見た経営者はそれほど多くない。活動に積極的に参加している経営者はさらに少なくなり、それを率いているとなると皆無に近い。そうした実践的な経験がなければ、経営で指導者的な立場にある人はアジャイルが一体どういうものか理解するのに苦労する。この章では、アジャイルの実践とはどういうことかについて詳細な解説を行う。アジャイルの考えの由来について説明し、その後でアジャイルが一風変わっているが、実り多きイノベーション手法たる所以について概説する。

第2章：「アジャイルの拡大」

アジャイルの適用範囲を拡大していくにつれて困難さは増していくが、成果も並外れて大きくなる。ある組織では単純にチーム数を増やすことで適用の拡大に取り組んでいる。別の組織では、アジャイルチームの活動と官僚主義的な機能を合体させ、両者のバランスをとることで目標の達成に取り組んでいる。この章ではボッシュの優れた構造改革を紹介し、アジャイルに取り組む企業に必須のいくつかのステップについて解説する。

第3章：「どのレベルまでアジャイルを適用すべきか？」

アジャイルを拡大させることそのものが必ずしも優れたアジャイルに直結するとは限らない。どのようなビジネスにも、あるいはあるビジネスの個々の活動においても、アジャイルにとっての最適な適応範囲というものがある。その範囲はどのように決まるのか。企業は安定と混乱がうまく釣り合う状態を見つけ、適切な妥協をする必要がある。現在は自社がどのくらいアジャイルなのか、どのくらいのアジャイル企業になりたいのか、正しい方向へ向かっているのか、どのような障害が前進を妨げているのか。こうしたことを指し示す新しい計測基準が必要だ。この章では、アジャイル手法の活用に伴うこうした問題にどのように対処したらいいのかについて解説する。

第4章：「アジャイルリーダーシップ」

ボッシュの経営幹部ヘンク・ベッカー氏が発見したように、アジャイル活動を率いることは、伝統的な企業を率いることと同じではない。アジャイルの責任者は、部下の仕事を評価する時間を削減できる。彼らは、経営戦略の策定、重要なアジャイルチームの指揮、顧客のために投じる時間の増加、部下への個別指導、アジャイルチームのコーチングなどによって付加価値を高めることができる。自らの行動を改め、日常業務を改革し、新たな技術を習得することは、他人に対してあれこれ命令するよりもはるかに難しい。しかし、この考え方を習得することには大きな価値がある。この章ではそうした課題にどう取り組むべきかを解説する。

第5章：「アジャイルな計画、予算、そして検証」

計画、予算、評価の仕組みは、指揮統制における核心である。デルなどのアジャイルな企業はこうした仕組みを重視し、アジャイル方式をそれらにうまく取り込んでいる。アジャイルな企業では現場から上がってくる広範な情報に基づいて計画、予算、評価の頻繁な見直しを行っている。戦略的な課題の優先順位を決定する一方で、それから漏れた課題であっても積極的に取り入れようとする。また、現実と目標数値との比較分析を定期的に行い、計画や予算を変更すべきかどうかを決める。

第6章：「アジャイルな組織、構造、人材管理」

企業は組織再編を極めて重要な問題と考えて、しばしば優れたアジャイル企業の組織図を模倣しようという誘惑に駆られる。しかしそれはうまく機能しない。部門間の意思疎通を円滑にして階層構造の弊害をなくすために、構造改革を促進する必要がある。アジャイル企業は無意識のうちに、個人の役割、決定権限、採用や人材管理など、業務制度全般を見直していることが多い。組織構造も同様に変化する必要がある。しかし、どのような手法を採用するか、どのような流れで、どの程度行うのかを決めるためには、模倣ではなく、入念な検証、学習、バランスの調整、カスタマイズなどが必要である。

第7章：「アジャイルなプロセスとテクノロジー」

アジャイルな企業は、社内外の両方で顧客第一主義の意識が育つ。彼らは質、量の両面でカスタマーソリューションを高めることをめざす。しかし、カスタマーソリューションはそれらを生み出すビジネスプロセスそのものであり、テクノロジーの制約を受けることが多い。企業によっては、テクノロジーのサポート体制が整うまで、アジャイル改革に着手するのをためらうところがある。しかしテクノロジーの準備が整うには多くの時間を要する。そうすることが果たして賢明だろうか。アジャイル改革を不必要に遅らせることになるのではないか。

第8章：「アジャイルの正しい実践法」

最終章ではこれまでの内容を振り返った後、一過性のブームで終わらせないためのルールをいくつか提案し、アジャイルの拡大をうまく成功させるために特に重要な能力について解説する。アマゾンは極めて高水準のアジャイルなシステム、運営手法、働き方を作り上げ、その結果、世界で最も時価総額が高い会社の1つに躍進した企業だが、その裏話を紹介する。最後に本書の締めくくりとして、アジャイルな企業を創造し、読者自身がアジャイルの指導者になるために必要不可欠な指針を掲載する。

本書を通じて、私たちはアジャイルな業務がいかにして財務業績の改善だけでなく、顧客ロイヤルティ（忠誠心）、従業員エンゲージメント（働きがい）、社会貢献の増加をもたらすかを示したいと思っている。

これは当然のことながら、アジャイル変革の唯一にして正当な目的だ。つまり業績が改善し、ビジョンの達成度も高まるということだ。

アジャイルはそれ自身が目的ではない。アジャイルはあくまでも目的を達成するための手段である。しかし、アジャイルは数字だけでなく人に深くかかわる取り組みでもある。アジャイルは、有能な人々が進んで働きたくなるような組織、官僚主義の鉄の柵がついに破られその中に閉じ込められていた人間が外の世界に向かって羽ばたくことができる組織を創造する取り組みである。

もし読者の皆さんや皆さんのチームがアジャイルの取り組みに楽しさを見出すことができていないなら、それはアジャイルのやり方が間違っているのである。

調査に関する注記

アジャイルチームのエピソードは面白く、説得力があり、おそらくその効果は著者の想像をはるかに超えているはずだ。問題は、著者が自分の主張を強調しようとするあまりエピソードが過度に脚色されてしまう点だ（このことを信じられないと言うのであれば、全く同じ政治ニュースでもCNNとFOXニュースとでいかに内容が異なっているか、少しばかり視聴してみて欲しい）。

確証バイアスは真実を追究する場合の障害として、あまりに有名だ。人間は自分が聞きたいことの裏付けとなる証拠を探し出し、信じる傾向がある。しかし、エピソードは真実を代弁しているのか、それとも統計的なバイアスがかかっているのか。どのくらいの頻度でそうした歪みが起きるのか。エピソードと同じことを行ったとしても、成功せずに失敗するケースはどのくらいあるのだろうか。本書を通じて私たちはアジャイルに関する多くのエピソードを紹介するが、できるかぎり公正に、そして洞察力を持って対処したいと考えている。

私たちはそうしたエピソードを大局的な視点からも眺めるようにしたい。アジャイルは経験主義や科学的手法に基づいている。それらによれば、仮説は現実世界の結果で検証されるべきであり、誰もが絶賛する理論や直感を盲信してはならない。

アジャイルがうまく機能しているときは、経験的なデータが存在しているはずだ。それらを利用して、エピソードを現実の統計データの中で検証することができる。したがって、アジャイルがどのように機能するかという問題に立ち入る前に、そもそもアジャイル自体が機能するかという、さらに根本的な問題について少し議論してみよう。

本書の執筆に取りかかる前に、私たちはアジャイル手法の結果についてできる限りの調査結果を収集した。また、私たちの数百のクライアントエピソードを調べてみた。さらに、数千のアジャイル実践者でベイン・アジリティ指数を使って進展状況を診断していた企業の中から得られた相関関係も検証してみた。できるだけ客観性を担保するために、私たちはまた第三者による70件の調査レポートを収集して分析した（それらのレポートの全リストは索引Cに収録している。読者はその一部あるいは全部を詳細に調べることができる）。

それらのレポートには雑誌の記事、書籍、政府の報告書、学術論文、討論会報告、コンサルタント調査、企業調査などが含まれている。一部のレポートは長い期間、定期的に更新が行われている。複数の研究者の分析結果を合体させたメタスタディもある。他のレポートに比べ学術的な専門性に優れたものもある。もちろん私たちが見落としたレポートもあり、それらの執筆者が困惑していることは間違いない。私たちはこの場でお詫びして、データベースを引き続き拡張し、更新していくことを約束したい。

これらの過程で、私たちはさらに多くの実践データを発見しなければならないという気持ちになった。私たちが発見した重要な証拠によれば、チーム、複数のチーム、事業のいずれの場合でもアジャイルはすべてパフォーマンスの改善につながっている（図表I-1）。

アジャイル実施の巧拙を調整していない、あるいは不都合なデータポイントを排除していない場合でも、アジャイルがパフォーマンスを悪化させることを示す研究はほとんど見つからなかった。さらに具体的に言えば、私たちは次のような点を発見した。

「イノベーションを断行すべき理由」

もし自分の会社の業績が思わしくなく、少しバランスが悪いと感じていて、多少なりともイノ

図表 I-1　テーマ別の研究論文数とその内容

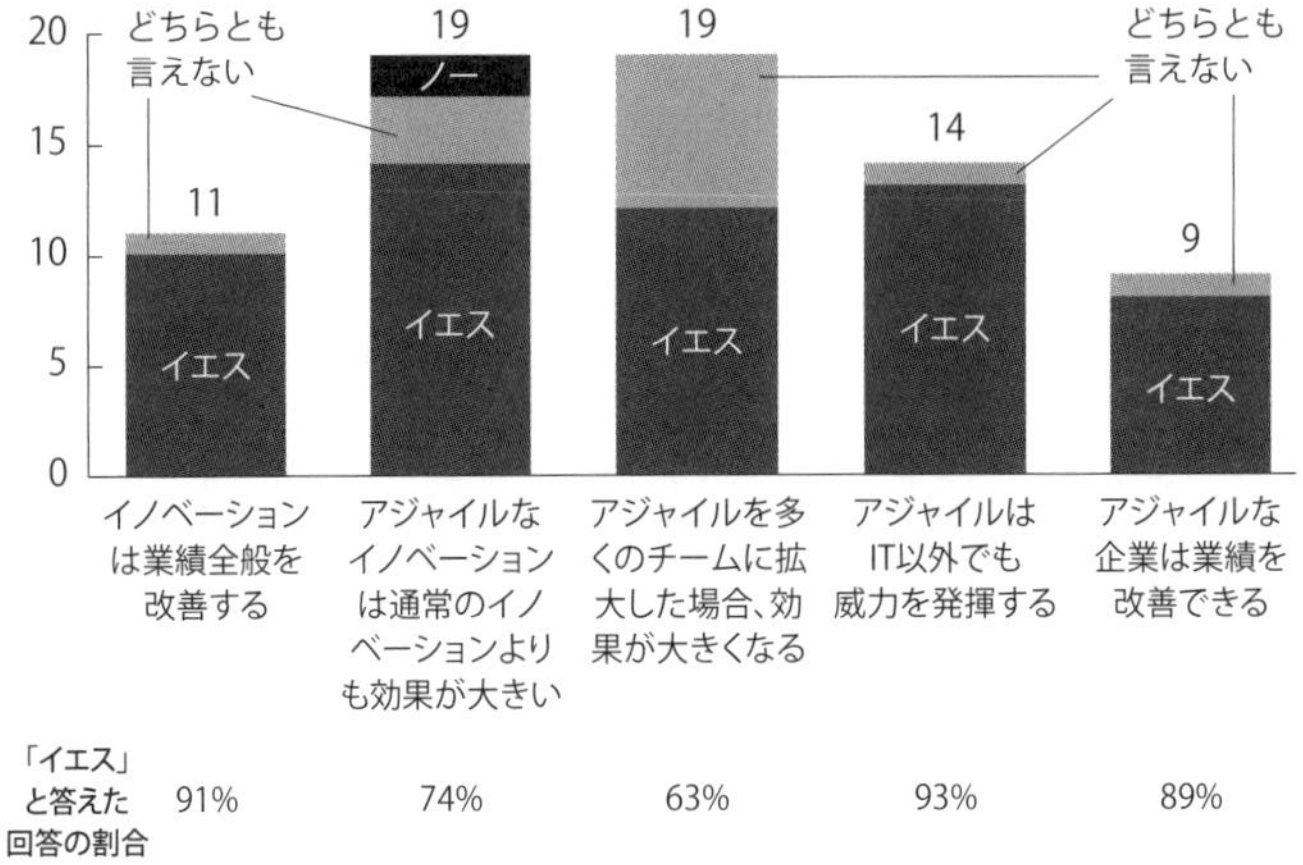

ベーションのために組織を改革すべきかどうか悩んでいるとしよう。その場合の正解は、積極的にやるべきだとなる可能性が高い。私たちが収集した90％以上の調査報告によれば、イノベーションは業績を改善させる。業績を悪化させるというレポートは皆無だ。イノベーションを行いすぎて収穫逓減の地点まで到達したという会社はごく少数だ。ある研究によれば、株価はイノベーションが将来もたらす恩恵を反映しないかもしれない。しかし株式市場は短期では外れることが多いが、長期的には将来を先取りすることで有名だ。

「アジャイルなイノベーションは通常のイノベーションよりも効果が大きい」

私たちはこのトピックに関して19の研究報告を見つけた。そのうちの4分の3は、アジャイルはイノベーションを行う上での優れた手法であると結論づけている。一方で、アジャイルが役に立たないと結論づけたのは全体の10％にすぎなかった。但し、アジャイル手法は業務改善の可能性を高めるが、それを保証するものではないという点は明記しておく必要がある。最も人気のある報告書の１つ、スタンディッシュ・グループのカオスレポートは、１９９４年以来のＩＴプロジェクトにおけるアジャイルと伝統的手法の成功確率を比較している。これらの研究者たちは現在、５万件以上のプロジェクトのデータベースを保有している。彼らの発見によると、アジャイル手法で取り組んだプロジェクトの場合、成功する確率が42％、失敗する確率が８％、どちらでもない確率が50％。伝統的な手法の場合、成功する確率が26％、失敗する確率が21％、どちらでもない確率が53％となっている。これは注目すべき数字である。しかし、成功確率が42％と言っても１００％には遠く及ばない。また、その数字が意味を持つのは、大数の法則が成り立つくらいに十分な数のアジャイルなプロジェクトが存在するときである。[6]

「複数チームからなる大規模なアジャイルチーム群もまた業績を改善する」

アジャイルは個別のチームのために企図されたものであり、それを複数のチームに拡大しても効果を発揮できないという懸念がある。しかし、研究の結果は逆のことを示している。規模が大きくて複雑な問題は伝統的手法、アジャイル手法のいずれで対処しても、成功確率は下がってしまうが、複雑さが増すにつれて、アジャイル手法の伝統的手法に対する相対的な優位性は実際のところ高まっていく。

「アジャイルなイノベーションはＩＴ以外でも威力を発揮する」

前述したように多くの人は、アジャイルはＩＴの開発の過程で生まれたもので、そこでしか機能しないと信じている。それは２つの点で間違っている。アジャイルは実際にはＩＴ以外の分野で生まれたが、インターネットの急成長につれてテクノロジー分野で急激に活用されるようになった。そして、15件の調査報告のうち14件の報告が、アジャイル手法は様々な産業分野において力を発揮し、複数の産業や機能を横断する形でも十分機能することを示している。

「アジャイル企業は業績向上を実現できる」

これについては調査がまだ途中の段階であることを注記しておく。執筆時点では９件の報告しか見当たらない。最も専門的な学術雑誌で発表された報告はほんの数件しかない。しかし現時点での結論はとても勇気づけられるものだ。大学の研究者（テレサ・アマビール、スティーブン・Ｊ・クレイマー、マリー・シャピロ、ＭＩＴセンター・フォー・コレクティブ・インテリジェンスなど）、コンサルティング会社（ギャラップ、ウイリス・タワーズワトソン、ザ・エナジー・プロジェクトなど）、企業（グーグルのプロジェクト・アリストテレスなど）による業務実績、従業員エンゲージメント、成功したリーダーやチームに関する調査が増加しているが、それらの分析結果とアジャイルの考え方や手法を比較すると注目すべき一貫性があることがわかる。以上をまとめると、こうしたかなりまとまった数の研究成果は、アジャイルを正しく行えば経営者がその目的や目標を実現する際の大きな手助けになる可能性が高まることを示唆している。

さあこれから、アジャイルとは何か、アジャイルな企業を創造するために何が必要かについて、さらに理解を深めていくことにしよう。

第1章

アジャイルはどのように機能するのか

さあ、ショータイムだ！　イレジスティブル・スナックスのプロダクトオーナーであるブライアンは、興奮を抑えきれずにいた。エンジニアは冷静でなければならない。彼は自分自身にこう言い聞かせた。「データはデータだ。それを受け入れて対処するだけのことだ。これはよくあるプロジェクトの1つにすぎない」

　もちろんその通りだ。ブライアンのチームが新製品の開発プロジェクトをスタートさせてから、6週間が経った。今日は3回目のスプリントレビュー（プロジェクトの進捗・途中成果物の評価）の日だ。「健康に良くて、美味しい」スナックバーの新製品候補の試作品（プロトタイプ）7種類を、20人の消費者が実際に試食し評価を行う予定だ。

　イレジスティブルの経営陣全員が、試食の様子を見に来ることになっている。経営陣の数名のメンバーが、この新しいアジャイルの取り組みに最初からあからさまに反対していたことを思い出してブライアンは顔をしかめた。今日はプロジェクトの成否を決める日だ。そうであるべきではないのだが、おそらくそうなるだろう。

　ブライアンの趣味はグルメで、職業は食品開発のエンジニアだ。最近まで彼の勤め先は中小企業と決まっていた。2年前まで、彼はオルウェイズオーセンティック・ニュートリションという企業の新製品開発部門を率いていた。この会社は急成長している新興企業で、スナック食品業界に旋風を巻き起こし、スーパーマーケットやコンビニエンスストアのスナックの棚を塗り替え始めていた。理想的な仕事だ。彼は内心そう感じていた。天気の良い日には、自宅のクリーブランド郊外からバイクで通勤することができた。

しかしある日、ニュースが飛び込んできた。イレジスティブル・スナックス――大手の加工食品会社で、さらに大規模な消費財企業の子会社――が、オルウェイズオーセンティックを買収するというのだ。とても良い買収条件で、オルウェイズオーセンティックの株主たちはかなりの利益を得たが、従業員への恩恵はスズメの涙ほどだった。しかも買収によって、レイオフ、工場閉鎖、不本意な退社が相次いだ。次に起こるのは何か。ブライアンは業界でも名が知られており尊敬されていた。この評判に驕ることなく、ぜいたくささえ言わなければどこでも仕事はすぐに見つかると軽く考えていた。しかし問題は、どこで、何をするかだ。

そのとき、イレジスティブルの食品エンジニアのトップが彼に連絡をしてきた。「君たちの決断と行動の素早さは業界の中でも突出している」。そのエンジニアはブライアンに尋ねた。「どうだろう、私たちに指導してくれないか。私たちは業界の常識を打ち破るスタートアップのように革新的な企業になりたい。私たちの仲間になって欲しい。どうしても君が必要なんだ」

ブライアンのような中小企業の人間でなくても、その勧誘は魅力的だった。メジャーリーグに上がるチャンスだ。大きなステージで君の技量を試したらどうだ。その誘いの言葉は、彼の心を動かした。給与やその他の待遇もこれまでを上回っていた。ボーナスも支給され、結構な貯金ができる見込みもあった。

あれこれ考えた末、彼は思い切って誘いを受け入れた。しかしもちろん、仕事は彼の予想通りにはいかなかった。イレジスティブルの予算手続きは厳格だった。会社規定によって、６人程度の上司の承認がなければ何もできなかった上に、承認を得るには数週間も要した。１年半以上、ブライアンはレンガの壁に頭からぶつかることを永遠に繰り返しているように感じた。

イレジスティブルは買収から何かを本当に学びたいと思ったのだろうか。おおかた、競合となるやっかいな新興企業を買収することで、昔ながらの官僚主義の中で生きている自分たちの脅威を取り除いてしまおうという狙いだったのだろう。18ヵ月間もフラストレーションが続き、ブライアンは今にも辞めようとするところだった。

しかしそのとき、イレジスティブルのＣＥＯ（最高経営責任者）のロリがブライアンを自分の広々とした役員室に呼んだ。ロリは単刀直入に切り出した。「私たちは過去３年間、市場でシェアを失い続けてきました」。彼女は続けて言った。「この状態が続くことは到底受け入れられません」

ブライアンは不意をつかれた。１つの理由として、ロリは彼が想像していたよりも若かった。彼は以前、彼女の姿を見かけたことがあったが、それは遠くからだった。近くで見ると、彼女が40歳を超えているようにはとても思えず、他の年配の役員たちとは全く異なっていた。ブライアンは49歳、体力のかげりを感じ始める年頃だったが、彼女はそのブライアンよりも若かった。

ロリは遠回しな言い方はしなかった。「私たちの市場調査グループは、健康に良くて、しかも美味しい栄養バー（栄養食品）と呼ばれる分野にビジネスチャンスがあることを見つけました。製品開発部門は、現在の製品と全く異なる革新的な新製品を開発するには少なくとも24ヵ月は必要だと報告していますが、正直言って、私は彼らの本気度を疑っています。彼らは、稼ぎ頭であるキャンディーバーとのカニバリゼーション（共食い）を恐れているのです」

ロリは前かがみになってブライアンをじっと見つめた。「あなたの仕事に対する姿勢や取り組み方は、他の人とは異なっていると聞いています。そこで、是非あなたにこの新製品の開発チームを率いてもらいたいと考えていますが、どうですか」

なんてこった。ロリははっきりした物言いをするという噂は本当だった。ブライアンは、彼女のＣＥＯ就任が異例だったと聞いたことを思い出した。彼女がマーケティング責任者として辣腕を振るったことに異論を唱える者は誰もいないが、イレジスティブルの役員の何人かは彼女のＣＥＯ就任を快く思っていなかった。

ブライアンは迷ったものの、すぐにとんでもない話だと思った。彼は大きな声ではっきり言った。「私は自分が適任者だと確信を持てません。会社はこれまで私をさんざんコケにしてきました。しかし私に声を掛けていただいたことには感謝します」。彼女が単刀直入だったので、彼もまた同じやり方で応じた。

ロリから笑みがこぼれた。「そうくると思っていました。私が聞いているところでは、あなたはこの会社にかなり嫌気がさしているようですね。まさにそれこそが問題なのです」。彼女はデスクの椅子から立ち上がり、彼が座っていたソファーまでやってきて近くに腰を下ろした。「お願いだからノーと言わないで。私が聞きたいのは、新製品開発に成功するためにあなたが必要とするものは何かということです。もし私がそれを用意できなければ、握手して友好的に別れることにしましょう」

ブライアンは夕方、長い時間を使ってロリの提案を咀嚼した。彼は妻に相談した。かつて自分を指導してくれたメンターにも電話をかけてみた。返ってきた助言はすべて同じだった。失うべきものはないはずだ。どうせなら挑戦してみなさい。

３日後、ブライアンは彼女を業界の第一人者にまで押し上げたある種のエネルギーを張らせてロリのオフィスを再び訪れた。「我々には複数の分野のメンバーで構成されたチームが必要です。私は、次の人たちを推薦したい。商品開発のダニエル、包装のジョーダン、販売のエリー、マーケティングのアリッサ、消費者インサイトのブライアン、製造のデビッド、サプライチェーンのギャビン、そしてアジャイルチームの経験を持つレア。私は彼らの１００％の時間が欲しい、兼任ではだめです。また、チームメンバー全員が直接向き合って一緒に仕事ができて、たくさんのホワイトボードが置けるくらいの広い部屋も要ります」

ブライアンはロリの反応をうかがった。彼女は頷いて、次に進むよう促した。

「我々のチームに必要なのは、革新的な小売チェーンや潜在的な消費者と直接対話することです。年間の予算会議が終了しているため、私たちは無一文です。資金の手当てはお力添えをお願いします。また、私たちは、安全性、規則、法律、ＩＴに関する社内の支援を求めて、これから長い列の最後尾に並ぶ時間的余裕はありません。もしこのプログラムをオルウェイズオーセンティック時代にやっていたように実行できるのであれば、最高品質の新製品を18ヵ月ではなく6ヵ月で一部の厳選された小売業者で発売し、そして24ヵ月ではなく12ヵ月で全国展開できます。チームの体制が整い次第、時計の針を動かしていただいて結構です。私たちはいつでも仕事に取り掛かれます」

ロリはブライアンの要求の多さと奇抜さに少しばかり面食らったようだった。「他に必要なものはないですね」。彼女は念を押したが、顔には微笑をたたえていた。

ブライアンは小さな声で笑った。「あと2つほどあります。執行役員会が問題です。私たちは彼らの意向を尊重しますが、これまでのように細かなところにまで口出しはして欲しくありません。執行役員会の方針を踏まえて何をするかを決めるのは私たちの仕事です。失礼があれば許して欲しいのですが、ステイシー、ケリー、エリックのような仕切り屋さんたちにこの点を理解していただけるよう手助けしていただきたいのです。もし彼らが私たちのチームにいる自分の部下たちに勝手に命令を出し始めたら、チームが機能しなくなります」

「そして最後に」――せっかくだから、彼は最後まで言い切ってしまうことにした――「私の真のゴールはすべての製品開発チーム、おそらくすべてのイノベーションチームにこの手法の価値を知ってもらい、彼ら自身のためにこの手法を採用してもらうことです」

彼はここで一呼吸おいた。

「1つや2つ新製品が成功したとしても、私たちが必要とする変化を生み出すには充分とは言えません。私たちが必要としているのは二、三のアジャイルなチームではなく、会社全体をアジャイル化することです」

「ちょっと待ってください」。ロリはここで初めて話を遮った。「私たちが新製品を必要としていることに異論はありませんが、社内体制をすべて刷新する必要があるかは確信を持っていません。とりあえず今回のプロジェクトがどうなるかが重要です。社内体制の議論は、その後でもいいでしょう」

ブライアンは自分が少し調子に乗りすぎたことを反省し、「それで結構です」と答えた。「アジャイルの原則とも矛盾しません。しかし私はこれから自分が見聞きしたことをメモにして、あなたと共有するつもりです。今回の最初のパイロットに問題があるとすれば、それは私たちの成功を私が事前に知ってしまっていることです。私たちのチームはあなたの力をお借りして、ほとんど何でも強引に物事を進めることができ、もし組織的な困難に遭遇したとしても回避することができます。私はこれまで、こうした恵まれた環境によってチームの成功する可能性が高まるのを見てきました。問題は、これではアジャイルチームを数十、数百の規模にまで拡大していくのに必要な学習環境や組織変革を実現できないことです。アジャイルチームの検証は、プロトタイプの検証と同じですが、多様性に富む現実的な条件のもとで行わなければなりません。私たちは現在の体制で最大のフラストレーションを引き起こしている病巣を明らかにして、それを改善しなければならないのです。少なくともそれらをオープンマインドで聞いてくれることを約束してくれないでしょうか」

ロリにとって、それに同意するのは簡単だった——ブライアンが望んでいるのは未来のことであり、いずれにせよすべては最初のチームの結果次第だったからだ。この場で彼女が約束したことはリスキーな内容を含んでいたが、少なくとも期限と範囲が限定されていた。彼女は将来を見定める必要があった。

「了解しました。それで手を打ちましょう」。彼女はそう言って、ブライアンと握手を交わした。

ロリのオフィスを出るや否や、ブライアンはノートを取り出して白紙のページをめくった。彼はそのページにタイトルと１つの項目を書き込んだ。

アジャイルの拡大
・アジャイルチーム vs. アジャイル企業

最初の３ヵ月は苦難の毎日だった。ロリはブライアンの求めるチームを確保するために、ＣＥＯとしての権限を総動員しなければならなかった。

これまで新規プロジェクトの開始は比較的簡単だった。もし９人のチーム編成をする場合、フルタイムの50％の時間を割ける人間を４人、25％の人間を10人、10％の人間を40～50人揃えて、１つのチームにすればよかった。これに各部署のリーダーが異を唱えることはほとんどなかった——彼らはスタッフを１

人も手放す必要はなく、プロジェクトチームに各部署の代表者を送り込むことで社内に自分たちの貢献をアピールすることができたからだ。

　しかし今回は各部署のリーダーにとって、とてもまともだと思える提案ではなかった。9人の優秀な人間を現行の職場からフルタイムで引き抜くとどうなるか。社内的には大きな反発を招いた。

「代わりにダレルではどうかね。彼は時間がたっぷりある」

「デビッドはアジャイルなんて仕事はやりたくないはずだ。彼は自分の経歴に傷がつくことを心配している」

「ダニエルの時間を25%振り向けるというのでどうだろうか。これまでそういう風にやってきたではないか。彼女は他の主要プロジェクトに深くかかわっているので、抜けるわけにいかない。彼女の代役は誰もいない。彼女を丸ごと持っていかれるとうちの部署が潰れてしまうよ」

　しかし、ロリは一歩も引かなかった。ほどなくしてブライアンは希望通りの人材を得ることができた。

　ブライアンは会社のスーパースターを揃えることなど望んではいなかった。彼は、もしアジャイルチームが普通の人々でうまくいかなければ、アジャイル方式を数十、数百のチームに広げることは不可能だと考えていた。彼はチームの人材が揃ってフルに働けるようになるまでプロジェクトをスタートすることを拒んでいた。その間、彼は自分のノートを開いて、新しいページを作り、2つの項目を加えた。

体制と人材
- **能力のギャップ**
- **アジャイルのキャリアパス**

チームが組成されると、ブライアンはすぐに仕事に取り掛かった。チームメンバーは最初の丸3日間を一緒にすごした。

彼らはまずアジャイルの考え方や手法を勉強し、自分たちのプロジェクトのビジョンを作った。消費者インサイトをレビューして、考えるべき顧客（小売業者）や消費者（購入者）ニーズのバックログ（未処理案件に対して取組優先度をつけたリスト）を優先順位付けし、順番に並べた。

彼らはまた2週間の単位でスプリント（短期間に解決策を具体化・検証するために編み出されたチームとしての仕事術）を繰り返すことを決めた。これは2週間ごとにプロジェクトの各要素——栄養バー、新しい包装、製造プロセス、マーケティング計画、販売促進の資料、商品棚ディスプレイ、エンド・トゥ・エンドのサプライチェーン、使用体験など——についての途中成果を報告するということを意味する。最初のスプリントでは、栄養バーの新製品について2つの案を準備することになった。

先頭に立ったのは製品開発のダニエルだった。彼女は1人のシェフに今回のプロジェクトについて話した。彼は他の4つのプロジェクトにも携わっており、割ける時間は限られていたが、彼らのプロジェクトにも興味を示してくれた。ブライアンはノートの「体制と人材」のページを開き、「能力のギャップ」の項目の下に小項目を追加した。

体制と人材

・能力のギャップ

-シェフ

・アジャイルのキャリアパス

マーケティング担当のアリッサは、プロトタイプに対する迅速な評価を得るために200人の消費者オンラインコミュニティの設置を提案した。IT部門は彼女に対してそれには最短でも9ヵ月は必要だと告げた。

ブライアンは早速ノートに「プロセスとテクノロジー」という見出しの新しいページを作り、そこに2つの項目を追加した。

プロセスとテクノロジー

・モジュラー・テクノロジー・アーキテクチャー（サービス指向アーキテクチャーとマイクロサービス〈ソフトウェア開発の技法の１つ〉）

・アジャイルなソフトウェア開発

彼は外部に支援を求めるのは好きではなかったが、すぐに第三者のプロバイダーと契約を結びオンラインコミュニティのプラットフォームを作り上げた。次に、イレジスティブルの食品安全部門が、社内で規定されているすべての標準試験をクリアするまで、いかなるプロトタイプであっても試食することは許されておらず、準備には少なくとも２週間がかかると言ってきた。ブライアンは納得がいかなかった。食品安全部門の試験は規制当局がこのタイプの製品に求めている水準をはるかに超えていたからだ。

食品安全担当のマネージャーであるエリンは、彼らが過去に経験したいくつかの問題点を紹介し、なぜ彼らがすべての新製品に対して１つの標準化された試験をするに至ったのか、これまでの経緯を説明した。

一方、ブライアンはオルウェイズオーセンティックには４種類の試験と承認手続きがあり、既存製品の改良の程度に応じて使い分けていることを説明した。

その上で、彼は今回開発しているプロトタイプが新しい原材料をいっさい使用しておらず、卵のようなサルモネラ菌が含まれる危険性のある素材も使っていないため、安全上の過剰な注意が不要なことを伝えた。

エリンは彼の指摘については上司に報告すると述べたが、会社のお偉いさん方が簡単に従来の考えを変えるとは思い難かった。その間にブライアンはいくつかの次善策を提案した。

「承認手続きの短縮化をやっていただけませんか。同意書にサインしたチームのメンバーや社内の人間でプロトタイプをテストすることはできませんか」

食品の安全部門が法令等を確認し、それで問題がないことに合意した。

ブライアンは再びノートを取り出して、「プロセスとテクノロジー」のページをめくった。そして、もう１つ項目を書き加えた。

プロセスとテクノロジー

- **モジュラー・テクノロジー・アーキテクチャー（サービス指向アーキテクチャーとマイクロサービス〈ソフトウェア開発の技法の１つ〉）**
- **アジャイルなソフトウェア開発**
- **業務プロセスの更なるアジャイル化**

チームは超人的な働きをした。2週間後、メンバーたちはプロトタイプを作り上げ、ドキドキしながら社内に向けて発表した。しかし、悲しいことに検討会議に姿を現したのは、10人の執行役員会メンバーの中でCEOのロリと研究開発部門トップのケリーだけだった。

長年の経験によって、執行役員会のメンバーは、どのような特別チームであっても初めの数回の検討会議では将来の作業計画を発表するだけに終わり、出席しても時間の無駄であることを知っていたからだ。

しかし今回ばかりは、彼らの判断は誤っていた。チームは、オンラインの消費者コミュニティの意見を基にして作った試食用のプロトタイプを持って現れたのだ。ロリはプロトタイプを試食し、栄養バーのラベルの実物大の模型を眺め、満面に笑みを浮かべた。

「チームが発足して3ヵ月以内にプロトタイプができるなんて初めてです。普通は6ヵ月かかるのに。皆さんは見事に2週間でやってのけたのね。プロトタイプは確かにパーフェクトとは言えません。形も改善の余地があるし、少し焼きすぎです。しかし皆さんが何を目指しているのかよくわかりました」

彼女は一呼吸おいて次のように言った。

「そして、気に入ったわ」

チームの士気はいやが応でも高まった。しかしブライアンは、これは始まりにすぎないと冷静だった。メンバーたちは一緒になって第1ラウンドの評価とバックログにどういう優先順位で取り組むかの検討を行った。彼らは、プロトタイプの生産能力をもっと高める必要性を感じた。

消費者コミュニティによれば、フレーバー（風味）はチームが最初に選んだ2種類から5種類へ増やしたほうがいいということだった。消費者の試食テストのためにそれだけの種類のサンプル量を確保するためには試作用の厨房では間に合わなかった。

そのため実験的な製造ラインの確保が必要になったが、製造担当のデビッドはそのような実験製造ラインはないと言った。イレジスティブルではこれまでそのようなラインを必要としなかったのだ。

しかし彼はどこかから小規模の、ほとんど使われていない製造ラインを見つけ出してきて、それを急遽、転用することにした。しかしそれでも、25万ドル以上の費用がかかる見込みだった。ブライアンはすぐに必要資金の申請を行った。

この申請は、ブライアンが想像していた以上に厄介な問題を引き起こした。最高財務責任者（ＣＦＯ）のコリンは新規プロジェクトには消極的だった。彼は直ちに申請を却下した。

「いいですか、ブライアン。私たちの状況は厳しいのです。このプロジェクトは今年の予算には含まれておりません。来年の事業計画に盛り込まれるまで、別の方策を探ってください」

　ブライアンは唖然とした。

「もちろん、予算には入っていません。売上も利益もすぐにあがりませんが、利益はおそらく私が提示したコストの50倍になって戻ってくるはずです」

　コリンは不快な顔をした。

「コストは確実に出て行きますが、売上や利益はそうではありません。全員があなたのような要求をしたら、会社は大混乱に陥ることでしょう。私は株主や、予算を忠実に守ってくれている社内の他の人々に対して責任を負っているのです」

　ブライアンは切り札を切った。

「私はこんなことをしたくありませんが、ご承知のように、この問題についてはロリに話す必要があります。よろしいですね」

　コリンはすぐに言い返した。

「好きなようにしたらいいでしょう」

　そして、デスクの上にある何枚かの書類に目を向け始めた。ブライアンは部屋を出た後、ロリのオフィスに直行した。ロリはＣＦＯの判断を覆すことは好まないようだったが、彼女は予算をつけることを約束した。しかも、直ちにそれを実行した。

ブライアンはさらに追加予算を申請しなければならなくなることは察知していた。彼は自分のノートを取り出した。白紙のページを見つけて、次のように書いた。

> **計画と資金調達**
>
> **・事業計画と予算化の頻度および柔軟性の向上**

チームの前には次から次へと壁が立ちはだかった。

消費者は、商品の中身が見えるよう透明の包装材を望んでいた。包装部門は、透明な包装材では製品の商品棚における賞味期限が短くなるのではないかと心配した。チームのメンバーは、新興のライバル会社が透明な包装を何ヵ月間も使用していることを知っていた。そのため、彼らは商品棚における賞味期限の問題を新しい素材で解決した供給業者を見つけて、すぐに包装資材を発注した。

消費者はまた、ピスタチオや、クランベリーが入った製品、そしてココアを多く含んだ製品を望んでいた。こうした原材料の調達には新しい供給業者を見つけて選定する必要があった。新しい原材料を使用すれば、安全性試験の対象範囲をさらに広げる必要性が生じた。

ブライアンやチームのメンバーは、安全性の確認のために余分な時間がかかり、そのせいで商品化に遅れが出るのは仕方のないことだと納得した。彼らはそうしたボトルネックを避けるために作業全般の見直しを行った。

アジャイルチームの噂が徐々に広まっていった。チームに加わりたいと望む人の数も増えていった。第2回目の検討会議には執行役員全員が出席して、5種類の新しいプロトタイプの評価を行った。

しかし会議ではまさにブライアンが懸念していたことが起きた。何でも取り仕切りたがる役員の一部が、問題点を指摘し始めたのだ。

彼らは出席できなかった前回の検討会議をフォローアップする会議を設けるよう要求した。彼らはチームの現場に対してこと細かな指示を出し始めた。大きな検討会議の前には、最新状況を報告するよう強く求めるようになった。

チームのメンバーは、上司の命令に従わなければ自分たちのキャリアが傷つくことを恐れた。この新規プロジェクトが終了したときに、彼らは元の上司のところに戻ることになるかもしれないからだ。

ブライアンは、役員たちにアジャイルの手法を理解してもらい、役員はチームに対してあれこれ指示を出すのではなく、チームの障害を取り除くことが彼らの役割であることを明確にするために、執行役員会議で時間を取ってもらうことにした。他に選択肢はなかった。

再び、ロリはブライアンの考えを支持した。彼女のサポートによって、多くの問題で一時的とはいえ次善の策を講じることができた。

相変わらず、ブライアンはノートへメモを書き続けていた。彼は空白のページに「リーダーシップと企業文化」というカテゴリーを新たに作り、いくつかの項目を追加した。

リーダーシップと企業文化

- **信頼と権限委譲 vs. 指示と管理**
- **アジャイルチームにおけるリーダーの役割**
- **マネージャーの付加価値**
- **障害の除去**

他のカテゴリーの項目も同様に増えた。「体制と人材」には、3つの新しい項目を追加した。

体制と人材

- **能力のギャップ**
  - シェフ

- アジャイルのキャリアパス
- パフォーマンスマネジメント
- 地位、役割、決定権限の明確化
- ビジネスの定義とＰ＆Ｌ責任の明確化

「プロセスとテクノロジー」にも、項目を追加した。

プロセスとテクノロジー

- モジュラー・テクノロジー・アーキテクチャー（サービス指向アーキテクチャーとマイクロサービス〈ソフトウェア開発の技法の１つ〉）
- アジャイルなソフトウェア開発
- 業務プロセスをもっとアジャイルにする
- 大規模で複雑なプロジェクトの小さな塊への分解
- すべての業務の消費者ニーズへのフォーカス

第３回目の会議は、アジャイルにさらに勢いをつける契機になるのか、それとも懐疑的な社内官僚にアジャイルを潰す攻撃材料を与えてしまうかのいずれかであった。

ブライアンは製品評価でもう１つ別のリスクを取ろうとしていた。イレジスティブルはいつも第三者機関に依頼して製品評価を行っていた。それ自体は合理性があった。彼らは優れた調整役であり、かつ完璧と言っていいほど客観的で、批判に対して身構えたりすることもなかった。

しかしブライアンは彼のチームメンバーには誰よりも深く顧客を理解するようになってほしいと望んでいた。そして彼は第三者機関が製品評価について非の打ち所のない完璧な報告書を出してくるまで２〜３週間も待っていられなかった。そこでブライアンは、消費者が実際に試食し、製品について直接意見を述べる機会を設け、その様子を経営陣全員に見てもらうことにした。

チームメンバーの中にも過去にこのような経験をした人間はほとんどおらず、ほぼ全員が、自分たちが執行役員たちにどのように評価されるかに神経を尖らせていた。

今日は、５人一組になって消費者グループが中央にある観察室の周りにある４つの会議室にそれぞれ入室していた。10人の執行役員たちもまた集合していた。特定のグループの発言にしか注意を払わない役員もいれば、複数のグループの発言に順番に耳を傾けている役員もいた。彼らは役員同士で消費者のコメントをどのように解釈すべきか話し合っていた。

ブライアンのチームからすれば、評価会議は成功だった。

消費者テストを受けた７つの製品のうち４つの製品が複数の消費者グループから非常に高い評価を得ており、製品をさらに改良すべきだという好評価だった。包装、ラベル、マーケティングのコピーについても有益な示唆が得られた。しかし問題は執行役員たちがどう評価したかだ。それを明らかにするときが来た。

チームメンバーが中央の観察室に入って行ったとき、執行役員の数人が手を叩いて迎えた。

「とても素晴らしい」

研究開発部門トップのケリーが賞賛した。

「６週間でこれだけのことをやり遂げた例を見たことがない」

ロリはもっと抑制がきいていたが、明らかに喜んでいた――それは彼女のとったリスクがいずれにせよ報われて一安心といった感じだった。

すべての視線がＣＦＯのコリンに向かった。彼はダークグレーのスーツ姿で、不機嫌な顔をしていた。彼の唇から少しばかり笑みがこぼれた。

「私もこれはいけると思っていた」

コリンから最高級の評価を得たのと同じだった。これまでかたく閉じていた水門が開いたように見えた。

役員たちはチームの全員と握手を交わした。彼らは自分たちに支援できることがあれば何でも言ってくれと言い始めた。他の改革プロジェクトも、働き方においてアジャイル手法を導入すべきだと言い始める役員もいた。

明日は次のラウンドでどのような改善ができるかをチームで反省する会議だ。しかし今夜だけは、お祝いだ——そして、ブライアンは少しまとまった睡眠をとって疲れを癒やすことができた。

なぜアジャイルか？

イレジスティブル・スナックス、ブライアン、そしてブライアンが率いたアジャイルチームは、実は我々がこれまでに見てきた数百の企業やアジャイルチームの事例に基づいて構成したフィクションである。しかしこのフィクションはアジャイルに関する2つの重要な事実を示している。

1つ目は、「アジャイルチーム」はアジャイルな取り組みの核心であることだ。アジャイルチームの理解なくして、経営思想としてのアジャイルを理解することはできない。そのために我々はイレジスティブルのチームがどのようなチームであったかを詳細に示した。

本章の残りでは、ブライアンが編成したチームを考察してみる。我々は、アジャイルチームが何をするのか、どのように働くのか、なぜアジャイルに動けるのか、その原則や実践法を幅広い視点から解説したい。

もちろん「スプリント」や「バックログ」のようなアジャイルのキーワードも本書の中で定義する。しかしまず初めに、アジャイルチームが一体どのようなものなのか、そのコンセプトを伝えたい。なぜなら、アジャイルの起源や運用は、官僚主義の制約から逃れようとする人々の気持ちを反映したものだからだ。

2つ目は、どの組織であっても少数のアジャイルチームを運営することは簡単だということだ。しかし、最終的なゴールがアジャイルを会社全体に広げることであるならば、組織全体の人々の考え方や行動を変える必要がある。そこでブライアンのノートが重要になってくる。

後々おわかりいただけるように、彼が書き留めた課題や障害は、アジャイルを会社全体に広げようとする際に、どんな会社でも必ずと言っていいほど直面するものだ。

これらの問題は後の章で取り上げており、そこではリーダーの振る舞い、計画・予算・評価、組織体制と人材マネジメント、そしてプロセスとテクノロジーといった重要事項に焦点を当てている。

アジャイルの起源

一部の歴史家はアジャイル手法の起源を1620年のフランシス・ベーコンによる科学的方法

の提唱にまで遡る。

我々の見解によれば、より近代的な意味でのスタートは物理学者、統計学者であったベル研究所のウォルター・Ａ・シューハートが継続的な改善サイクル（設計・生産・検査）を製品や作業工程に適用し始めた１９３０年代である。１９３８年にはＷ・エドワーズ・デミングがシューハートの手法に興味を持ち、それを今日よく知られるＰＤＳＡ（計画・実行・評価・改善）サイクルとして世の中に広めていった。

１９８６年になると、経営学者である野中郁次郎と竹内弘高が共著で「新しい〝新製品開発〟ゲーム（The New New Product Development Game）」という論文を『ハーバード・ビジネス・レビュー』誌で発表した[1]。

競争相手よりもはるかに速いスピードで画期的な新製品を発表し続ける製造業者を研究して、野中と竹内はチーム・オリエンテッドな手法が、富士ゼロックス（現・富士フイルムビジネスイノベーション）の複写機、ホンダ（本田技研工業）の自動車エンジン、キヤノンのカメラのような製品のデザインや開発手法に変革を起こしたことを発見した。

これらの企業は、製品開発の伝統的なリレー競争手法――特定の機能に特化した専門家集団が自分たちの役目を終えた後、次のフェーズの専門家集団に仕事をバトンタッチしていく手法――ではなく、野中と竹内が「ラグビー」手法と名付けたものを活用していた。その手法は「チームの仲間内ではボールを左右、あるいは後ろにパスしながらも、チーム全体としては前進するものであった[2]」。

1993年、ソフトウェア会社のイーゼルコーポレーションのジェフ・サザーランドは、ほとんど解決不可能だと思える課題に直面していた。同社は6ヵ月以内に新製品を開発して既存の製品と切り替える必要があった。サザーランドはすでに、迅速なアプリケーション開発、オブジェクト指向デザイン、PDSAサイクル、スカンクワークス（革新的な製品・技術などを開発するために既存の研究組織とは別に設置される秘密の独立型研究開発チーム）のようなアジャイル手法に関する優れたノウハウを持っていた。

彼が望んでいたのはイーゼルの本部の中にスカンクワークスのような文化を作り、分離と統合のメリットを混ぜ合わせることだった。そして彼は組織の生産性を上げるためにできることはすべて学ぶことから始めた。数百本もの論文を読み、製品管理の一流専門家にインタビューをした。その過程で、彼はいくつかの刺激的なアイデアに興味を惹かれるのを覚えた。

その1つは、ボーランド・クワトロ・プロ・チームに関するベル研究所の論文だった。それによれば、短い時間だが毎日開かれるチーム会議がグループの生産性を飛躍的に高めたという[3]。他の論文でも、似たような助言があった。野中・竹内のラグビー・アプローチはソフトウェア開発よりモノづくりに焦点が当たっていたが、サザーランドにとって研究の総仕上げとなる概念だった。

彼らの論文の主要なアイデアの多くを、自らの個別の作業工程に取り込むことによって、サザーランドはソフトウェア開発の独自手法を編み出した。ラグビーの専門用語になぞらえて、彼は自分のアプローチを「スクラム」と名付けた。スクラム手法によって、ほとんど不可能に見えたプロジェクトを時間内に予算の範囲内で完成させることができた。しかもバグは過去の製品よりも少なかった。その後、彼は終生の同僚であるケン・シュワーバーと協力しながら同アプローチを体系化し、１９９５年にスクラムを世の中に初めて公開した。

もちろん革新的な手法を探求したのは、サザーランドとシュワーバーだけではなかった。情報化時代は急速な進展を見せていた。ディスラプティブテクノロジーは動きの鈍いライバル企業を震撼させた。新興企業だけでなく既存企業もまた未知の、そして混沌とした時代に適応するための新しい手法を追い求めていた。

ソフトウェアは、ほとんどすべての業務において不可欠となった。多くの創造的なソフトウェアの開発業者は、新しい環境への適応性を高めるためにプログラミング手法の改善に一生懸命努力した。

２００１年には、自らを組織的アナーキストと呼ぶ17のソフトウェア開発業者が意見交換のためにユタ州スノーバードに結集した。サザーランドをはじめ他のスクラム推進者もその中に含まれていた。

参加者にはまた、エクストリーム・プログラミング（ＸＰ）、クリスタル、アダプティブ・ソフトウェア開発（ＡＤＳ）、フィーチャー・ドリブン開発（ＦＤＤ）、ダイナミック・システムズ・ディベロップメント・メソッド（ＤＳＤＭ）のような競合するアプローチの提唱者も含まれていた。こうしたアプローチは、「軽量フレームワーク」と総称されている。

この名称は、急速に変化する環境に素早く適合するために、彼らが使用するルールは数が少なく簡潔であることから来ている（実際には彼らの多くが軽量という呼ばれ方を快く思っていなかった）。

新しい名称

彼らは多くの点で意見が対立しているわけではなく、自分たちの運動の新しい名称をアジャイルにすることで落ち着いた。

アジャイルという言葉は、スティーブン・L・ゴールドマン、ロジャー・N・ナゲル、ケネス・プレス著『アジャイルな競争相手とバーチャルな組織――顧客を豊かにする戦略（Agile Competitors and Virtual Organizations: Strategies for Enriching the Customer）』を読んだ参加者によって提案された[4]。

この本は、激しく変化する市場にうまく適合するために新しい手法を開発していた１００社の企業例――ＡＢＢ、フェデラル・エクスプレス（フェデックス）、ボーイング、ボーズ、ハーレーダビッドソン――を紹介していた。

運動の名前が決まった後、参加者はこれから〝戦闘〟を開始するにあたって宣言文を作り上げた。彼らはそれを「アジャイルソフトウェア開発宣言（the Manifesto for Agile Software Development）」と名付けた。この開発宣言では、「包括的な記録よりも実用的なソフトウェアを」、「計画に従うよりも変化への対応を」といった全員が合意した4つの主要な価値観が明らかにされた。

会議はその後も数ヵ月続いたが終了後に、彼らは「私たちは、価値あるソフトウェアを早く継続的に提供することで顧客に満足してもらうことを最優先する」、「シンプルさ——無駄なく作れる量を最大化すること——こそが、本質だ」といった12の運営原則を取りまとめた[5]。

2001年以降、こうした価値観や原則を踏まえた開発フレームワークはすべてアジャイル技法として世の中に知られるようになった。

スノーバード会議でアジャイルイノベーションの教義が正式に認定されると、アジャイル運動は急速に広まっていった。参加者は宣言文をオンライン上に掲げ、賛同者を増やしていった。オリジナルメンバーの大半と多くの新たな支持者たちは同じ年の後半に再び集まって、アジャイルの原則をさらに普及させる方法を議論した。全員がアジャイルについて執筆し、講演することで合意した。

時間とともにアジャイルの活用はさらなる広がりをみせた。2016年になると、本書の著者の1人であり、ベインのパートナーのダレル・リグビーはサザーランドや竹内と共同で『ハーバード・ビジネス・レビュー』誌に「アジャイルと共に（Embracing Agile）」というタイトルの論文を書いた[6]。

同論文によれば、その当時、アジャイル手法を活用しながら、ナショナル・パブリック・ラジオ（米公共ラジオ局）は新しい番組を制作し、世界最大の農機具メーカーのディア・アンド・カンパニーが新型の農機具を開発、Ｓａａｂはグリペン戦闘機を製造していた。

カリフォルニア州のミッション・ベル・ワイナリーは、「ワインの製造から、倉庫保管、上級幹部の指導に至るまでのすべてにおいて」アジャイル手法を活用していた[7]。

マサチューセッツ州のオープンビュー・ベンチャー・パートナーズは、投資先の企業に対してアジャイル手法を採用することを推奨していた。

本書ではこれから具体的な事例を紹介していくが、アジャイルは『ハーバード・ビジネス・レビュー』誌の論文以降、普及に弾みがついていった。こうした複雑な系譜はアジャイル実践者の間で活発な議論を巻き起こすことが多いが、短い歴史からは次の２点が明らかになっている。

１つは、アジャイルの基本原理やその適用はＩＴの分野だけにとどまらないという点だ。アジャイルは、組織の多くの様々な機能とも関連している。

２つ目は、アジャイルは今後も拡大を続けていくであろうという点だ。アジャイルが開発されたのは、官僚主義の支配からの脱却を手助けするためだ。世界中のイレジスティブル・スナックスが今何にも増して必要としているのは、官僚主義とイノベーションの良好なバランスを回復する能力である。

アジャイルチームはどのように運営されるのか

アジャイルチームは指揮系統の確立した官僚主義とは異なる働き方をする。彼らはイノベーション——すなわち、創造性を発揮して顧客ソリューション、業務プロセス、テクノロジーを改善し利益をあげること——に最も適している。

企業は小規模なチームを編成し権限を移譲する。チームのメンバーは通常3〜9人で、全員がフルタイムで参加する。チームは多種多様な専門職のメンバーで構成され、与えられたミッションを完遂するために必要なあらゆる技術が備わっている。

チーム運営は自己完結型であり、仕事のすべての側面において厳しい説明責任が問われる。チームのリーダーは、メンバーに、どこを改革するかは指示するが、それをどのように実現するかまでは言わない。

影響が大きく複雑な問題に直面した場合、チームはそれをモジュールに分解する。そして迅速にプロトタイピングを実行し、緊密なフィードバックのループを通じてモジュールごとに解決策を模索する。それで得られた解決策を全体最適化の中に組み込んでいく。

チームのメンバーが最も価値を置くのは、事前に立てた計画へのこだわりではなく、変化への適応である。彼らは単なる生産（新製品のソースコードの行数や数量）ではなく、結果（成長、収益性、顧客ロイヤルティ）に対して責任を持とうとする。

チームは社内外の顧客と緊密に作業する。従って、イノベーションの責任は顧客に最も近い人々が担うのが望ましい。アジャイルチームの編成によって指揮命令や決裁の階層構造が圧縮され、現場の仕事のスピードがアップし、チームのモチベーションも高まっていく。

アジャイル手法は考え方と手法を合体させたものだ。宗教戦争は熱烈な信者の間でどちらが重要かを巡って争う戦争だが、論争自体はばかげている。人間が生きていくために頭と心のどちらが重要か、を言い争うようなものだ。両方とも健全でないと人は生きていけない。

1つの哲学として、アジャイルが強く意識するのは顧客だ。アジャイルの実践者が信じているのは次の2点だ。すべての仕事の先に顧客があること、そして顧客のニーズを中心に据え、できるだけ効果的に、かつ利益があがる方法で事業が遂行されなければならないということだ。

例えば、ファイナンス部門は資金を必要とする業務部門のために仕事をしている。業務部門はそのサービスに対する満足度を、彼らにフィードバックすべきだ。

アジャイルチームはこのように、達成目標だけでなく、顧客ニーズに基づくバックログ――基本的に優先順位で並べられた「Ｔｏ Ｄｏリスト（やるべきことのリスト）」――を持っている。

アジャイルが最も嫌うのがＷＩＰ（ワーク・イン・プログレス、生産中の未完成品）である。ＷＩＰは仕事と仕事を結びつけているが、まだ何も付加価値を生んでいない。その状態が長引けば長引くほど、費用が嵩んでいく。その間に顧客のニーズは変化し、競争相手のイノベーションは進んでいく。ＷＩＰのプロジェクトは陳腐化していく一方だ。従ってアジャイルは、スプリントと呼ばれる期間限定（1ヵ月以内）の作業で生産される小さな集合体（batches）を大事にする。

一部の懐疑的な意見に反して、アジャイルの実践者たちが短いスプリントを重視するのは、チームのメンバーを酷使するためではなく、最終的な顧客のフィードバックを早く取り込むためだ。作業期間が短くなれば、アジャイルチームはいかに早く試験に耐えうるものを作ることができるか、について考えざるを得なくなる。それによってチームはまた長く緩慢な作業工程を足の早い作業工程と同じスピードで進行させることができるようになる。

チームのイニシアチブオーナーはプロダクトオーナーとしても知られる。彼らは最終的には付加価値を顧客（社内の顧客や未来の利用者を含む）や企業に届ける責任を持っている。こうした役割の人間は普通、現場の出身であり、彼および彼女は自分の時間をチームとの作業と主要な利害関係者——顧客、経営幹部、現場幹部——との調整に費やしている。

イニシアチブオーナーはデザインシンキングやクラウドソーシングのような技術を使って有望な新製品の包括的なポートフォリオバックログ（開発の優先順位順に並べたリスト）を構築しようとするかもしれない。そして、社内外の顧客や自社にとっての最新の経済価値の推計に応じて、その優先順位を継続的かつ情け容赦なく見直していく。

イニシアチブオーナーはチームに対して、誰が何をすべきか、課題の達成にどのくらい時間をかけるべきかなどは明確にしないが、その代わりに、チームメンバーたちは自分自身で単純なロードマップを作り詳細な活動計画を立てる（いったん作業が始まれば臨機応変に修正が加えられていく）。

彼らは、最も優先順位の高い課題について小さなモジュールに分解し、それにどのくらいの作業量を振り向けるか、どのようにしてそれを達成するかを決める。そして、「やるべき内容」を明確に定義した後で、スプリントと呼ばれる限られた期間内に実際のものと同じプロダクトを生産する作業に取り掛かる。

作業工程のファシリテーター（訓練を積んだベテランのスクラムマスターであることが多い）は、同工程における指導と教育を行う。この人物はチームが仕事に集中できる環境を作り、チームがその集団的知性をすべて投入できるようにサポートする。

すべての作業工程の透明性を維持するために、チームのメンバーは毎日短い会議を開き、進捗の状況を評価し問題点を抽出する。彼らはエンドレスに議論を繰り返し、上司の判断を仰ぐのではなく、実験とフィードバックを通じて意見の不一致を解消する。そして、新製品の一部あるいはすべてを織り込んだ小規模な実際のプロトタイプを作り、少数の顧客に短い期間試してもらう。もし顧客に喜んでもらえれば、一部の経営幹部が反対し、さらに別の機能を付け加える必要があると考えていたとしても、そのプロトタイプはすぐに商品化されるかもしれない。そして時間を無駄にすることなくチームは今後の仕事の進め方の改善についてブレインストーミングを行い、優先順位で上位にある課題に取り組む準備をする。

伝統的な経営手法と比べて、アジャイルは多大な恩恵を提供し、そのすべては研究され文書化されている。アジャイルはチームの生産性や従業員の満足度を高め、また、冗長な会議、計画の繰り返し、過剰な文書化、品質上の欠陥、低付加価値の製品特性などによる無駄を最小化する。アジャイルによって自らの視野を広げ、消費者の嗜好の変化から取り残されないようになることで、企業の顧客エンゲージメントや満足度は改善される。さらに、高付加価値のプロダクトや機能をいち早く市場に投入することで高い収益性をあげることができ、経営リスクの軽減も可能だ。様々な部門の出身者をチームのメンバーに取り込むことで、組織としての経験を広げ、相互の信頼や尊敬を築き上げることができる。

そして最後に、経営幹部は、担当業務の細かな指示に費やす時間を大幅に削減することによって、自分たちだけにしかできない付加価値の高い業務に専念できる。経営ビジョンの創造と刷新、戦略的施策の優先順位の決定、業務の簡素化と集中、適材適所の人員配置、業務横断的な協力関係の拡大、会社の成長の妨げとなる障害の除去などである。

アジャイルの実践者は、経営幹部の予測、指揮、革新的ソリューションの実行能力について非常に懐疑的である。何を実現し、それをどのように遂行したらいいかが明確でない環境下では特にそうだ。例えば自動運転車を設計してミネソタからフロリダまで運転する責任者になったと想像してみよう。そこには2つのオプションがある。

最初の選択は、決定論的モデルの開発だ。ミネソタからフロリダまでの道路状況について詳細に調べ、ほとんどすべての道のまがりくねり、信号機の変化のタイミング、道路を横断する歩行者や鹿、交通事故、天候状況などを予測する。

もし試験運転（これを行わなければならないのは当然であるが）で自動運転車が衝突事故を起

こせば、もっとよく調べて予測能力を高めるように指摘されるだろう。しかし追加的な調査ですべての問題が解決できる可能性はほとんどない。

もし自動車がトンネルの中を走り続けるのであれば、おそらく予測行動モデルはうまく機能するだろう。現実の世界では物事は急ピッチで複雑化の一途をたどっている。

もう1つの選択肢は、自動運転車が状況の変化に機敏に適応できるようにプログラム化することだ。最初に、なぜミネソタからフロリダまで行きたいのかを決定することから始めなければならない。

もしハリケーンが襲来してフロリダが危険な状態になれば、カリフォルニア経由のルートを検討すべきだ。そしてルートの変更によって生じる様々な事態を想定し、その影響を計測する手法やその後の変化を追う感知装置を開発して、将来の変化に対する適切な対応策を準備しておかなければならない。気象機関、交通監視機関、他の運転手からもデータを収集する必要があり、集めたそれらのデータを自動運転車の感知装置に入力する。そうすると自動運転車は「交差点に接近しつつあります。赤信号で必ず停止してください」と警告してくれる。

もしこうしたフィードバックループが短い時間で感度良く機能するなら、物事の変化は唐突で不快というよりもスムーズで快適なものになるだろう。それこそがアジャイルに他ならない——つまり走りながら学ぶ、ということだ。

5つの重要ポイント

❶アジャイルチームはアジャイル手法の核心である。アジャイルチームがどのように機能するかを理解していなければ、アジャイルを会社全体に広げることはできない。

❷顧客からのフィードバックに勝るものはない。どのようなイノベーションを最優先すべきで、それにどのように適応するのがベストな方法なのかを決める場合、経営者の直感より顧客からのフィードバックを信頼する。

❸アジャイルチームがスプリントを活用するのは、人々を酷使し拙速に働かせるためではない。スプリントの活用は、(社内外の)実際の顧客が本当に評価しているものは何かについてのフィードバックを迅速に行うためである。

❹社内官僚は、対照実験で成功率が3倍に高まるまで――そして顧客、従業員、株主のすべてが幸せになるまで――、現場の自由裁量を認めようとしないだろう。

❺何を、どのように実現したらいいかが明確でない場合において、イノベーションを予測し、命令し、管理しようとするのは無謀である。

第2章
アジャイルの拡大
──社内でどこまでアジャイルを拡大するか

Ｓａａｂの航空機事業には１００以上のアジャイルチームが存在し、グリペン戦闘機のソフトウェア、ハードウェア、機体などの開発業務を担当している。

同社のグリペン戦闘機は１機４３００万ドルもし、その構造の複雑さには皆が圧倒されている。毎日午前7時30分、フロントラインの各チームが15分間のミーティングを開いて、チーム内で解決できない課題に対してフラグを立てる。

同7時45分、チーム間の調整を要する課題がチーム代表者会議に上げられ、そこで解決が図られるか、それでも解決できない場合はさらに上の会議で決着が図られる。

こうしたボトムアップ型の問題解決が続き、同8時45分までには、経営アクションチームに対してプロジェクト継続のために解決しなければならない重要課題のリストが提出される。

Ｓａａｂ航空機部門ではまた、次のような手段を用いてチーム間の相互調整を行っている。３週間スプリント方式の随時書き込み更新が可能なプロジェクトマスタープラン、これまでは異質とされてきた部署同士を同じところに配置する――例えば、テストパイロットやシミュレーターを開発チームの中に設置する――などだ。前述したように、こうした組織から出来上がった航空機は世界で最も費用対効果の高い戦闘機だとの評価を得ている。

ビジネス向けソフトウェア開発会社のＳＡＰ ＳＥ（以下、ＳＡＰ）は、アジャイルの社内拡大に早くから取り組んだ企業の１つである。その取り組みを開始したのは10年も前のことだった。同社の経営者は最初にアジャイルをソフトウェア開発部門で拡大させていった。顧客中心主義が強く求められ、アジャイル手法を検証し、さらに洗練させていくことができる部門だったからだ。

同社は訓練やコーチングを行うための小さなコンサルティンググループを設立し、新しい働き方を埋め込んでいった。誰もがチームの貢献が理解できるように、結果を追跡する担当者も設定した。

「アジャイルによる目覚ましい生産性改善の具体的な例を示すことで、社内からの需要が次第に強まっていった」と語るのは、当時、同グループでコンサルティング・マネージャーをやっていたセバスチャン・ワグナーだ[1]。その後の2年間で、同社はアジャイルを開発部門の80%以上まで広げ２０００以上のチームを創設した。

セールスやマーケティング部門も負けてはならないとばかりに対応の必要性を感じ、アジャイルを採用し始めた。業務のフロントエンドが速いスピードで動き始めると、バックエンドも追随せざるを得なくなる。その結果、ＳＡＰは社内向けＩＴシステムを担当するグループもアジャイルにシフトしていった。

アメリカ軍の関係者向けに特化した金融サービス会社であるＵＳＡＡは、ビジネスラインや商品開発部門でアジャイルチームの活動を推進しており、本稿の執筆時点で、数百のアジャイルチームを立ち上げて運営している。今後もチームの数を増やし続ける計画だ。

損益計算書（Ｐ＆Ｌ）に何らかの形でかかわっているマネージャーに対して、業務横断的なチームが業績の向上にいかに貢献するかを理解してもらうことが目標だ。

シニアリーダーはそれぞれの業務部門においてもゼネラルマネージャーとして行動し、業務部門の業績に対して全面的な責任を負うことになっている。こうしたリーダーは、業務遂行においてメンバー間の話し合いを重視する組織横断的なチームが有用であると考えている。

USAAはテクノロジーやデジタルデータの価値を重視し、シニアリーダーがそれらを自由に活用できるようにしている。そこには、最前線の動向を知ることで、彼らが目標として掲げた成果を達成してもらいたいという意図があった。

過去10年間、アジャイルを経験し、その話を聞いたリーダーは次のような問いかけをせざるを得なくなっている。

もし会社が組織全体に数十、数百、数千のアジャイルチームを発足させたら、一体どうなるのか。

すべての部門やセクションがアジャイル的な運営ができるようになるのか。

アジャイル手法が個々のチームのパフォーマンスを改善するのと同じように、アジャイルの拡大は企業全体の業績をも改善するのか。

3M、アマゾン、ボッシュ、デル、フェイスブック、グーグル、ハイアール、INGグループ、レゴ、マイクロソフト、ネットフリックス、ペイパル、ロイヤルバンク・オブ・スコットランド（RBS）、ライアットゲームズ、セールスフォース・ドットコム、スポティファイ、ターゲット・コーポレーションなど多分野にわたる企業が、アジャイルチームの総数や適用範囲を広げている。私たちは多くのそうした企業と共同で研究を続けてきた。

彼らの成果はいずれも目を見張らせるものがあるが、企業ごとの取り組みや成果、さらに言えばアジャイルの拡大に対する定義などの点では、その違いは大きく際立っている。

アジャイルの拡大は何を意味するのか

アジャイルのスケーリングの定義は簡単だ。アジャイルチームの数を50、100といった具合に増やしていくことだ。アジャイルの守備範囲が拡大すれば、アジャイルチームは企業の様々な部署において機能し始める。複数のアジャイルチームからなるチームを使いこなせるようになれば、巨大なプロジェクトにも取り組むことができる。

私たちはこうしたアジャイルのスケーリングについて様々な多くの事例を調査し、それらに関する多くの解説も調べてきた。私たちはそれを「アジャイル拡大期（agile at scale）」という名称にした。そこには、アジャイル拡大に取り組んだ大企業の経験が多く盛り込まれていた。

しかし、アジャイルのスケーリングにはその先のステージがある。それは大半の企業にとってまだこれからだ。私たちはそれを「アジャイル企業（agile enterprise）」への脱皮としている。ある意味でそれは本書のテーマと言ってもいい。

「アジャイル拡大期」では官僚主義的な手法と革新的な手法が別々に走る中、アジャイルチームのパフォーマンスを改善していくことに焦点が当たっている。

一方、「アジャイル企業」のステージではアジャイルな業務システムを作り上げることに焦点が当たり、官僚主義的手法と革新的手法を、より優れた成果の創出への協働パートナーの関係へと変える。

次章以降では、アジャイル企業へと脱皮するのに必要な行動、プロセス、運営上の多くの改革だけでなく、それらをどの程度、どのくらいのスピードで実行したらいいかについて詳細な議論を展開する。それらの章では、ＩＴ部門の再編成、予算編成過程の見直しから、人材管理や報酬制度の刷新にいたるまでのあらゆることについて触れている。

本章においては、アジャイル企業について概観した後、そのアジャイル企業への脱皮と、少し難易度は下がるがアジャイル拡大の実践とを対比させて紹介する。また、企業はなぜそうした野心的な、時には危険な課題に挑戦したいと望むのかについても触れてみたい。

アジャイル拡大期

アジャイルの拡大を追求している企業では、ビジネスの基本部分は官僚的な役割をする部門に委ねたままであることが多い。概してその場合、企業が第一に期待に応えようとする相手は株主であり、企業の究極の目的は、アジャイルチームを多く発足させて業績の改善を図ることとなる。アジャイル拡大に収益効果があることを示すために、経営者はアジャイル拡大とレイオフを含むコスト削減策とを同時進行させることもある。

通常このようなアジャイル推進部門は、それ以前の特別プロジェクトとまったく同じやり方で改革を促進しようとする。つまり、アジャイル推進部門の仕事は社員の行動を変えることだ――アジャイルチームを設置して、賛同者を増やし、その一方で改革に強く抵抗する人々を見つけ出してはクビにする――。当たり前のことだが、経営陣はアジャイルチームが予算の範囲内で予定通りに改革を進めさせる責任を負っている。

　数年後に社内にアジャイルチームの数が増大すると、それらのチームは極めて効率的に相互調整を行えるようになるかもしれない。しかし彼らは企業経営、業務運営、サポート、管理を取り仕切る従来の官僚主義部門の中で仕事をしていると言っても過言ではない。

　先に私たちは、こうした仕事のやり方にはどこかに落とし穴があるため回避すべきだと指摘した。もし本当の意味のアジャイル企業を創設したいと望むのであれば、それはまさしく落とし穴そのものになる。

　しかしアジャイルの拡大はそれほどに悪い結果をもたらすわけではない。ある企業にとっては、それが正しい選択になるかもしれない。数十程度のアジャイルチームを増やすことは、伝統的なガバナンスの下でも管理が可能である。工夫をすれば、大概の弊害は回避することができる。経営トップは数十程度のアジャイルチームなら、パフォーマンスやモラルを損なうことなくしっかり管理することができる。

　大抵、アジャイルチームは従来型の特別プロジェクトより優れたパフォーマンスをあげることができるため、チームの業績は改善する。しかし、この手法には深刻なリスクが潜んでいる。時間が経つにつれて、他のアジャイル化していない部署から不満が急激に吹き出てくる恐れがあるのだ。

これらの部署の人々は次のように感じるかもしれない。アジャイルチームが最も優秀な人材を引き抜いている、自分たちの仕事で使えるはずだったお金を横取りしている、正規の予算手続きを無視している、優れた経営慣行までないがしろにしている、会社全体をリスクにさらしている、などである。

そうした不協和音によって、企業全体が伝統的な経営手法に逆戻りしてしまい、せっかくこれまで成し遂げてきた改革の成果が元の状態に戻ってしまうことになりかねない。また、それと同時に機会損失のリスクも生じる。アジャイルの拡大だけで満足してしまう企業は、アジャイル企業を創設することで得られる潜在的な恩恵を断念してしまうことになるからだ。

しかし、最大の難問は、アジャイルチームが改革を以前よりもはるかに手際よく迅速に成し遂げたとしても、経営幹部は企業としての全体的な改革速度が速まっていないと判断する可能性があることだ。この問題を調査していくと業務フロー効率の概念に出くわす。

アジャイルチームが改革を実現するまでに必要な時間は2つの要素によって決まる。1つは自らが改革に要する時間であり、もう1つは他人の行動変容を待つ時間である。

その待ち時間は次のような業務プロセスによって生じる。戦略的な企画立案スケジュール、意思決定の承認プロセス、予算や資金調達のスケジュール、ソフトウェアの発売スケジュール、法律や規制、人材配置のタイミングなど数十に及ぶ。

ある企業の稼働率は、実労働時間を実労働時間と待ち時間の合計で割り算することで求められる（図表2−1を参照）。経験上のデータによれば、多くの企業の稼働率が15〜20％を超えることは滅多にない。従って、アジャイルで実労働時間のスピードが20％改善したとしても、企業全体としてのイノベーションの速度はわずか３〜４％改善するにすぎない。それでは大きな変化を感じることはできない。

さらに、企業がアジャイルチームのコストを賄うために業務や業務サポートの人間を減らし、その一方で業務プロセス自体の効率化を行わなければ、少数の人間で従来と同じ仕事量をこなさなければならなくなる。その結果、業務プロセスにおける仕事のスピードが遅くなり、彼らに仕事を依頼するために順番を待つ行列は伸びて、待ち時間も増える。その結果、仕事がかえって増えることもあるのだ。

また、マネージャーは部下の稼働率を高めコストを減らす方法を見つけようと必死になり、部下の待ち時間を埋めるために、別の新しいプロジェクトを割り振るといった事態が考えられる。これでは複数の仕事を同時にこなさなければならなくなり、仕事の切り替えコスト、生産性の低下、待ち時間のさらなる長期化、開発サイクルのさらなる遅延につながる。結局は、改革のスピードが低下する可能性があるのだ。

ここにわかりやすい実例がある。イレジスティブル・スナックスの実在バージョンと言えるものだ。私たちが調査を行ったある金融サービス大手企業では、アジャイル手法を用いて次世代のモバイル用アプリの開発に乗り出した。もちろん最初のステップはチーム編成である。そのためには社内の承認と資金調達のために予算の申請手続きが必要だったが、それはその他の申請と同

図表2-1　多くの企業の稼働率は通常15～20%を超えない

出所）Daniel Vacanti, author of Actionable Agile Metrics for Predictability: An Introduction, and David J. Anderson, coauthor of Kanban Maturity Model: Evolving Fit-for-Purpose Organizations.

様に次の年間企画会議で議論され承認を得る必要があった。

数ヵ月の審査を経た後で会社は最終的に予算を承認した。その新規プロジェクトから生まれた優れたアプリは消費者の高い評価を得ることができ、アジャイルチームのメンバーは仕事に満足した。しかし発売の前に、そのアプリは従来型のウォーターフォール・プロセス（プログラムコードが、文書化、機能性、効率性、標準化などの点でテストされる一連の長い流れ）と呼ばれる脆弱性検査に合格しなければならず、しかも検査を受けるまで長時間待機しなければならなかった。

その後も、同アプリは6～9ヵ月間のログジャムの脆弱性を調べるために別のウォーターフォール・プロセスを経る必要があるコアITシステムに組み込まれる必要があった。結局、あれやこれやで発売までの総時間はほとんど改善しなかった。

私たちはこうした重大な課題にどのように対処す

ればいいのだろうか。それこそがアジャイル企業が目指すところである。

アジャイル企業

アジャイル企業はアジャイルチームを単純に足し合わせたよりも大きな存在だ。アジャイル企業の業務モデルは、絶妙なバランスの上に成り立っている。

アジャイル手法を活用することで企業は（1）伝統的な業務を正確かつ効率的に行い、（2）予期せぬビジネスチャンスに遭遇すればうまくそれを取り込み、しかも（3）この2つの行動をうまく両立させることができる。そうした企業の実現を目指す経営者は、一風変わった考えでアジャイル拡大に臨んでいる。

彼らはアジャイルチームと他の部署を水と油のようにはとらえておらず、両者を引き離すことはしない。また。従業員をすべてアジャイルチームに取り込んでしまうこともない。アジャイルのイノベーションチームはアジャイル企業の核心であるが、それに関係するのは一般的に全従業員の10～50%にすぎない。アジャイルな体制における仕事の大半、人間の多くはオペレーション、サポート、管理といった通常業務の運営に携わっている。

さらにアジャイル企業では、リーダーたちはアジャイル拡大そのものをアジャイルの取り組みだと見なしている。経営幹部たちは1つのアジャイルチームとして企業変革を取り仕切り、そうした変革を目標や完成日時が予測可能な単独プロジェクトではなく、継続的な改良を加えていく取り組みだと理解している。

経営陣は従業員を部下や抵抗勢力として見るのではなく、成功に不可欠となる積極的な関与やフィードバックを提供してくれる、むしろ顧客のようにとらえている。経営陣が、優先順位を定め、顧客体験を改善しその満足度を高めるための機会の順番を決める。リーダーは問題の解決や障害の排除を部下任せにするのではなく、自らが率先してその任に当たる。

ボッシュはドイツを本拠地とする世界的な総合自動車部品および電動工具メーカーである。世界中に40万人以上の関係者を擁し60ヵ国以上で生産や営業活動を行っている。この会社もアジャイル手法を活用している。

経営トップは動きの速いグローバル化した世界では、従来型のトップダウン式経営はもはや通用しないと判断した。その結果、早い段階からアジャイル手法に注目して採用に踏み切った。しかし、業務分野が多岐に渡るため、アプローチもそれぞれ変える必要があるように見えた。

ボッシュがアジャイル拡大に取り組んだ最初の挑戦では、うかつにも企業文化の分裂が生じてしまった――つまり注目される新規事業はアジャイルチームによって運営されたが、従来型の業務は手つかずのままとなり、会社全体としての変革の目標が十分に達成できなかった。

２０１５年になるとフォルクマル・デナーＣＥＯが率いる取締役会は、アジャイルチームへのアプローチを統一することを決定した。取締役会がステアリングコミッティ（重要な意思決定、プロジェクト全体のリスク評価を行う会議体）となり、ソフトウェアのエンジニアからアジャイルの専門家に転じたフェリックス・イエロンミを新プロジェクトのリーダーに指名した。

最初、イエロンミは新プロジェクトの運営に当たり、目標の設定、目標とする期日の設定、役員会での定期的な現状報告など、ボッシュのこれまでのやり方を踏襲すればいいだろうと考えていた。しかし、そのやり方はアジャイルの原則と矛盾しているように感じた。

会社の各部門はアジャイルといっても経営幹部がトップダウンで決めたことに変わりないのではないかということで、同様に懐疑的だった。しばらくして、経営者チームはやり方を変えた。

「ステアリングコミッティを実行委員会に衣替えした」

イエロンミは私たちにこう語った。

「それによって議論が一方通行ではなく対話形式になった」

チームは企業の優先課題を集約しその順位付けを行い、定期的にアップデートしていった。チームは機敏性を高めるために会社全体の障害を着実に取り除いていくことにも集中した。チームのメンバーは各部門に出向いて行き各部門リーダーに対して積極的な対話を行うように促した。

「戦略は単年度のプロジェクトから継続的なプロセスへと進化していった」

イエロンミは語る。

「取締役会メンバーはそれぞれが小さなアジャイルチームに参加し、難題に挑んだり、基本的な課題に取り組むために〝プロダクトオーナー〟や〝アジャイルマスター〟などの様々なアプローチを試してみた。例えば、あるグループでは10の新たなリーダーシップ原則をまとめ２０１６年に社内公表したことで、個人レベルで業務の機敏性や効率性が高まる満足感を直に経験することができた。そうした経験は、本からは得られないものばかりだった」

現在、ボッシュではアジャイルチームと従来型組織が混在する状態で業務運営が行われている。同社によれば、ほとんどすべての事業部門でアジャイルの効果が高く評価され、部門間の共同作業も円滑に進むようになり、激しさが増す一方の市場変化に対しても機動的に適応できるようになっている（ボッシュの事例は後続の章でも取り上げる）。

アジャイル企業を構築することは、官僚主義との完全な決別を意味しない。それを本気で理解するためには、一流の知性に関するF・スコット・フィッツジェラルドの言葉から学ぶことができる。一流の知性とは「心の中で同時に2つの相反する考えを持ち、しかもそれらを機能させ続けることができる能力」であるからだ[2]。

組織はそのようなインテリジェンスを必要としている一方で、アジャイル企業はどのような状況でもイノベーションを追求するアジャイルチームを必要とする。ここで注意が必要なのは、イノベーションという言葉が意味することは、単にイレジスティブルの新しいスナック類のような新製品の発売を目指すことではない。業務プロセス、テクノロジー、人材、ファイナンスなど様々な分野において、企業はイノベーションを必要としている。従って、アジャイルチームはサプライチェーンの仕組み、人事戦略、顧客サービス対応などについても厳しく精査しなければならない。

いうなれば、アジャイル企業とは機能横断的チームである。アジャイル企業のリーダーは業務を確実に効率的にこなす一方で、予想外のビジネスチャンスに遭遇した場合にはビジネスのやり

図表2-2　ビジネスの陰と陽

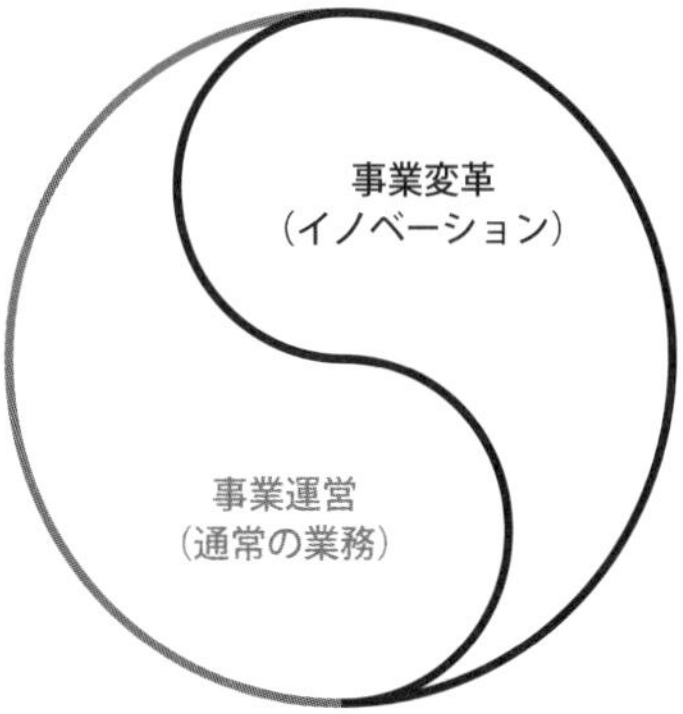

方を変えて、それを取り込み、しかもその両方の動きをうまく両立させなければならない。こうした考えは、中国の太極の思想、あるいは陰と陽の哲学に通じる。

通常の業務とイノベーションは補完的、相互依存的な活動であって、企業が成功するためにはその両方が必要だ。相互の緊張関係、相互牽制、バランスは、企業が健全な業務運営を行う上で不可欠だ（図表２－２を参照）。だからこそ、私たちは本書を通じて両者のバランスを強調している。

もちろん、何が正しいバランスかは業種、企業、事業によって異なる。例えば、ロボット産業のイノベーション・リーダーがＲ＆Ｄ活動を運営する場合は、砂利産業の現場担当者が採掘作業を運営する場合に比べて、はるかに大きな変化が必要になるだろう。

アジャイルについてのビジョンと戦略の構築

アジャイル企業を目指すリーダーは、将来のビジョンが現状維持に陥りがちな官僚主義を突破するのに大いに役立つことを知っている。彼らは、アジャイルチームが正しく機能するために、優れた戦略や、それによって決定される優先順位付けが不可欠であることも心得ている。

しかし一方で、リーダーたちはまた将来の予測は外れることが多いことも承知しており、そうした未来予測に基づく改革をどの範囲まで、どのくらいのスピードで実行すべきかについて確信を持てずにいる（第3章でこの問題を詳細に検討する）。

そうなると、せっかく展望や戦略を練り上げて強調しても、いずれか一方、あるいはその両方が結果的に間違っていたことが判明すれば、恥をかくのがおちだ。このようなリスクがつきものであるにもかかわらず、アジャイルの戦略やビジョンに合意をとりつけるためにはどうすればいいか。

悲しいことに、最もよく見られるのが、そうした欠陥が生じたときに断固として予測が外れたことを受け入れない対応だ。——たとえ後任のリーダーが乗り込んできて経営方針の転換をはかるときに前任者の予測ミスを嬉々としてあげつらうとしてもだ。より賢明な方法は、アジャイルチームのような思考回路を用いて、新たな展望を見出すことだ。

図表2-3　シンプルなユーザーストーリー

どんな顧客か	私は（**顧客のタイプ**）な顧客です。
何を望んでいるか	私は（**望ましいソリューション、顧客体験**）を求めています。
その理由	そうすることで（**顧客のゴール、顧客が求める機能、心理的欲求**）を満たすことができます。

こうしたプロセスの第一歩は、顧客の目標が実現されることを手助けすることで自らのパフォーマンスも改善する、というアジャイルチームの存在理由を考えることから始まる。アジャイルチームは顧客が望んでいる顧客体験を理解するために、顧客の視点で表現したユーザーストーリーを作成する。最もシンプルなユーザーストーリーは図表2-3、さらに高度なユーザーストーリーは図表2-4に掲げた。

適切なユーザーストーリーが出来上がると、リーダーは次にエンドユーザーの消費者、日常業務に携わる従業員、イノベーションに携わる従業員、投資家、外部のコミュニティなど、アジャイル企業の様々なステークホルダーの視点を通して世界を切り拓くことができる。

バランスを図るべき重要な点が、もう1つある。それは過去数十年の間に短期的な業績を重視する企業が、不健全なレベルにまで増加したことだ（多くの企業の経営者がTSR〈Total Shareholders Return、株主総利回り〉で上位4分の1に入ることを目指せば、全体の75%の企業は必ず負け組になってしまう）。

従って、アジャイルの大御所たちは、官僚主義と同じく業績至上主義をお払い箱にして、顧客満足にのみ集中するように努めることが流行となり、そのことが切り取られてメディアで取り上げられるようになった。

図表2-4　高度なユーザーストーリー

どんな顧客か	私は（**顧客のタイプ**）な顧客です。
何に苦労しているか	私は（**顧客のゴール**）を達成したいです。
顧客体験	これまでの体験は（**顧客がこれまでに体験した具体的なエピソード**）というものです。
何に不満を持っているか	これには（**既存のソリューションの問題・課題**）という問題があります。
どう対処しているか	そのため（**不十分な対応策**）で対処しています。
どうだったら望ましいか	（**望ましい体験、求める品質**）であったら最高です。
その理由	そうすることで（**顧客が求める機能、心理的欲求**）を得ることができます。
競合は何か	もしあなたの提案するソリューションがこれを解決してくれるなら、私は（**競合となる他のソリューション**）を選びません。
競合の何が優れているか	けれども、その場合私は（**競合の優れている点**）をあきらめなければいけません。
自社のソリューションの弱み	また、私はあなたの提案するソリューションに対して、（**想定されるリスク・顧客が感じるであろう不安**）を心配しています。

しかし、手持ちの製品を無料で配布して店じまいするのでない限り、顧客満足とそれ以外の目的のバランスをとらなければ、企業は存続できない。

最初のステップは戦略的な仮説を立てることだ。顧客の様々なソリューションのバランスを効率的にとりながらそれらを統合していくことで、サステナブルな企業を築くことができる。

そして次のステップは、謙虚であることだ。戦略の仮説を立てる際、その一部は現実に合わせて修正の必要が生じる。その際の態度として「仮説通りになるかどうか全く自信はないが、当たればいいよね」といって、肩をすくめて空中に手を大きくあげるポーズをとるだけでは十分とはいえない。

リーダーであれば、戦略によってもたらされる効果や戦略が実を結ぶための条件をきちんと説明し、さらには優先して行うべき取り組みをリスト化しておく必要がある。そのリストから、企業は仮説を検証し、修正を繰り返しながら目標に向かって着実に進んでいくことができる。私たちはこの優先順位で並べられたリストを事業のバックログと呼び、それはチームごとに作られることになる。

チームの割り当て

アジャイルチームが将来取り組むべき仕事のバックログを作成するのと同じように、企業もアジャイルの拡大を成功させるためには、まず企業全体のバックログの作成や様々な種類のチーム編成から着手し、チームに対してはバックログの解決をプッシュしなければならない。

主要顧客に対するソリューションや、それをサポートする業務プロセス、テクノロジーが明確になるようにチームの仕分けを行う。その結果、どこにチームを配置すればいいか、相互依存性の強いチームをどのように調整し、組み合わせたらいいかが決まってくる。

最初のステップは、社内外の顧客の意思決定や行動、満足度に重要な影響をおよぼす可能性のある体験をすべて特定することだ。それらは通常、十数程度の体験に大括りにすることができる。

例えば、小売の顧客の主要な体験の1つは製品を購入し代金を支払うことだが、それはさらに数十の詳細な体験に細かく仕分けすることができる（支払い方法の選択、クーポンやロイヤルティポイントの活用、支払いのプロセス、レシートの取得など）。

次のステップは、こうした顧客体験と主要な業務プロセスとの関係を調べることである（例えば、支払い手続きを改善して待ち時間を短縮するなど）。その狙いは、仕事の重複を減らし、業務担当チームと顧客対応チームの連携を増やすことにある。

3番目のステップは業務手続きを改善し顧客対応チームを支援するための技術システムの開発（例えばスマホ決済アプリ）である。

100億ドルのビジネスをこのように業務ごとに分類していけば、250～1000強の顧客対応チームが対応することになるであろう。こうした数を見ると、気が遠くなり、経営トップはそうした大規模な改革を考えることさえ嫌になることが何度もある（「まずはいくつか試して、その反応を見てみたらどうだろうか？」といった感じだ）。

しかしこうした仕分けの作業は、変革ビジョンの追求を促す一方で、顧客対応を小さなステップに分けることで、いつでもその一部を休止や方針転換、あるいは中止することができるようになる。それはまた、リーダーが障害を見つける際にも役立つ。

例えば、設置すべきチームとそこに配置すべき人材の特性を特定できたら、次のように考えるであろう。

「会社にそういう人材はいるだろうか。もしいるとしたら、彼らは今どこに所属しているのか」

こうした業務の仕分けによって人材のミスマッチやギャップを埋めるために採用すべき人材、再トレーニングすべき人材が明らかになる。このようにリーダーは、設置を考えるべき各チームがどのようにして顧客体験を高める目標に取り組むかを理解していなければならない。

USAAの業務の仕分けは、社内に全面開示されている。

「もし業務の仕分けがいい加減なものであれば、過剰や重複を一掃することはできない」

本書の調査を行っているときに、当時のカール・リーバーCOO（最高執行責任者）は私たちにこう語った。

「私は社員の前に歩いて行き『一体誰が顧客の住所変更を管轄しているのか』と問いかけたかった。そして顧客体験を担当しているチームから、顧客が私たちに電話をかけてくるのか、ラップトップPCからウェブサイトにログインしてくるのか、あるいは携帯アプリを使うのかについて、明確で自信に満ちた返事を得たかった。責任の追及はなかったが、『それは複雑な問題ですね』で始まる言い訳も聞かれなかった」

USAAの業務仕分けの狙いは、いかにして適正な人材を適正な部署に配置するかを明確にして、現場の混乱をなくすことにあった。階層的な組織構造と顧客動向がうまくマッチしていない場合において、こうした人材と配属のリンクはとても重要である。

例えば多くの企業では、オンラインやオフラインの業務において、組織とP&Lを切り離している。しかし顧客が望むのは、切れ目なく統合されたオムニチャネル（実店舗や通販サイトなどあらゆるチャネルが一体化していること）体験だ。業務の明確な仕分けを行って適正な横断的組織を発足させることができれば、そうした紐づけが可能になる。

ここで読者の皆さんの中には、これらすべてのチームの経費はどのようにして捻出するのだろうか、と思う方もいるかもしれない。多くの場合、非生産的なイノベーションを抑制し、アジャイルチームのような継続的なイノベーションチームの取り組みを再設計することによって捻出する。業務を仕分けして分析すると、現行のイノベーションチームの約3分の1が、顧客が望んでいない、あるいはチームが実現できない目標に向かって作業を行っていることがしばしば明らかになる。

これまでは、こうした無駄な活動にストップがかかるのは予算が尽きたときだった。アジャイルではそのようなやり方はしない。チームが継続しようとすれば、少なくとも20%、時にはそれ以上に生産性を高めなければならない。アジャイルチームが業務プロセスやテクノロジーの再設計に取り組んではじめて、生産性はさらに高まることになる。

変革の優先順位付け

業務プロセスの仕分けが終わると、リーダーチームは課題の優先順位を定め、対策の順序を決める。リーダーは、戦略における重要性、予算による制約、人材の手配、ＲＯＩ（投資対効果）、遅延する場合のコスト、リスクレベル、チーム間の相互依存性など様々な基準を検討しなければならない。

最重要であるにもかかわらず頻繁に見逃されている、顧客や従業員の悩みの種と組織のケイパビリティおよび制約も検討不可欠だ。これらの要因によって、展開をどのくらいのスピードで実行すべきか、そして、企業が同時にどれだけ多くのチームを運営できるかの正しい意思決定が可能になる。

戦略的な脅威に直面して抜本的な改革が必要となり、一部の部署ではあるが、ビッグバン型つまり抜本的な大改革を一気にやってのけた企業がある。そうした企業の１つが、本書のイントロダクションで触れたＩＮＧグループだ。当時の最高情報責任者バート・シュラットマンはインタビューの中で次のように過去を振り返った。

私は今でも２０１５年１月のことを覚えている。そのとき、私たち本部のすべての従業員が「自由の身」になった、つまり事実上職を失った、と発表した。私たちは従業員全員に対して新しくできた組織のポジションに再応募するよう求めた。この選抜の過程は激烈を極め、知識や経験よりも思想やマインドセットに重きが置かれた。今日明らかなように社内からは２５００人を新たに採用し、約40％は前の仕事とは違うポジションについた。もちろん私たちは多くの人材を失った。彼らは素晴らしい知識を持っていたが、マインドセットが異なっていた。知識は一時的に失われても、優秀な人材ならどんな知識でもすぐに取得できるものだ。[3]

彼は経験もそれなりに重視したが、誰もが、この大改革がもたらしたであろう恐怖やトラウマがどれほどのものであったかは想像できるだろう。なぜそのような危険を冒してまでコストのかかるやり方をせざるを得なかったのか。こうした手法のメリットとして強調されるのが、イノベーションや成長よりもコスト削減である。

解雇されるのではないかと不安を抱えている人々が——しかも彼らの40%は新しい職務についている——新しい働き方に一から挑戦するとなれば、プロジェクト全体の立ち上げもスムーズにいかなくなる。これは、リーダーチームがアジャイル思想とは全く逆のことを行ったお手本になったということを言っているのではない。

ここで言いたいのは、ビッグバン型の変革は難しいということだ。それには、リーダーの全面的な関与だけでなく、開放的な企業文化、能力と経験を兼ね備えた十分な数のアジャイル経験者——他の業務を縮小させることなく数百のチームを編成できるだけの人数——、それに人々がバラバラに行動しないようにするための厳しい指導マニュアルなどが必要だ。

また、不測の事態に備えたコンティンジェンシープランと並んでリスクへの強い忍耐力も不可欠だ。そうした能力のない企業は、アジャイルをステップに従って段階的に展開していったほうがうまくいく。各部署が自分の能力に応じてビジネスチャンスを取り込んでいくことができる。展望を描いた見取り図や、優先順位化されたバックログをもとにしながら、経営幹部はアジャイルチームの活動を始動させ、彼らが生み出した成果や直面する課題のデータを収集し、次のステップに移行すべきかどうか、新たなステップに進む場合は、いつどのようにして実行すべきか、などについて決定を下す。

繰り返しになるが、アジャイルをどこまで、どのくらいのスピードでやるべきかという問題については、第3章でより詳細に取り上げる。

部門横断的な連携を促すためのプランニング

アジャイルの特徴の1つは、複雑な問題を小規模な、マネジメント可能なモジュールに分解することである。それ故に、アジャイル企業においては、多くのアジャイルチームが必要とされる。そうすると、これらのモジュールを相互に調整し、統合していくことが重要な課題となる。そのためには、チーム間で高い透明性が確保されなければならない。他のチームが何を行い、どのような成果を得ようとしているのかを各チームが知っておくためだ。

官僚主義の組織においては、指示を仰ぎ承認を得るために、すべての情報が中央ハブに集められる。それとは対照的にアジャイル企業は、中央のハブがなくてもお互いに意思疎通ができる各チーム間のネットワークを構築しなければならない。そのためにも透明性は極めて重要だ。その場合、テクノロジーは大きな力になるが、定期的な対面式コミュニケーションの頻度を増やすことも必要になってくる。

小規模なアジャイル管理部門の設置もまた、全体の調整や執行役員会を補完する組織として役に立つことが多い。しかし、目標はアジャイル企業になることであることを忘れないで欲しい。

管理部門や改革推進部門はアジャイルの監視役や、経営トップと各チームの仲介役になることはできない。

彼らはアジャイルチームの成果を注意深く見守り、経営者チームに対して改善の機会を提案するなど、あくまでスリムなサポート役に徹していなければならない。企業改革が、私たちが述べているように重要であると考えるのであれば、執行役員会はボッシュが行ったように多くの時間をそのために費やすべきである。アジャイル管理部の活動は、アジャイルに関連したトップレベルの人材、とりわけアジャイルチームのトレーニングやコーチングの専門家がその役目を果たす。ただし、どのチームもトレーナーやコーチの助言を得ることができるが、彼らが現場に向かえるのはチームから要請があったときだけである。

アジャイル変革に着手する場合、多くの会社が犯す過ちは、安易に成果をあげようとすることだ。このような会社は、アジャイルチームを現場から離れたインキュベーション組織（新規の事業開発のために作った組織）に投入し、構造的な課題に対しては経営者が介入して彼らに余計な苦労をかけまいとする。そうした甘やかしは、アジャイルチームの成功の可能性を高めることはできたとしても、数十あるいは数百のチームを増やすのに必要な組織としての学びの蓄積や、組織の変革を生み出すことはできない。

初期段階のアジャイルチームの成果は、企業全体のその後の運命を大きく左右する。あらゆるプロトタイプの検証と同様に、現実に即した多様な環境のもとでアジャイルチームを試すべきだ。成功している企業では、根源的な顧客体験に焦点を当て、縦割り型組織の致命傷となりかねない問題点をえぐり出そうとする。

しかし、アジャイルチームは「準備」が整うまでスタートさせるべきではない。その「準備」が意味しているのは、詳細な計画や成功の保証ではなく、アジャイルチームに次のような態勢が整っているかどうかだ。

・多くのリスクをはらむ主要なビジネスチャンスに集中して取り組める
・特定の結果に対して責任を負える
・経営層の信任を得て、自律的な働き方ができる。その前提条件として、明確な意思決定権や適切なリソースに加えて、ビジネスチャンスの獲得に熱意を持った部門横断的な専門家スタッフが付与されている
・アジャイルの思想、原則の普及や実践に熱心に取り組める
・顧客と密接に協働する権限を与えられている
・機動的なプロトタイプの作成と迅速なフィードバックの体制ができている
・経営幹部のサポートが得られる。経営幹部は様々な障害を取り除き、社内におけるチームの成果の波及を積極的に促してくれる

スピードや最終的な目標は何であれ、得られた成果は躊躇せず、すぐに公表すべきだ。業績を左右するような成果は明らかになるまでに時間がかかるかもしれないが——ジェフ・ベゾスは、

アマゾンではほとんどの施策が実を結ぶまでに5〜7年かかると信じている――、顧客行動やチームの問題解決力の前向きな変化を見ることで、様々な政策が正しく作動しているかどうかを知ることができる。

３Ｍの健康情報システムの先端技術グループは、アジャイルを始動してから、１〜２ヵ月に８〜10件の割合でチームを発足させていった。その後、２年間で90以上のチームが立ち上がり活動を続けている。３Ｍのコーポレート・リサーチ・システムズ・ラボは、スタートが遅かったものの３ヵ月間で20件のチームを立ち上げた。

「アジャイルの採用によってすでに製品出荷のスピードは加速し、ベータ版アプリケーション（ソフトウェアの正式版を発売する前に提供される開発途上のテスト版のこと）の提供も当初の計画より6ヵ月も早まった」

３Ｍヘルス・インフォメーション・システムズのシニアプログラムマネージャー、タミー・スパロウはこう語った[4]。

官僚主義とイノベーションの調和

企業が設立するアジャイルチームの数が増えれば増えるほど、アジャイルな部署と官僚主義的部署との間で軋轢が生じる可能性が高まる。過去においては、せっかくのイノベーションが官僚主義によって押しつぶされないよう、両者は切り離しておく必要があると想定されていた。そのせいか多くの経営者は、業務の運営と変革の両方に長けている〝両刀使い〟のリーダーになりたいと切実に望んだ。

同様に、多くの企業は会社全体が一変するような冒険的事業を推進するために、スカンクワークスや別個の運営組織を設立した。不幸にも〝両刀使い〟のリーダーは少数派であり、誕生したばかりのスカンクワークスは計画倒れに終わるケースが多かった。

しかしアジャイル企業になろうとすれば、運営部門と開発部門が一致点を見出し、お互いが補完し合う関係にならなければならない。それに成功した企業では、そのための様々なノウハウが蓄積されている。

例えば第8章で議論するように、アマゾンでは既存組織の真ん中に、巨大でしかも革新的なビジネスを構築している。同社はまた、イノベーションと共存できるように官僚主義的部署のあり方自体も変革した。アジャイル企業は官僚主義的部署とイノベーションがシンクロできるようにしている。

両者の摩擦を克服する——そして組織を正しい方向へ向かわせる——最善の方法の1つは、業務の担当者をアジャイルチームに参加させることだ。あるいは、チームが必要とする専門技能を有する担当者を数人フルタイムのメンバーとして追加する。それ以外の業務担当者は、アジャイルチームの緊急の要請に応じて、各領域の専門家として使う。

多くの業務担当者からなるアジャイルチームを発足させて、現行の業務基準の見直しや、業務プロセス、関連技術の再設計によって、効率性や品質の新たな基準を作り上げる。開発担当者と業務担当者の間の信頼を構築し、協働作業を推進する。実際の業務の中で、アジャイルなイノベーションがしっかり根を下ろし効率的に広まっていくことを確実なものにする。さらには、業務担当者がアジャイルの思想や原則について理解を深めるに従って、彼らはそうした知識を自らの仕事領域に応用し始める可能性がでてくる。

　次頁の質問は、多くの人々がアジャイルの原則を理解し、仕事に応用できるようになるために、企業が支援できる方法を示している。組織全体でアジャイルの思想や原則を応用できるようになれば、最終ステップである業務とイノベーションのシンクロナイゼーションは格段に容易になる。

　企業のサポートや管理の業務——つまり官僚主義的部署——で働く人々もまたアジャイルチームに参加して、その思想や原則の一部を自部署に持ち帰り、アジャイルの要素が調和された官僚組織を構築することができる。官僚主義的部署はアジャイルチームのような運営はできないかもしれないが、自らの業務を改善することはできる。

　繰り返しになるが、次頁の質問表は組織が必要な変革を行うための優れたガイドラインである。官僚主義的部署のリーダーはもっと謙虚になるべきだ。彼らは自らの見通しを過信せず、アジャイルチームメンバーを自身の顧客だと考え始めるべきだ。そういうふうになって初めて、アジャイル的な考え方は根を下ろしていく。官僚主義的部署の一般社員が上司の問題点をあれこれ提起するようになれば、アジャイルがようやく浸透し始めたと言っていいだろう。

　スプリントに対するアジャイルの考え方もまた、組織の調和を図る上で重要な武器になってい

質問表　企業がアジャイルチームを増やす際に自問すべき質問事項

アジャイルのスケールアップは悩ましい課題である。以下の質問は、スタートを順調に切るための助けになるだろう。

1. どの現場に対して裁量や決定権限の拡大を認めるべきか。
2. バックログを作成し、取り組むべき仕事の優先順位を決めることができる従業員をもっと増やすべきか。
3. 顧客からのフィードバックを増やすには、どのようにするべきか。
4. 従業員が「やりかけの仕事」を最小限に抑えるには、どのようにするべきか。
5. 定期的に過去を振り返り、仕事のやり方を改善することができるか。
6. 毎朝行われる15分間の調整会議は相手、および自分たちの問題解決に役立っているか。
7. チームごとの評価・KPI指標やインセンティブの拡大を通じてチーム間の協業を拡大すべきか。
8. パフォーマンスに関するより多くのフィードバックを迅速に受けられるか。
9. どの部署の低付加価値業務を減らすことができるか。
10. どの部署が実験的な試みや、漸進的かつ段階的な開発を行うことができるのか。

る。スプリントは待ち時間を短縮し、新しい環境への適応を加速させるための迅速で安上がりな手法だ。

スプリントによって、大掛かりで長期間にわたるプログラムを小さな塊に分解することができ、社内外の顧客との迅速なフィードバックループを活用することができる。複雑なシステムの中で働く人々も、すぐに仕事を始めたり、中止したり、あるいは新しい変化や顧客の要請に応じて活動の方向転換を図ることができる。

スプリントは大型で低速でしか動かないギアを高速回転のギアとシンクロさせるときのクラッチのような働き方をする。スプリントの採用は企業にとって画期的なイノベーションだが、官僚主義部門が恐れるような5年がかりのギャンブルのようにはならない。イノベーションが短期集中的に起きたとしても、それらは定期的にレビューされるので適宜調整できる。

同様にやっかいな事業計画の策定や資金調達も年間計画の枠組みで行う必要はない——年間計画で組むとイノベーションチームのスタートが遅れ、頓挫して見通しの立たなくなった案件の中止でさえも先送りとなりかねない。長期の画一的な事業計画や予算編成プロセスを四半期ごとのスプリントに分解できれば、待ち時間を最短化しフロー効率を高めることができる。

企業は事業計画や予算編成だけでなく、パフォーマンス評価や業務プロセスの見直し、構造変革、コミュニケーション・プログラムなどにおいてもアジリティ（俊敏性）を高めるチャンスがある。

アジャイルフレームワークの拡大

アジャイルのスケールアップの議論を終える前に、タスク管理に利用できるフレームワークについて検討しよう。結局、大規模なアジャイルを運営管理するためには、リーダーが十分な知識を持って、アジャイルという言葉が何を意味するのか、自分たちはどのような手法を採用しようとしているのかを明確にする必要がある。我々のクライアントがいつも知りたがっているのは、どの手法がベストかということだ。

残念なことに、私たちは単純明快な答えを持ち合わせていない。アジャイルのフレームワークは数十種類もある。確かに、すべてのチームが同じアジャイルの手法を実践しているのであればチーム管理はより簡単になる。一方、あるチームはスクラムを利用し、別のチームはカンバン、エクストリーム・プログラミング（ＸＰ）、クリスタル、ダイナミック・システムズ・ディベロップメント・メソッド（ＤＳＤＭ）、あるいはそれらのハイブリッドを利用するといったことが果たしてできるのであろうか。

その正解はバランスとトレードオフにある。一貫性を強調しようとすれば、アジャイルに官僚制を強制するという論理矛盾をおかすことになってしまう。その一方で、アジャイルのフレームワークの数を拡大すれば、研修費用が増大するなどの実質的なコストがかかる。チーム間の人の移動がますます困難になり、チーム間のベストプラクティスの共有にも支障をきたす。相互の調整や意思疎通のコストも上昇する。そして、複数のチームによるロードマップの策定やリリースの時期についても複雑さが増してくる。

個々のアジャイルチームが選択する方式が１つか２つであれば比較的簡単だ。スクラムは複数の方式が混ざり合わさったものだ（補足情報となるが、現在スクラム・インクとScrum@Scaleは、ベイン・アンド・カンパニーとパートナーシップ関係にある）。

スクラムは2位のカンバンと比べて10倍の顧客に利用されており、25年以上にわたり数万社のユーザーによって検証され、その都度洗練されてきた。スクラムは柔軟なフレームワークであり、カンバンやＸＰなど他のアプローチと頻繁に、そして簡単に結びつくことができる。スクラムのトレーニング教材は実践的で説得力があり、ユーザーの役に立つコツも豊富にある。ほとんどすべてのプロジェクト管理のソフトウェアやスケーリング・システムでは、利用者がスクラムチームを採用していることを想定している。

しかし、スケーリングのフレームワークを選択することはさらに複雑である。スケーリングのフレームワークは２０１０年頃に突如登場した。最近のユーザー調査によれば、最も人気の高いフレームワークは、スケールド・アジャイル・フレームワーク（ＳＡＦｅ）、ドント・ノウ、スクラム・オブ・スクラムズ（別名はScrum@Scale）、インターナリー・クリエイテッド・メソッドの４つである。[5]

言い換えれば、この分野は依然として発展途上であり、新規参入が相次いでいる。最近の新規プレイヤーは、スポティファイ・モデル、ディシプリンド・アジャイル・デリバリー（ＤＡＤ）、ラージ・スケール・スクラム（ＬｅＳＳ）、エンライズ・スクラム、リーン・マネジメント、アジャイル・ポートフォリオ・マネジメント（ＡＰＭ）、ネクサス、レシピーズ・フォー・アジャイル・ガバナンス・イン・ザ・エンタープライズ（ＲＡＧＥ）などである。人々がどうして混乱してしまうのかがよくわかるはずだ。

こうしたフレームワークのすべてを解説し、そのうちのどれかを推奨することは、この本の守備範囲を超えている。それぞれのフレームワークの支持者の間で行われる対抗意識むき出しの討論は、アジャイルマニフェストを生み出した生産的な議論の場というよりも宗教戦争のように感じられることが多い。

こうした討論は、本書のわずかな紙面では到底決着をつけることはできない。我々はほとんどのスケーリングのフレームワークを活用して広範な仕事をしてきた。従って、なぜすべてのフレームワークに熱烈なファンがついているのかを正しく評価することができる。

しかし議論されるべきは、どのフレームワークが一番優れているかではなく、どのフレームワークが業務の個別ニーズに最も適しているかである。従ってここでは最も人気のある３つのフレームワークについて長所や短所、あるいは最も適した業務環境を簡単に探ってみることにしよう。

スケールド・アジャイル・フレームワーク（ＳＡＦｅ）

ＳＡＦｅは２０１１年に正式に世に出され、本書が印刷に回されている時点では合計６回の主要な改訂が行われた。アジャイルの拡大に取り組んでいる企業の約30％はＳＡＦｅのフレームワークを採用していると答えていて、最も詳細で手引きとしても非常に優れている。

ＳＡＦｅのウェブサイトを初めて訪れた人は、利用可能なガイダンスのボリュームと詳細さに圧倒されるかもしれない（Ｇｏｏｇｌｅのサイト検索によれば、検索エンジンデータベースに登録されているページ数はエンタープライズ・スクラムが41ページに対して、ＳＡＦｅは２３９０ページとなっている）。

ＳＡＦｅは強固なスクラム・ファンデーションに基づいており、スケーリングの４段階——

チーム、プログラム、ラージ・ソリューション、ポートフォリオ――について様々な対処法を提供している。その設計思想は、マネージャーはイノベーションの作業を顧客のニーズに基づくバリュー・ストリーム（顧客に対して、製品やサービスを提供するまでに必要となるプロセスと生み出される価値を可視化したもの）に分解すべきだというものだ。

大半のバリュー・ストリームは、リリース・トレインともいわれ、各々５～10のアジャイルチームが割り振られている（50～１５０人）。もしバリュー・ストリームが必要とするチーム数が増えれば、リリース・トレインはさらに追加されていく。

ＳＡＦｅでは、いくつかの新しい役割が導入されている。リーン・ポートフォリオ・マネージャー、エピック・オーナーズ、エンタープライズ・アーキテクト、ソリューション・アーキテクト、ソリューション・マネージャー、ソリューション・トレイン・エンジニア、ビジネスオーナーなどである。さらに、スクラムのスケーリングにイベントを追加する等、多くの手を加えている。

２０１８年のリリース版（SAFe4.6）では、５つのコアとなるコンピテンシー（職務で一貫して高い業績を出す人の行動特性のこと）の強化に焦点が当たっている。リーン・アジャイル・リーダーシップ、チームとテクノロジーの俊敏性、DevOpsやリリース・オン・デマンドとして知られるソフトウェア開発実践法、リーン・システム・エンジニアリング、リーン・ポートフォリオ・マネジメントなどだ（SAFe5.0は２０２０年1月に発売された）。

ＳＡＦｅの強みは、その対処法や訓練プログラム、チームのレベルを超えたパフォーマンスの全体像の把握、管理志向が強い経営者への訴求、チーム間の相互依存を調整する能力に関する深い洞察と守備範囲の広さにある。チームを完全に仕分けして、それを管理する点においても優れている。

多くのＳＡＦｅの利用者は、プログラムのインクリメント（あるいはビッグ・ルーム）計画として知られるアライメントや、調整のプロセスについて絶賛している。プログラムのインクリメント計画では、8〜12週間ごとにチームをシンクロさせることになっている。

ＳＡＦｅの弱みとしては、対処法の柔軟性のなさ、テクノロジーやソフトウェア開発以外の分野ではイノベーションの適用性に限界があること、計画や調整に時間と費用がかかりすぎること、規模拡大のプロセスを取り仕切るトップダウン的な官僚主義的部署の大きさ、人事部のようなサポート・管理機能、マーケティング、顧客サービスの調和に対する配慮の欠如などが指摘される。

全体としては、ＳＡＦｅは技術志向が強く一枚岩の構造の組織において最も大きな効果を発揮する。曖昧さを嫌う企業、トップダウン型の管理を多く残したい企業、画期的なイノベーションなどはそれほど多く必要ないと感じている企業、チーム間の大規模な連携が必要な企業においても同様だ。もちろんＳＡＦｅは、経験や自信が十分備わっていて、自社の企業文化に合わせて変革のプロセスを修正し柔軟性を高めることができる企業においても、力を発揮することができる。

Scrum@Scale

スクラムの共同創設者であるジェフ・サザーランドは２０１４年にScrum@Scaleのフレームワークをリリースすることを正式に発表した。しかし彼はすぐにスクラムチームは実際には約25年にわたり存在してきたことを指摘した。

サザーランドは彼が「スケールフリー・アーキテクチャー」と呼ぶものの中で、多数のチームが「少数精鋭の官僚主義的部署」と協働していくためにScrum@Scaleのフレームワークを開発した。そのシステムは組織全体に――あらゆる業界の企業のすべての部門、すべての製品、すべてのサービスに――アジャイルを広めていくために設計されたものだ。

サザーランドは意図的に複雑になることを避けている。複雑になれば個々のスクラムチームの生産性が低下する恐れがあるからだ。Scrum@Scaleは「スクラムをスケールするためにスクラムを活用する」ことでスケーリングの単純化を実現している。つまり、持続可能な変化の速度は企業自身が決めればいいということだ。ＳＡＦｅと比較すると、Scrum@Scaleは、できるだけ少ない規範的工程によってより包括的な企業の変革を目指している。

チーム間の連携を取りやすくするために、このフレームワークでは定期的にチームのプロダクトオーナーを集めて各チームが「何」をやっているかを議論させる。チームのスクラムマスターを集める場合は、彼らがそれをどのように行っているかを共有させる。言い換えれば、Scrum@Scaleでは調整会議のためにチーム全員を集めるのではなく、チームの代表者だけを集めて相互の連携を円滑にしている。

同フレームワークは、業務プロセスにおける透明性、業務チェック能力、適用可能性を重視することで、オープンさ、大胆さ、集中、他者尊重、企業全体に対する責任といった共通の価値観の構築を目指している。エグゼクティブ・メタスクラム・チームは、企業全体のプロダクトオーナーの役割を担い、各チームのプロダクトオーナーとともに企業のビジョンや戦略的な優先順位を設定し、すべてのチームを共通目標のもとに糾合する。

エグゼクティブ・アクションチームは組織全体のスクラムマスターの役割を担い、各チームのスクラムマスターと共に改革の妨げになっている障害の除去に努める。2つのエグゼクティブ・チームは共通のフィードバック手段やメトリクスを使ってお互いの仕事の連携を図っている。

Scrum@Scaleの強みは、企業全体のアジリティの改善という大きな目的を持っていることだ。つまりスクラムの価値観、守るべき原則、実践能力が見事に調和して完全に整合性のあるフレームワークを構成している。さらに言えば、官僚主義的部署の階層やボトルネックが解消され、諸経費を大きく削減できる。

支持者や愛好家も、意思決定に必要な時間の短縮や高い透明性に焦点が当たっていることを指摘している。透明性の高さによって、チームは価値を生まない業務をすぐに中止できる。

Scrum@Scaleは知識の役割やスクラムチームをサポートしているが、正式にはスクラムチームとして機能していないインフラストラクチャーチームの役割も認識している。その弱みは、詳細な具体的事例や対応策が少ないこと、多くの緊密な連携関係にあるチームの間で調整を効率的に行う手段が限られていること、それに企業全体の変革に成功した事例が少ないこと、などである。

また別のフレームワーク（例えばＳＡＦｅ）を活用してきた企業はScrum@Scaleへの移行が難しいと感じ、多くの場合は最も役立ってきたと従来から感じている前のフレームワークをそのまま維持しようとするであろう。

全体としては、Scrum@Scaleが最も効率よく機能するのは、スクラムの手法と相性が良く、基本的なスクラムの価値観や原則を補強するようなやり方でスクラムを広げたいと望んでいる企業である。企業が多少の曖昧な点があっても気にとめることもなく、自分たちのスケーリングの手法の一部を修正したいと考えている場合も、大きな効果を発揮する。また、企業がトップダウン型経営よりも飛躍的なイノベーションを目標にしている場合にも有効である。

スポティファイ・モデル

スポティファイは、メディア・サービスやオーディオストリーミングのプロバイダーだが、それまでスケーリングのモデルについては明確な考えがほとんどなかった。そこで同社はモデルを作って、社内唯一のエンジニアリング部門でアジャイルチームの拡大を試してみることにした。その際、モデルは絶えず進化していくものであるから、他社だけでなくスポティファイ内の他の部署も決して模倣してはならないと警告もした。

それにもかかわらず、２０１２年にヘンリック・クニバーグやアンダース・アイバーソンがスポティファイのアジャイル拡大について論文を発表以降、多くの企業がスポティファイの警告を無視して、同社のエンジニアリング部門のストラクチャーをコピーし、それを自分たちの会社全体に適用しようとした[6]。その結果、スクアッド、トライブ、チャプター、ギルド（すべてスポティファイの社内用語）が大流行した。

スクアッドはスクラムのチームと似ている。トライブは関連分野で働いている10以下のスクアッド（１００人以下の人々）の集合体である。チャプターは似たような機能スキルを持った人々のグループで、マトリックス構造の中の同じトライブ内で働いている。ギルドは知識や実践を共有する利害関係者の非公式のコミュニティである。

スポティファイ・モデルは直感的に簡単に理解することができる。同モデルは、戦略的な事業計画やファイナンスのような分野では大きな成果をあげられなかったが、スポティファイのエンジニアリング部門ではうまく機能した。

そこにおいては、目標を共有化した上でチームの強い自立性が重視された。チームは働き方だけでなく、アジャイルの手段やテクニックを使って柔軟性を高める方法についても、自分流のやり方を開発することが認められている。

弱点は、同モデルはその適用へのガイドがあまり充実していないことだ。スポティファイは自社の企業文化を対象にモデルを作り上げただけであって、すべての企業文化や仕事のやり方を効率化するための対策や変更は視野になかった。スポティファイ・モデルの採用者の多くは、成功のカギは組織構造にあると考えた。実際、組織構造は企業文化に特有の信頼関係や共同作業の上に成り立っている。

同様に、合理的な仕事の仕分け法の開発やチーム間の連携のマネジメントという点で見劣りする。なぜなら、スポティファイのチームはその製品がモジュラー型であり、技術的な構造からして他の多くの企業に比べチーム間の連携が少ないからだ。

その結果、スポティファイのモデルをまねしようとする企業――しかし、その製品ラインからすればチーム間の緊密で強い連携が求められる企業――は、最終的にトライブ構造を作り上げたとしても混乱を招くだけだった、ということがしばしば起きている。このモデルはストラクチャー、役割、あるいはオペレーション、サポート、開発以外の管理機能に関する決定権限についてほとんど何も解説をしていない。

結論としては、スポティファイ・モデルはスポティファイと似た企業文化や社内体制を持っているイノベーション部門にはとても有効であるが、どの企業・組織にもそのまま適応すべきではないということがわかった。

スポティファイのエンジニアリング部門では、サーバントリーダーシップ、チーム間の連携の最小化、自律性、民主的な意思決定、リスク回避よりもイノベーションの優先といったことがいつも強調されている。しかし、異なる文化、あるいは同じ会社でも他の部門へスポティファイ・モデルを採用する場合は、かなり手の込んだカスタム化が必要になる。

以上の概観からもわかるように、アジャイルの拡大モデルには様々なバリエーションがある。ビジネスの性質や企業文化によって、どのモデルが成功する可能性が高いかも異なってくる。すべてのモデルはアジャイルを大規模に拡大しようとする手助けにはなるが、どれもアジャイル企業の創造という点で優れた実績を示すまでには至っていない。そのような実績が記録として揃うまでは、企業は自分たちの問題解決のために、複数のフレームワークを合体させ、カスタマイズしながら補強していく必要があるだろう。

5つの重要ポイント

❶ アジャイル企業の創造や大規模なアジャイルの拡大に乗り出そうとしている企業では、考え方や手法に大きな違いがある。

❷ 大規模にアジャイルを拡大しようとする場合、数十あるいは数百の単位でアジャイルチームを増やすことで拡大をはかれる。しかし主要な考え方やオペレーティング・モデルが官僚主義的なまま変化しなければ、アジャイルの効果は限定的となる。

❸ アジャイル企業の創造にはオペレーションとイノベーションの適切なバランスをはかり、

一体化させることが必須となる。アジャイル企業は信頼性と効率性を基本にビジネスを展開するが、想定外のビジネスチャンスに恵まれれば、ビジネスのやり方を大胆に変え、オペレーションとイノベーションの2つの活動をシンクロさせることもできる。

❹アジャイル企業への移行を管理する最善の方法は、他のあらゆるアジャイルチームと同じように管理することである。

❺アジャイル企業の創造に成功した会社では、ビジネス自体が大きく変化する。アジャイルの規模が拡大するにつれて仕事の内容も変化する。通常オペレーションに比べてイノベーションの割合が高まってくる。

第3章

どのレベルまでアジャイルを適用すべきか?

本題をよりわかりやすく解説するために、ある選手の事例を紹介しよう。

1982年2月、マーク・アレンは24歳で、大学卒業から2年間が経過していた。泳ぎに自信がある彼はサンディエゴで海水浴場の水難救助員として働いていた。時折、救助員のコンテストに参加しては、良い成績をあげていた。サンディエゴはトライアスロンの本拠地である。トライアスロンとは、水泳、自転車ロードレース、長距離走の3種目を順番で連続して行いそのタイムを競う耐久競技だ。これは当時、比較的新しい過酷なスポーツであり、多くの人々がいつまで存続するか疑問に思っていた。

しかし、アレンはあることで頭がいっぱいだった。彼は同年10月に予定されているハワイの第6回アイアンマン世界選手権への参加を決心していた。それは、2・4マイル（3・86キロメートル）の遠泳、112マイル（180・25キロメートル）の自転車レース、その後に26・22マイル（42・20キロメートル）のマラソンレースと続く、過酷な競技だった。

アレンは事前の準備として世界最強のトライアスロン選手がどのくらい速く走ることができるのかを調べた。1マイル（1・6キロメートル）あたり5分近くで走っていることを知った。そして彼はそのタイムを見事に達成した。そのスピードだと彼の心臓の鼓動は、1分間当たり190回にも達した。彼は当時の「No pain, no gain（労なくして得るものなし）」というコーチング哲学を信じた。しかし残念なことに、その通りにはならなかった。彼は1982年の大会には参加したが、完走はできなかった。

その後の2年間、アレンは厳しい練習を重ねた。「いつも極限まで体をいじめ抜いた」。彼は後にインタビューでこう語っている。「私はこうしたレースで時々良い成績をあげることができた。厳しい練習でレースに耐えうる能力を体得できたからだ。しかし長期的には、自分を消耗させるだけだった。練習の度にちょっとした怪我をするようになり、数日の休養が必要になった。そしてほとんどの競技会の後には病気になった[1]」

アレンはその後、フィル・マフェトンというコーチと出会った。彼は少し変わったトレーニング哲学を持っていた。マフェトンはアレンに、持続可能なペースを守りながら自分の限界に挑戦することを勧めた。その練習法は、エアロビクスの最大心拍数として知られていた。現在、個人の最大心拍数を調べるために、呼気ガス分析や血中乳酸値を分析する高度な方法が存在する。マフェトンは、年齢、体調、経験、健康状態などいくつかの簡単な変数を用いて最大心拍の数値を正しく推定する方法を開発していた。

こうしたガイドラインを利用しながら、アレンは心拍数の目標を1分間当たり155回にすることを決めた。1分間当たり155回の心拍数で走ることは、彼にとってスローダウンになる。1マイル当たり5分30秒の走りから同8分45秒の走りへと、3分以上も減速することになる。彼は当惑し、このトレーニングで成果をあげることができるのか心配になった。しかし一方で、彼は体力の回復を感じた。次のトレーニングを心配する代わりに、彼はトレーニング自体を楽しめるようになったのだ。

ほぼ3年間、私は完全な右肩上がりで速く走れるようになったが、トップスピードは落ちた。

しかし、ある時点からもうこれ以上速く走ろうとは思わなくなった。約3年が経過した後、シーズンの終了時には、私は1分間当たりの心拍数は155回を維持しながら、5分30秒から5分45秒のペースで走ることができるようになっていた……変化したのは、マイル当たりのスピードの鈍化幅が時間とともに減ってきたことだ。最初の1マイルは5分30秒のペース、次の1マイルは5分45秒、次の次はちょうど6分、そしてさらにその次は6分10秒という具合にスピード鈍化時間幅が徐々に縮小していった。そして最終的には一定の水準を保てるようになった。2マイル、3マイル、4マイルと走り続けても、私のスピードの鈍化幅は合計でわずか10秒以内に収まるようになった。つまり1マイル5分30秒のスピードでスタートして、3マイル地点に到達したときも依然として1マイル5分35秒~5分40秒の速度で走っていたのだ。一口に身体能力といっても様々であり、瞬間的なスピードを指すこともあれば、長時間一定のスピードで走り続ける能力を指すこともある[2]。

アレンは自らの心身を鍛えて、3時間の生理学的な壁を乗り越え、その次は6時間の壁を乗り越えていった。スランプに陥ったとき、彼はスピードや筋力、持久力のトレーニングに関するありとあらゆる手段――栄養の改善、ストレス管理、睡眠のガイドライン――を用いて限界を突破しようとした。これらはすべて継続的な改善のための総合メニューの一部になった。

マーク・アレンは初出場したアイアンマン世界選手権大会では完走できなかったが、それから7年後の１９８９年の同大会ではデイブ・スコットとの壮絶な戦いの末に優勝した。１９８８~

１９９０年には21回連続優勝を果たした。１９９１〜１９９５年には、合計で６回の優勝を果たした。雑誌『トライアスリート』は彼を６回も「年間最優秀トライアスリート」に選んだ(3)。スポーツ専門チャンネルのＥＳＰＡＮは彼を〝史上最強の持久力を持った運動選手〟と称えた。

彼のこのような栄えある立場への大躍進は、アジャイルなビジネスシステムの創設を含むすべてのヒューマン・トランスフォーメーションについて素晴らしい洞察を与えてくれる。アジャイルな企業への変革に挑む企業は、厳しいトレーニングに励むトライアスロン選手に似ている。それは野心的なプロジェクトだ。そこには最適なペースというものが存在する。努力が結実するまでに数年の時間がかかるかもしれない。しかし成功する企業は、他の企業がほとんど考えもつかなかったことをやり遂げる。

さらには、本章でこれから見ていくように、どのような挑戦にも共通点がある。それは、「何を目指すのか、どのくらいのスピードで目的地に達したいのか」ということさえうまく決まれば、歩むべき道は皆同じだということである。

挑戦

運動選手に最適な心拍数があるのと同じように、すべてのビジネス、あるいは特定のビジネスのあらゆる活動にも、最適な変化の水準というものがある。観念的に言えば、アジャイルなビジ

図表3-1　アジャイルの「黄金のバランス」

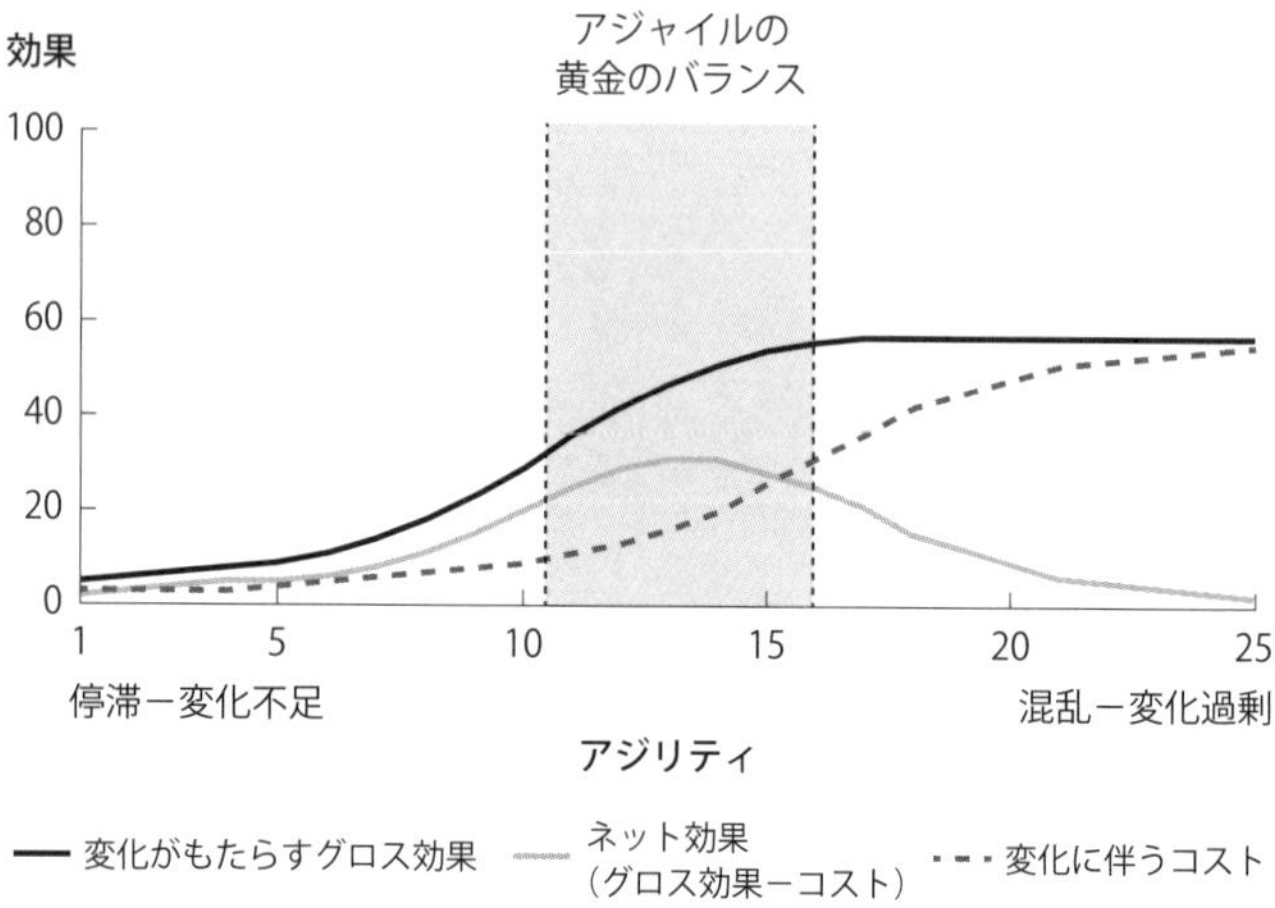

ネスシステムは、「変化しきれないこと」——新しい環境への適応が遅く存続が危ぶまれる——と「過剰な変化」——ビジネスが混乱に陥りリスクの制御不能状態が常態化する——の間にある「黄金のバランス（golden mean）」といわれる領域において機能する。

企業がこの〝スイートスポット〟でうまく運営できていれば、アジャイルなシステムの便益がコストを最も大きく上回り、ビジネスの純価値（アジャイル化の便益とコストの差）が最大化する（図表3-1）。

変化しきれないこと

硬直的なビジネスシステムは多くの大企業にとって最大の脅威であり、大企業で頻繁に深刻な影響を及ぼしている。官僚的な組織はイノベーションを遅らせる。動きの鈍い現状維持勢力は、イノベーションに富んだインサージェント（革新者）がものすごい勢いで追い越していくのをただ見ているだけだ。

インサージェントに追いつくために必要な勇気や投資資金の確保は難しくなる一方だ。こうした結果、Ｓ＆Ｐ５００企業の平均寿命は１９５０年代の60年から現在では20年以下に急落している。専門家の推計によれば平均寿命は２０２７年になるとさらに12年まで低下する可能性が高い[4]。

イーストマン・コダック、ラジオシャック、ポラロイド、ブロックバスター、トイザらス、ゼロックスのようなかつて一世を風靡した優良企業が無残に凋落していったホラーストーリーは、ディスラプション（イノベーションなどによって突然引き起こされる混乱）による死への、身のすくむような恐怖を駆り立てる。

過剰な変化

もう一方の極端な事例、つまりビジネスシステムの混乱も同様に危険だ。これは大企業よりも、小規模な新興企業に共通して見られる。

高成長のハイテク企業３２００社を対象にした調査によると、動きの速い新興企業が経営破綻する主要な原因は、時期尚早な規模の拡大である——つまり急成長するなか、基本的なビジネスコンセプトの確立や、安定的で標準化されたオペレーションシステムの構築が後れをとってしまったためだ。データの示唆するところによれば、新興企業の経営が軌道に乗るには創業者の期待よりも2〜3倍も長い時間が必要だ。[5]

しかしシステムの混乱は大企業にも見られる。例えば、ウーバーは極めて革新的な企業だが、設立して間もない頃はずさんなサービス業務規程に苦しめられ、当時の経済メディアで広く報道された。[6]そうした欠陥は、自動運転車の無許可の試験走行、運転手募集の偽広告、価格吊り上げへの批判、セクシャルハラスメントの訴え、競合への不道徳なニセ乗車予約疑惑、プライバシー侵害など様々な問題を生じさせた。

同様に、テスラの独創的なCEOであるイーロン・マスクも、自分の直情的な性格や気まぐれなツイート、実務経験不足などが、しばしば会社に混乱をもたらしたことを認めている。彼は非現実とも言える電気自動車テスラの「モデル3」の生産スケジュールや目標価格を設定したが、実際にこれらの目標を達成することはできなかった。そして、経営上の問題からテスラは一時期、破綻寸前まで追い込まれた。

マスクはテレビ番組の「60ミニッツ」で次のように語っている。「いずれにしても時間厳守は私の特技ではない。私が思うに……どうして人々は今まで他のすべてのモデルで開発が遅れていたのに、このモデルでは発売の期限を守れるなどと、思ったのだろうか。……私はこれまで一度も大量生産の車を作った経験がない。どうして私が車の完成時期を正確に推測できると思われているのだろうか[7]」

アジャイルのスイートスポットを見つけるためには、アジリティを高めることで生じる効果とコストを正しく算定する必要がある。アジリティは効果を急拡大させることができるが、バランスも要求する。つまりトレードオフが定量化されなければならない。効果とコストをラフに推計するだけでも、リスクはどの程度あるのか、どこまでアジャイルな変革を追求すべきか、そのスピードはどうあるべきか、などの現実的な予測を行う手助けになる。

代表的な効果は一般的に次のようなものだ。

・「売上の拡大」。新製品の質の改善や早期の発売、サービスの改善、価格競争力の向上（以上は、より優れたイノベーションによるもの）、新規ビジネスの開始、新規顧客の開拓、顧客の定着率の向上、顧客生涯価値（企業と顧客の継続的な取引によって顧客が生涯に渡って企業にもたらす価値）の上昇などによる。
・「コストの低下」。イノベーションによる効率化、不良在庫の減少、優秀な人材の採用・維持、従業員の離職の低下、モラルや生産性の向上、非生産的活動の削減などによる。
・「資産の削減」。仕掛品や在庫の減少による。

一方、潜在的なコストは会社によって大きく異なる。しかし次に列挙するものはいずれも当てはまる可能性が高く、推測してみたいと思うはずだ。

・「移行に伴うコスト」。新技術への投資、トレーニングやコーチングの費用、従業員に新しい手法や役割を再認識させ学ばせる間の生産性の低下など。

・「効率性の低下」。設備稼働率の低下（市場変化に対応する時間を短くするため）、規模の経済の低下、仕事の重複、特定業務で均質性が低下することの費用、実験が増加する費用など。

・「リスクの増加」。技術が未熟で能力が低い人材に対する管理が弱まることによって多くのミスが発生するリスク、頻繁に予測が見直されることによるリスクなど。

・「組織的なコスト」。複数のチーム間の調整コスト、チーム間連携のコスト、アジャイルに適合できない人々の離職の増加、仕事の割り当てやマトリックス型の指示命令系統の頻繁な変更に伴うコストなど。

　こうしたトレードオフに正直に向き合うことは、現実的な予測を行う上で大いに役立つ。それはまた、私たちがバランスやトレードオフの重要性を強調する理由でもある。特に、多くのアジャイルの大御所たちが、過激で軽率なアドバイスでその優位性を主張しているように見える中では、バランスやトレードオフはますます重要になっている。

　試しにアジリティの改革に乗り出す前に、「アジャイルがうまくいかない」といったキーワードをネット検索にかけてみて欲しい。4000万以上の検索結果が出てくることだろう。

「どうしてアジャイルはうまくいかないのか」

「ウォーターフォール・モデルに戻れ」

「なぜ『アジャイル』、特にスクラムはひどい結果に終わるのか」

「なぜ人々はアジャイルに愛想を尽かすのか」

といった見出しが、目に飛び込んでくるはずだ。そして少なくともこれらの批判のいくつかの要因を調べてみることは有益だ。頻繁に取り上げられている課題を見出し、十分な備えをすることで頻出する課題に対して、うまく対処して欲しいからだ。

概念的には、アジャイルの「黄金のバランス」の中を進むことは、変化の過不足の危険性を回避する点で理にかなっている。しかも簡単なことのように見える。しかし気をつけて欲しいのは、「黄金のバランス」が同じ範囲にある企業は2つとない点だ。それぞれの産業、企業、業務活動によって、その範囲は大きく変わる（図表3-2を参照）。

さらに、それは時間の経過や経験を積み重ねることによっても変化する。従ってアジャイルな企業を創造する最も一般的な2つの早道——つまり他の会社のものまねとビッグバン型の改革——が、うまくいくことは滅多にない。

例えば直ちにアジャイルな状態に移行したければ、「黄金のバランス」がどこにあるか正しく推測しなければならない。しかしビジネスは複雑だ。人間の行動は場当たり的で予測困難だ。たとえ予測したとしても、曖昧模糊として不確実性に満ちた状況の中では予測が外れることも多くある。

いずれにせよ私たち人類は自分たちが思っているほど予測が得意でない。ダン・ロヴァッロとダニエル・カーネマンは彼らが「プランニングの誤謬」と呼ぶものを次のように説明している。人間は自分自身の能力を過大評価し、将来を切り開く能力を誇張する一方で、計画の立案におい

図表3-2　一般的なケース（上図）とアジャイルが有利であるケース（下図）

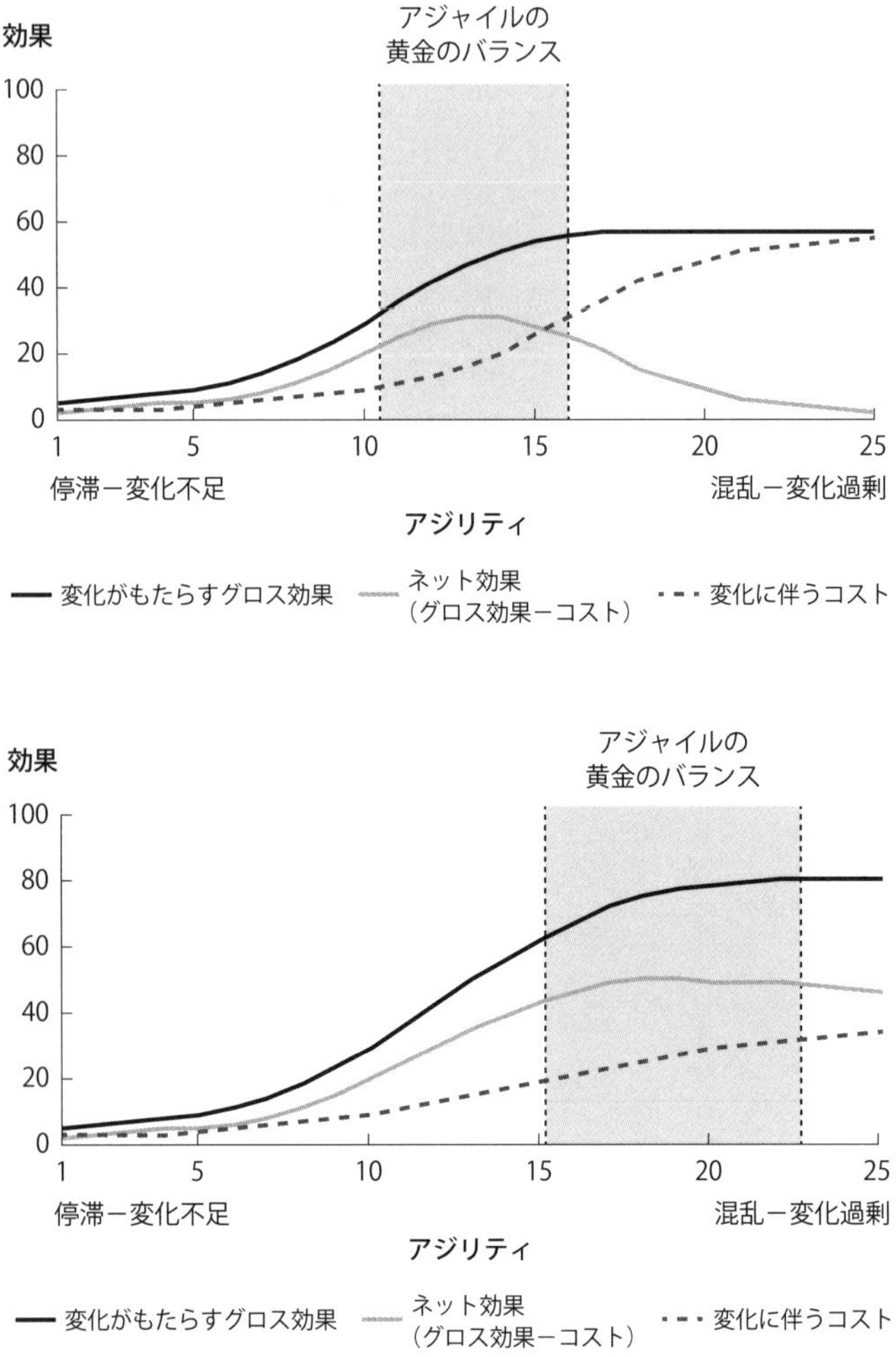

てはコスト、時間、リスクを過小評価する傾向にある。[8]

フィリップ・E・テトロックはペンシルベニア大学ウォートンスクールの教授で、『超予測力――不確実な時代の先を読む10カ条（Superforecasting: The Art and Science of Prediction）』の共著者だが、彼によると、予測においてまず考えるべきことは、私たちの予想が当たる可能性は50%であり、それはコイントスの予測と全く変わらないことだ。[9]

今は多くの企業がビッグバン型のアジャイル・トランスフォーメーションを実践しているかもしれないが、正しく行われず失敗に終わりがちだ。例えば、リーダーはほとんどすべてのメンバーにアジャイルのスクワッド（専門性の高いメンバーを集めた小規模な機能横断的チーム）やトライブ（スクワッドが複数集まって編成されたチーム）に入るよう迫るかもしれない。

リーダーは、アジャイルを理解しているが経験の少ない人々を、経験が必要とされる役職に配置してしまうかもしれない。さらに彼らは人員の数――特にサポートや管理の部門――を20～30%削減しようとするかもしれない。しかし「黄金のバランス」がどこにあるかは依然、不明なままだ。

研究者たちは現在、5年以上の年月をかけてそうした取り組みの結果を分析している。ビッグバン型のアジャイル手法に取り組んでいる企業は、数百あるいは数千の単位でアジャイルチームを増やし、その一方で官僚機構のコストを減らしていることが多い。そのような企業では全体としてのアジリティや企業業績はほとんど改善していない。

成功への道

人の模倣や推測が機能しないとなれば、何をしたらいいのだろうか。企業は適正なアジャイルの適用レベルと適正な変化のペースを持つ「黄金のバランス」をどのようにしたら見つけ出せるのだろうか。前述のマーク・アレンの経験を振り返ってみよう。

彼は自分の目標を明確にして、トライアスロンの最高峰のレースと言われる「アイアンマン」で優勝した。アレンは自分の能力の進化をモニタリングするための重要な指標を編み出した。彼はそうした指標を使って最も重要な課題（＝進化の障害になっているもの）を見つけ出した。

自分の練習法を定期的に見直しながら様々な障害やスランプを打破していき、総合的な練習法を作り上げ、無理のないペースで自分の能力を大きく開花させることができた。こうした彼の成功手法を企業組織の観点から見ていくことにしよう。

目的の決定

アレンが体を鍛えたいと思ったきっかけは、水難救助員大会での優勝や減量、ボディビルディング大会の優勝といったことではなかった。アレンは、アイアンマンの世界選手権大会で優勝を手にしたかったのだ。

企業もアレンのように目的を明確にする必要がある。企業は、自社がよりアジャイルであることを目指すことを主眼にアジャイルに取り組むべきではない。アジャイルはあくまでも目的を実現するための手段であり、目的は企業によって異なるはずだ。

明確で広く共有されている企業目的への一体感が強いほど、微細なことに口出しをする必要がなくなり、自律的チームからなる組織に仕事を任せることができる。なぜなら、計画の背景にある目的の実現に向かって全員が真剣に取り組んでおり、予期せぬ事態にも適切に対応できるからだ。

企業の目的をどのように表現するかは極めて重要である。アメリカでメガネ類を取り扱う企業のワービー・パーカーは、企業目的を「革命的な価格でデザイナーズメガネを提供し、社会を意識したビジネスの先駆者になること」としている。[10] ワービー・パーカーの社員は企業目的が簡単に理解できるので、大きな自由裁量を持って仕事に臨むことができる。一方でアメリカで最大の書店チェーンであるバーンズ・アンド・ノーブルは長年、同社の目標を次のように表現してきた。

私たちの使命は、私たちが取り扱う商品分野に限らず、アメリカで最も優れた専門小売店を展開することです。私たちが販売する商品は書籍であり、私たちの大志は私たちの商品棚に並んでいる書籍と合致していなければなりません。私たちの使命が販売する商品にとらわれないと定義することは、自分たちが書店であること自体への固定概念から離れて使命を追求することなのです。

書店業としては、我々の競合の大小、出自、テイストにかかわらず、我々は業界で最も優れた存在であることにコミットしています。我々は進化し続ける自らの高い大志のために、書店業としてのスタイルやアプローチを継続的に進化させていきます。

とりわけ、私たちは自分たちが所属するコミュニティの誇り、私たちの顧客にとって価値ある存在、そして私たちの献身的な書店が成長し繁栄するような場所になりたいと思っています。

この目的に向かって、私たちは顧客や書店の声に耳を傾けるだけでなく、常に顧客のご要望を承る精神を重視します[11]。

この決意声明を何度読み返しても、その意味を簡単に理解することは難しい。この企業のアジャイルチームが自由裁量に任されたままでこの目標を遂行できると誰が想像できるだろうか。

ついでに言えば、最初から目標として考え違いしているものがいくつかある。例えば、最近はやりの経営手法だからぜひその一部を取り入れてみたいとか、業務プロセスの改革がないまま従業員をレイオフして、それをアジャイルのせいにするといったことである。間違った動機でアジャイルに取り組むくらいなら、むしろ何もしないほうがましだ。

アジリティの測定方法

現在、多くの経営者が、自分の企業をアジャイルな会社にしたいと思っている。経営者の中には社内にパイロットチームを編成してトライさせている人たちもいる。しかし私たちの経験では、どのようにすれば現状を正確にとらえ、改革の進展をモニターしていくことができるかを正しく理解している人は少ない。自分の会社の機敏性を高めるために、何をどの程度変えるべきかをわかっている人も少ない。そのために、稼働中のアジャイルチームの数を計測する経営者がいる。

また別の経営者はアジャイルについて訓練を受けた人の数に注目している。さらに言えば、アジリティがキャッシュフローや株主価値に与える影響を計測した人は、ほんの一握りである（もちろん、一部のアジャイルの熱狂的ファンは株主価値を計測することさえ批判しているが、それはおかしなことだ。株主価値だけが大事なことではないとしても、株主価値がまったく重要ではないと言うことはできないからだ）。

ここでの問題は、次のように要約することができる。会社が現在のアジリティの状況や、アジリティの拡大に向けた進展度合いを計測する簡単な指標は存在しない、ということだ。そのため企業は自社にカスタマイズされた指標を開発して、インプット、アクション、アウトプット、結果、目的などの企業活動の主要要素間の関係を（優れたアジャイルな方式で）テストしなければ

アウトプット	成果	目的
アクションによって生み出されるもの；短期に直接的に生じた結果	変革と効果；アウトプットによって実現されたもの	アクション、アウトプット、成果の長期的な累積効果
・高品質の製品やサービス ・意思決定のスピードと製品化までの時間短縮 ・チームの生産性とモラルの向上 ・持続可能な仕事量の増加	・マーケットシェアや収益の伸び率の増加 ・株主価値の拡大 ・収益性の改善 ・顧客ロイヤルティや消費者行動の改善 ・従業員エンゲージメントの向上	・企業の使命や大志の実現に向けたあきらかな進展

resource-directory/resource/2006/02/wk-kellogg-foundation-logic-model-development-guide

ならないのだ（図表3-3）。

それでは、これらの要素を理解することから始めることにしよう。

・「目的」とはアジャイル企業の究極の使命や大志のことである。それらは、社会を意識したビジネスの先駆者になるというワービー・パーカーの大志のように、アジャイルなビジネスシステムの効果が長期間、累積的に積み重なったものである。

・「成果」はアジャイルな活動や生産物によって実現される、短期的な変化や効果のことである。平均で1〜3年の期間を要する。その代表例は、マーケットシェア、株主価値、収益性、顧客の購買行動、チームの生産性の変化などを指す。

・「アウトプット」はアクションによって短い時間に、直接生み出された結果である。

図表3-3　5種類の指標

インプット	アクション
アウトプットを生み出すのに必要な資源	アウトプットを生み出す活動とプロセス
・資格要件を持ったアジャイルエキスパートの適正な数と適正な配置 ・適正なアジャイルのトレーニングとコーチング ・アジャイルの実践を促進する組織体制、文化やテクノロジー基盤 ・物理的に協働しやすい仕事環境	・シニアリーダーがアジャイルチームの一員として行動し、チームを信頼し、力づけ、顧客最優先に徹底してこだわる ・チームがアジャイルの価値を受け入れ、効果的にアジャイルの活用を拡大させる ・オペレーションチームがアジャイルチームと上手く連携する ・経営がアジャイルの価値と活動をサポートする

出所）the W. K. Kellogg Foundation Logic Model Development Guide, https://www.wkkf.org/（accessed January 22, 2020）.

アジャイルなアウトプットに一般的に含まれるものは、高品質の製品やサービス、意思決定のスピードと製品化までの時間の短縮、チームの生産性とモラルの向上などだ。その他の部署は、アジャイルチームとして活動していないにもかかわらず、アジャイルの思想を受け入れ、変化を加速させているか。オペレーティング部門はアジリティを損なわせるのではなく高めているか。組織全体で効果的な共同作業ができているか。こうした視点も、アウトプットに含めるといい。こうしたアウトプットは銀行に預けることはできないが、ビジネス活動が前向きな成果につながる結果を生み出しているかを判断する材料として、活用することができる。

・「アクション」はアウトプットを生み出す活動やプロセスのことである。それには、シニアリーダー、アジャイルチーム、オペレーション、サービス・管理部門の行動が含まれ、次のような項目でモニタリングすることでより効果を測定しやすくなる。シニアリーダーは自らの仕事においてアジャイル手法を活用しているか。リーダーたちは顧客を第一に考え顧客ニーズの変化に機敏に適応する企業文化を創造しているか。最も優秀で革新的な人間がアジャイルチームで働いているか。アジャイルチームはいつもアジャイルの価値観や原則、実践法を忠実に守っているか。アジャイルチームはそれが必要とされる箇所のすべてで展開されているか。経営資源が会社の最優先課題に迅速に振り向けられるように、事業計画や予算編成、経営資源配分が頻繁に見直されて、柔軟な対応ができているか。

・「インプット」とはアウトプットを生む手助けをする資源のことだ。それらには資金、アジャイルのエキスパートの質と量、組織構造、ソフトウェア・ツール、技術構造などが含まれる。アジャイル手法の経験の豊富さとは何か。リーダーの考え方や文化的規範とは何か。技術的な能力とは何か。企業の現状も重要なインプットである。ハイテク、医薬品、小売のような特に変化の激しい業種では、素材や公共セクターのような産業に比べ適応性の高いイノベーションが必要だ。戦略的な優先順位付けも同様に重要である。例えばコストリーダーシップ（コストの低さや価格の安さを強みとする競争優位性）や企業規模を追求する戦略では、イノベーションを重視する戦略に比べてアジリティをそれほど必要としない。

こうした要素が合わさって、アジャイルなビジネスシステムが構築される。アジャイルを正しく行うということは、各要素を上手に組み合わせて、不安定で予測不可能な状況においても、会社の目的をしっかり追求することを意味する。アジャイルを計測するためには、それぞれの分野において指標を開発することが必要だ。

私たちは、こうした作業が少しばかり複雑に見えることも理解している。しかし実際は、現在の複雑な問題を管理するために体系化、見える化して、対処しやすくするための手法である。結果を改善するためには、結果はどこから生じるのかを正しく理解し、その元になっているプロセスを改善する必要がある。その最も難しい点は、変化の激しいシステムを詳細に分析して、物事の複雑さに怯むことなく本質を冷徹に見抜く力を磨くこと――つまり適切なバランスを見つけて、最低限の実行可能な解決法を実践していくことである。

具体的な事例を挙げるとよりわかりやすいだろう。私たちの小売業界のあるクライアントが興奮を隠し切れないでいた。社内でアジャイルチームの数を増加させた後に、売上が増加したからだ。しかしその会社の人間が様々な観点から何が起きているかを分析したとき、驚くべき事実を発見した。

売上（重要な「成果」の1つ）が増大していた理由は、アジャイルチームの増加によるものではなく、業界全体の売上の伸びが加速していることだった。しかもこの企業の業界全体の伸びに占めるシェア（さらに重要な「成果」の1つ）は下落していた。現存のコアの顧客はこれまで通りにひいきにしてくれていたが、規模が大きく、かつ急速に伸びている次世代の消費者の取り込みに失敗していた。

こうした消費者は伝統的なマーケティングやマーチャンダイジングには興味を示さなかった。次世代の消費者が望んでいたものは、迅速でより信頼性のおけるオンライン配送だった。そして、自然のままに近いスキンケアのような、ブランドよりもソリューションに重点を置いた店内での購買体験だった。

この会社にはアジャイルなサプライチェーンのチームがあったが、伝統的な倉庫の効率を改善することに注力していた。消費者がオンラインで商品を注文して、実際の店舗でピックアップできる（「アクション」）という優れたオプションを提供することで消費者の費用や時間を節約することには、関心が向いていなかった。どのアジャイルチームも、消費者のための最適なブランド品の仕入れや、正しい商品の表示や陳列の方法の開発、ベストな顧客サービス体験（「アクション」の広がり）の提供には注意を向けていなかった。

さらに悪いことに、チーム内には次世代のニーズを解説できるメンバーだけでなく、理解しようとするメンバーさえいなかった。こうした因果関係がいったん理解されれば、アジャイルチームは直ちに対策会議を開き、インプット、アクション、アウトプット、成果の改善に取り組むことになるはずだ。

アジャイル手法によってどのようなアジャイルを目指すのかを決定する

そろそろ、なぜ本節の見出し――どのようなアジャイルを目指しているのか――を明確にすることが難しい問題である理由を明らかにすべきであろう。アジャイルに取り組む初期の段階では、その回答はほとんど予想できない。予想・命令・管理という手法は、イノベーション全般、とりわけ新しいビジネスシステムの設計や開発にとって有害である。

皮肉なことに、経営トップは数百、数千のアジャイルチームに対してアジャイル手法の原則や実践に従うことを期待する一方で、新しいビジネスシステムを構想し、開発し、それを実践する場合は本能的に官僚主義的な手法に逆戻りしてしまうことがよくある。

アルベルト・アインシュタインの言葉だとされている古い諺がある。「私たちは、問題を生み出したのと同じレベルの発想では、問題を解決できない」。それにもかかわらず、全く同じことを多くの経営者がアジャイルの変革に取り組む際に繰り返している。そうした誤りは様々な局面で起きている。

・本来、経営者は、自社のアジャイルをガイドするための原則はまだ仕掛中のプロトタイプであり、経験の蓄積と共に絶えず見直していくものだという謙虚さをもって認識すべきである。多くの経営者はすべての課題に対して回答を持っているかのように振る舞い、イノベーションを極限まで追求しようとし、柔軟性を欠いた組織を強要することもある。また、コミットメントについていかなる疑念も生じないようにするために、自ら背水の陣を敷いてしまう。

・最前線の従業員を経営の最重要な顧客であると見るのではなく――最前線の従業員たちはイノベーションの過程でともに協働し、最終的にはシステムをうまく機能させる役割を担わなければならない――、経営者は社内に内密に戦略会議で計画を練り、社外向けのプレスリリースでその結果を公表するだけだ。

・豊富な経験を持つ従業員からのフィードバックがあっても、それを価値のある改善の機会とみなすのではなく、経営者は彼らの意見を物分かりの悪い守旧派による批判であり、考えを改めさせたり、クビにしなければならないと考える。

・状況の変化に適応するのではなく、プロジェクト管理本部は鮮やかな赤点のついた複雑なガントチャート（プロジェクト管理や生産管理の工程管理で用いられる表。作業計画を視覚的に表現するために用いられることが多い）を作成し、計画から逸脱した人間にはフラグを立てる。

前述した指標で重要なのは、真の阻害要因を修正するにはどのように行動すればいいかを明らかにしてくれるかどうかという点である。何であれ事を進めようとすると、いつも少なくとも1つの障害が立ちはだかる。しかし、その数は一般に考えられているよりも少ないのが普通だ。阻害要因とは別の問題解決に精力を注いでも、生産能力の改善にはつながらず、時間、カネ、エネルギーの無駄であることが多い。

こういうわけで、組織の再編を急いでも経営者が期待するほど効果があがらないことが多い。むしろ他の問題が明らかになり、企業価値の向上につながるよりも、トラウマになってしまうことのほうが一般的だ。

さらに頻繁に起きていることは、リストラは大規模なレイオフの婉曲的な言い回しとして使われていることだ。企業は分権化から集中化へ、そして再び分権化へと回帰し、その度にレイオフでコストの引き下げが図られる。それはどのようにして行われるか、その理由は何か、を考えてみたことがあるだろうか。

企業は機能別組織から製品別組織、マトリックス組織への移行、そして再び元へ戻すといったことを繰り返しているが、それはなぜか。すべての組織変更に共通するコストの削減のやり方とは何か。一般的に言えば、経営者チームが最初にコストの削減枠を決めてからそれに見合う形で組織構造を設計し、その後は現場の運用者に任せて問題の解決に当たらせている。アジャイル変革の場合も、最終的には組織変更、さらには組織の継続的な変更ということになるかもしれない。しかし組織構造は主要な阻害要因ではなく、企業にとって短期間で大規模なレイオフの実施（あるいは、それによる利益向上）が必要になるケースは滅多にない。

アジャイルは、現実のボトルネックの解消に焦点を当て、アジャイル的な変革を促進して企業価値を高め、コストを削減するための多くの手法を提供している。リーダーシップチームにはアジャイルチームのように行動することを求める。共有すべき大志を明確にし、顧客が望んでおらず、チームが実行することさえできない活動はやめさせる。

成果があがらないイノベーションチームは、アジャイルチームと置き換える。それでもまだ足りない。事業計画や予算編成は見直しのインターバルを短くし、作業プロセスをもっと単純化する。

サポート・管理部署は、ビジネスプロセスを変革して社内顧客の満足度を高めることに集中する。もしシステムが依然としてバランスを欠いたままであれば、パフォーマンスに対するフィードバックの頻度をさらに高める。

こうした単純な問題解決法がうまく行くのであれば、継続的な改善を追求することができ、その一方で多額の費用がかかり精神的な苦痛の伴う問題解決法は延期し、回避できるかもしれない。

こうしたギアチェンジは、本来ならアジャイルのリーダーシップチームがすべきことだ。彼らが斬新で非常に革新的なアジャイルシステムの様々な要素を開発していても、こうした要素がかみ合わないとシステム全体をうまく機能させることができないからだ。他のアジャイルチームと同様に、リーダーシップチームはこうした活動の優先順位を決め、作業順に並べ、相互の調整を図りながら、最小限のコストで企業価値の最大化を図るべきである。

チームメンバーが機能横断的なグループとして一丸となってシステムを構築し、様々な障害を乗り越え、予想外の結果が生じたときでも機敏に方向転換することができる。私たちはそうした仕事が熟練のＣＤなどの制作に従事し、音響の調整などを行うミキシングエンジニアの仕事——一部は芸術家であり別の一部は科学者——に似ていると思っている。

もし高音域が耳障りでしかもその修正が非常に難しければ、低音域を引き上げて目立たないようにすればいい。必要最小限のことをすればいい。必要以上のことをすれば別の問題が生じて、それを解決しなければならなくなる。その解決がまた別の問題を引き起こすからだ（図表3－4、付録B「定義」を参照）。

正しい順序と方法で、正しい課題に適用されたときに、こうしたギアの切り替えは価値を生み出す。本書ではそうした可能性のすべてを詳細に論じることはできないが、第4章と第8章において、極めて評価の高いチェンジマネジメント（変革を効率よく成功に導くためのマネジメント手法のこと）テクニックについていくつかの利用法を紹介することにしたい。

アジャイル宣言が発表される約20年前、若きマーク・アレンは自分自身で宣言の原則と実践法を見つけ出す途上にあった。彼の目的はアイアンマン世界選手権で優勝することだった。しかしその目的を達成することは、動いている標的に弾を命中させることと同じく困難なことだった。

１９７９年世界選手権大会の初めての優勝者が全コースの走破にかかった時間は11時間46分58秒だった。１９８２年2月の大会は、アレンがライバルのトレーニング法を模倣して練習に励んでいた頃だが、そのときの優勝者のタイムは9時間19分41秒、第2位は9時間36分57秒だった。しかしそうしたベンチマークを追求し続けることはアレンの肉体や精神を極端に疲弊させただけでなく、彼の将来の可能性をも狭めることになった。

彼が１９８９年のアイアンマン世界選手権大会で優勝したとき、8時間9分14秒のタイムでゴールを切った[12]。その記録は第1回目の優勝者の記録を3時間30分以上も上回っていた。彼が学

図表3-4　バランスの取れたアジャイル企業のオペレーティングモデル

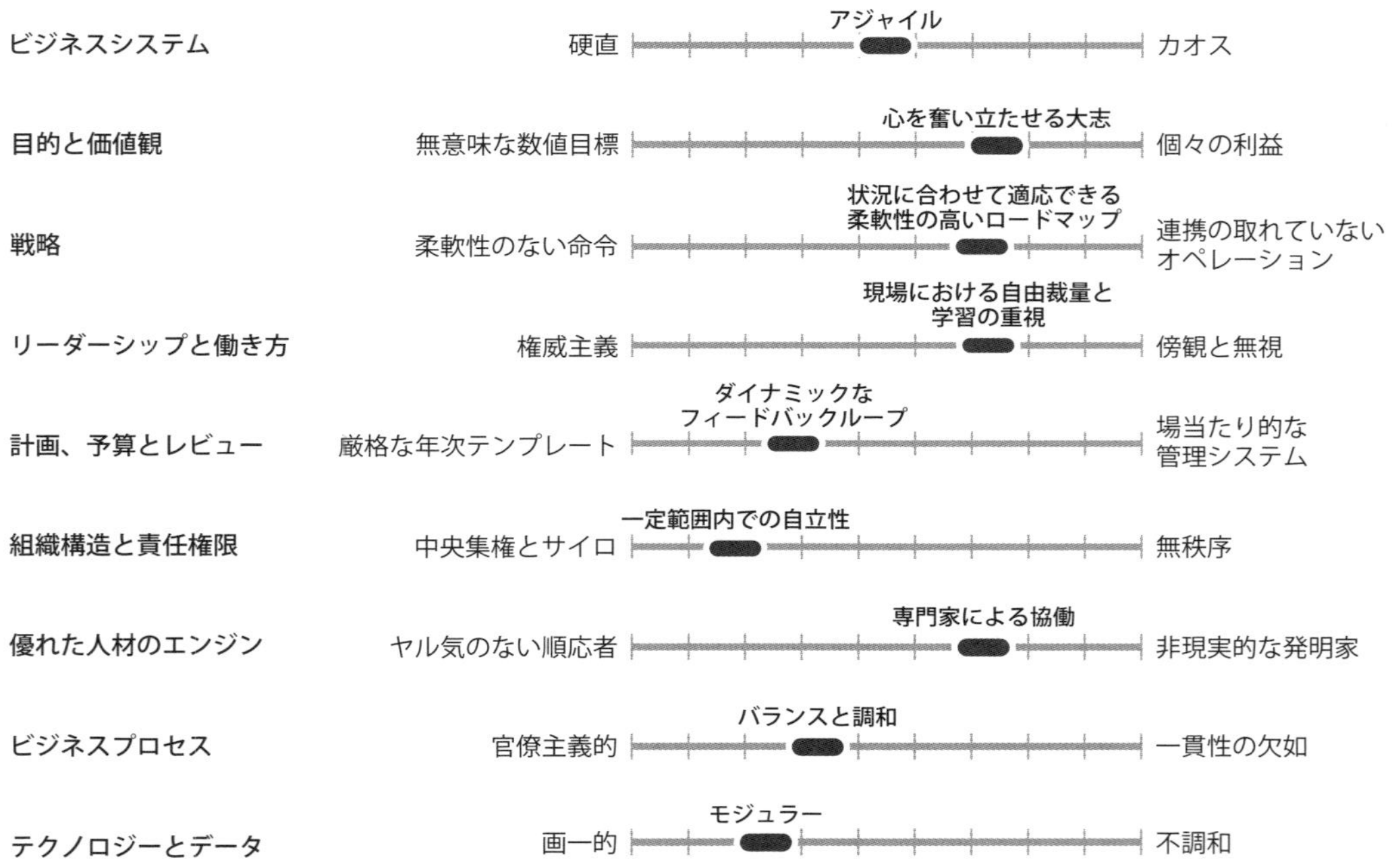

んだ練習法は「目標は高く掲げるが、持続可能な速度で」ということだった。彼は忍耐強くなり、長期的視野も培った。自分に合った最適なペースで練習を続けることで、彼の記録は安定的に伸びていった[13]。

経営幹部には、訓練中のトライアスロン選手ではなく、もう少し身近な例で示したほうがいいかもしれない。エアロビクスでの最大の心拍数は、企業の持続可能な変化速度と考えることもできる。体力強化や栄養改善などスランプを打破するツールやテクニックに当たるものが、リーダーの行動、文化規範、事業計画、資金調達方法、組織体制、人材開発、ビジネスプロセス、テクノロジーだ。私たちは、次章以降で、こうしたテクニックの優先順位のつけ方、その配列方法、実施方法などについて議論することにする。

5つの重要ポイント

❶アジャイルを拡大することが、より良いアジャイルに必ずしもつながるわけではない。あらゆるビジネスや、そこにおけるあらゆる活動には、最適なアジリティ適応の幅がある。

❷アジャイルへ移行の初期段階においては、正確なアジャイルの適応レベルを推測するのはほとんど不可能である。その時点では、何を開発しようとしているのか、それをどのように開発すべきかということがわからないばかりでなく、知ることもできない。あまりに多

くの変数が急激にかつランダムに変化しているからだ。そうした状況では、官僚主義的な手法は滅多に通用しない。アジャイルなビジネスシステムを、アジャイルな永遠のイノベーション・プログラムとして開発し、実行しなければならない――実験と学習、それによる継続的な進化は、どのようなアジャイルチームでも行っている。

❸有効なアジャイルプログラムとは、インプット、アクション、アウトプット、成果、目的についての経験に基づくフィードバックに適応することである。現在、アジリティの現状やその進展具合を評価できる十分なデータを保有している企業は少ない。

❹アジャイルなビジネスシステムの構築に伴う効果とコストを予想し定量化することは困難だが、それにチャレンジする価値は十分にある。そうした推計が外れる可能性は大いにあるが、それでも構わない。どのくらい価値が失われる可能性があるか、時間と資金をどれだけ投資する価値があるか、といった多くの様々な質問に答えるには、それで十分だからだ。

❺アジャイル・トランスフォーメーションの管理のためにはアジャイル手法を用いることが重要だ。あなた自身、あるいはあなたの企業を訓練中のトライアスロン選手だと想定してみよう。目標は高く掲げるが、ただし持続可能な速度でチャレンジすることが重要だ。忍耐力を養い、長期的な視点を持つ。スランプに陥ったときは、様々なツールやテクニックを試すことで課題を克服し、技術レベルのさらなる向上を図ることができる。

第4章
アジャイルリーダーシップ

ボッシュ・パワー・ツールズはドイツの巨大製造企業の主要部門の１つである。60ヵ国に２万人の従業員を抱え、２０１８年の売上高は46億ユーロという大組織だ。

２０１９年にＣＥＯに就任したヘンク・ベッカーは、２０１６年にアジャイル変革プロジェクトを立ち上げ、６つのビジネスユニットと営業部門、本社機能をサポートする、６人からなる直轄チームを編成した。

それから3年後、ボッシュ・パワー・ツールズを訪れた人々は日々のオペレーションの中に徹底的に実行された変革の成果を認めることができた。例えば、産業向けの特殊電動工具の製造を行っているビジネスユニットでは３段階のカンバン方式を導入した。製品レベルのスタンドアップ・ミーティング（毎日立ったまま行う５〜15分ほどのチームミーティング）は、ビジネスオーナーレベルのスタンドアップ・ミーティングに情報を上げ、今度はそこがビジネスユニットレベルのスタンドアップ・ミーティングに情報を上げている。

ダニエラ・クレーマーは、小型ドリル・チゼル部門担当のビジネスオーナーだが、彼女は会議の様子を次のように説明している。

「私たちはプロジェクトに関するすべての最新情報を短い時間で共有できる。私たちはカンバン・ボードにすべてのタスクを貼り出しており、進捗に応じて各タスクのステータスを更新する。それを見て、私たちはすぐに次の行動に移るか、議論が必要なものであれば、別途ミーティングを設定する」

そのミーティングには、プロダクトオーナーと、サプライチェーンやマーケティングなどの専門知識を持つメンバーが全部で8～10人参加する。ミーティングの時間はきっかり30分。時間通りに始め、時間通りに終える。クレーマーによれば「最初、人々は〝ちょっと待ってくれ、あまりにも時間を掛けすぎだ〟と思った。しかし逆に結局は大きな時間の節約になった[1]」。

ビジネスユニットのレベルでは、リーダーたちは自らをアジャイル・リーダーシップチームとして位置付け、既存の会議の大半を廃止した。ゼロベースでのカレンダーの見直しは、彼らを新しい仕事のやり方に強制的にシフトさせた。

ビジネスユニットのスタンドアップ・ミーティングは毎週火、木曜日の午後4時から開催された。巨大な7メートル幅のボードが、すべての主要なタスクの進捗をフォローしていた。何かを議論する必要がある場合、チームはボード上にあるそのアイテムを90度傾けることでそれをわかるようにした。

また、リーダーたちは議論すべきアイテムに印をつけることもできた。スクラムマスターは会議の進行役だ。事前に決まっている議題などはない。会議は15～30分で、1つの議題に3分以上の時間はかけない（特定の参加者の間でさらに議論が必要な場合のために、会議後の30分間は誰も予定を入れないことになっている）。

チームのメンバーはすべての新しいアイデアをボード上に積み残しアイテムとして蓄積し、3ヵ月ごとに特別会議を開催し、それらの優先順位を決めた。そして、すべてのメンバーが他の人のアイデアを知ることができた――営業利益の増加に関することや発売時期に関する話など何でも――。透明性と、その結果生じる相互の連携が会議から会議へと受け継がれていき、それによって意思決定のスピードが速まっていった。

ボッシュ・パワー・ツールズで最後のユニットがアジャイル変革を完了したのは２０１８年だった。２０１９年までにベッカーは経営者レベルでアジャイル・リーダーシップチームを編成し、チームをサポートするアジャイルマスターを任命した。このグループは14の重要テーマを明確にして、部門の実行計画を策定し、それを組織全体に重要業績評価指標という形で展開していった。

ベッカーは毎月曜日、彼自身のスタンドアップ・ミーティングを開催した。メンバーは組織全体にかかわる幅広いテーマを議論した。優先順位の高い仕事の連携を強め、個人の責任を明確にした。「以前はどのようなテーマを取り上げても、それが全体の戦略にどのようにかかわってくるか、はっきりしていないことが多かった」

ベッカーは私たちにこう説明してくれた。

「かつての私たちはいつもチームの効率的な業務遂行を邪魔してきた。今の私たちには、チーム同士を効率的に連携させる明確な運営手法がある。誰も他者の邪魔をすることがなくなった[2]」

ベッカーはまた、多くの人が議論に参加できるように戦略策定のプロセスを変更した。チームに起業家としての責任を与えることは、より多くのメンバーと戦略や経営課題を議論する必要があることを意味した。

パワー・ツールズは通常年2回の大きな経営会議を開いており、以前は会議の参加者は20人のリーダーに限られていたのが、現在ではその参加者は１２０人に達している。

２０１９年春の会議では、ベッカーは初日をリーダーシップやソフトスキル（対人的な交渉、指導、意思疎通などをうまく行う能力）に関する議題に当て、2日目は戦略的な議題を取り上げた。会議に初参加した55人のビジネスオーナー全員が彼を絶賛した。

ビジネスでリーダーシップをとることは決して易しいことではない。CEOであろうが、命令指示系統の下位のマネージャーであろうが、同じことだ。

1世紀以上前の古い時代には、少なくともリーダーたちは何を期待されているか知っていた。人を見つけてきて仕事をさせることだ。彼らに対して何をすべきかを命じる。彼らが言われた通りにしているかを確かめる。フレデリック・W・テイラーの科学的管理法は、こうした手法を体系化したものだ。

産業エンジニアは効率的な作業工程を綿密に計画し、現場の監督者は作業が計画通りきちんと進行するように管理する。もちろん時間の経過とともに、作業工程は変化していく。仕事はますます複雑化していく。多くの労働者は技量と自分自身の意見を持っているが、すぐに監督者の指示に応えることはできない。

ダグラス・マクレガーの有名なY理論——彼は「ああしろ、こうしろ」と命令する古いX理論と区別するためにこう呼んだ——は、まったく別の種類の管理手法であり、新しい環境に適していると言われた。いいですか、決して命令口調で言わないでください。部下の皆さんを信頼し、信じてあげてください。彼らをもっと励まして責任を担えるようにしてください、と。[3]

ビジネススクールの授業や企業カルチャーの議論ではY理論に対して口先だけの賞賛が送られ

ることが多いが、経営者やマネージャーはＸ理論を相手の気持ちを考えながら優しく実践することに陥りがちだ。彼らは部下に対して大声で命令しないかもしれないが、紛れもなく決断を下している。どうして意思決定者が、経営者やマネージャーでなければならないのか。明確な評価基準で成績をつけられ、それに応じて待遇が決まるからだ。

マネージャーたちは売上やコスト削減の目標、予算に盛り込まれた数字を達成しなければならない。将来何が発生するかを予想し、それに適切に対応しなければならない。ＣＥＯ、さらには取締役会や株主も、言い訳など聞く耳を持たない。欲しいのは結果だ。リーダーは仕事に没頭し、仕事と真剣に向き合い、部下に対しては何をすべきかを命令する。もしそれでも足りなければ自らそれをやってのける。昔の工場の現場監督のように、自分の仕事は与えられた仕事をきちんとやってのけることだ、と考えていた。

しかしどこを見てもわかるように、時代の変化は激しくなる一方だ。近頃ではリーダーがこうした昔流の仕事スタイルを続けるのが難しくなっている。自分には先見の明がある。そんな過信は捨て去ったほうがいい。世の中の変化はあまりにも早すぎる。新しい競争相手は至るところで出現している。技術進歩のスピードはあまりに速く、安穏としている暇はない。

新進気鋭のマネージャーや有能な若いスペシャリストは、どのような企業に対しても実力以上の高い期待を抱いているようだ。会社の発展力、高い賃金、ワーク・ライフ・バランス……いずれも然りだ。１９９０年代や２０００年代に成功したリーダーは、その成功ゆえに責任の大きな地位にまで上り詰めたが、今では何をしたらいいかわからなくなっている。リーダーの多くが一生懸命働いている割に、アピールする材料が少なくなっていると感じている。これもまた驚くべきことではないが、彼らは折に触れ自分は全く間違ったことをしているのではないかという不安にも駆られている。

ボッシュ・パワー・ツールズのヘンク・ベッカーは、そうした不安や疑念を早くから抱いていた。彼は機械工学の学士号を取得後、ただちにボッシュに入社した。自動車部門を皮切りに、長い時間をかけて技術的なスキルや能力を着実に積み重ねていくことで出世の階段を上った。

当時の昇進の条件は、職場の最も優れたリーダーになり、部下たちに何をすべきかを明確に示せることだった。彼は20年以上もそうした役割に徹してきた。２０１３年にはパワー・ツールズの取締役に選任された。最初はエンジニアリングと品質の担当だった。その後、製造も受け持つことになり、最終的には２０１９年にＣＥＯにまで上り詰めた。

しかしベッカーの解説によると、パワー・ツールズでは何かが違っていた。数人の勇気ある部下が彼にこれまで経験したことがないフィードバックを始めたのだ。

彼らによれば、ベッカーのリーダーシップは、彼のＣＥＯとしての成功に役に立っていない。部下の能力を最大限引き出し、パワー・ツールズが市場競争を勝ち抜くことにも貢献していない。彼らはベッカーに、自分たちが彼にどのように組織を率いてもらいたいかを事例を交えながら伝えた。

その経験によってベッカーの頭や心の中で何かひらめくものがあった。彼は自分の態度や行動を変えることを決心した。そして自己反省や自己啓発に取り組み始めた。彼は部下に対してフィードバックを増やすよう求めた。

最初、彼のチームは半信半疑だった。それは一時的な気まぐれではないか。彼の心境の変化は本物か。しかし徐々にだが、彼は信頼を積み上げることができた。自分に積極的に意見を述べてくれる部下の輪を広げていくことができた。

ベッカーは方針を変えた。彼は、部下や組織の将来性や能力を発見し、それを伸ばすことに意識を集中した。弱点ばかりに気を取られるのはやめた。そして、前向きな言葉を使い始めた。なぜそれができないのかあれこれ詮索をするのはやめて、「私たちはどのようにしたらそれを実現できるのだろうか」と問いかけることを始めた。一方的な指示を与える代わりに、相手の話を聞くことや双方向のコミュニケーションにも意識を集中した。

こうした決意を広く示すために、自分のオフィスや駐車場スペースも廃止した。また、自分に対するプレゼンテーションで部下がパワーポイントを使うのも禁止した。その代わりに、チームの現場に出向き、そこで常識になっている情報を直に得ることを始めた。そのために時間はかかったが、従来とは異なるリーダーになることができた。それによって、彼はアジャイル変革をうまく始めることができた。

スタートポイント：「ノーブル・ミッション（崇高な使命）」や「リーダーの付加価値」の明確な定義

私たちが出会った経営者やマネージャーのほとんどはひたむきで勤勉である。ボッシュで働いていた若き日のベッカーと同じようだった。仕事と真剣に向き合い、会社の発展の推進力になろうと努めてきた。

彼ら自身は次のような言葉を使わないかもしれないが、多くはそれを一種の「ノーブル・ミッション」（崇高な使命）とみなしている。自分たちは、何をすべきかを正確に知っており、それを部下に実行させることで大きな価値を創造してきたと信じている。そして自分の役割は、従業員が間違ったことをしない、時間を無駄にしない、失敗をしないように導くことであると理解している。

目標とするのは、仕事を最善の手法で、できるだけ迅速に、最小限のコストで行うことである。自分たちの経験に基づいた指導がなければ、部下たちは永久に無駄な努力をし続けることだろう。経営者やマネージャーは、このように考えていた。

企業のアジャイル変革を支援する際、私たちはリーダーに対して4つの原則と、それらがリーダーの行動について意味する2点をじっくり考えるよう勧めている。そうすることで、リーダーの考えが変わり始める。

その考えとは、前述の「ノーブル・ミッション」や、どのように価値を高めるかという問題に関するものだ。ベッカーの例が示しているように、指導法を変えるには努力や鍛錬が必要だ。発想の転換のとっかかりとして、次の原則がとても有効だ。

従業員は自ら行動することで学ぶ

私たちは最近、過保護（helicopter parenting）や、芝刈り機式子育て／除雪車式子育て（自分の子供が苦労したり嫌な思いをしたりせずに済むように、親が子供の進む先に現れる問題を、芝を刈るように、あるいは除雪するように、取り除いてしまう過保護な子育ての意味）について書かれたものをすべて読んだ。

過保護な両親は子供たちを愛している。親たちは自分自身が子供の頃に経験した苦労を覚えている。彼らは子供に対して、自分よりも社会的に成功し幸せになってもらいたいと願っている。子供にトラブルが発生すれば、ヘリコプターが急降下するように舞い降りてくる。彼らは教師、校長、コーチと相談しながら、子供の前途から障害物を取り除き、順調な発育を遂げさせようとする。自らが乗り出して困難な問題の解決を図ろうとし、決して子供たちに問題の解決を図らせようとしない。

そうした行動にも一理ある。両親の能力が子供を上回っていることは議論の余地がない。両親は子供よりもコーチとうまく渡り合い、大学の論文も上手に書くことができる。しかし一方で、そうした対応には問題があることは誰でもわかる。子供はいつまでたっても独り立ちできない。必要な技術も身につかない。最悪の場合、子供は大人になってからも、ほんのちょっとした困りごとでもママやパパの元に駆け寄って助けを求めるようになってしまう。

従業員は子供ではない。しかし、リーダーは彼らを過保護な両親が子供たちに対するのと同じように取り扱ってしまうことがある。リーダーは従業員を信用しておらず、単独では仕事を正しく行えるとは思っていない。従って、彼らは従業員に対し具体的かつ詳細な指示を与えようとする。やむを得ない場合は、リーダーは自ら仕事をしようとする。

従業員の一部は過保護な両親の子供と同じように、受け身の姿勢が沁みついてしまい、上司からああしろ、こうしろと指示が出されるまで仕事をしなくなる。能力やヤル気のある従業員は――自発的に何をしたらいいか、どのようにしたらいいかを理解でき、伝統的な目標や手法に則った人々よりも優れた成果を出すことが多い――、むしろ、上司からあれこれ細かな指示をされることに不快感を示すのが普通で、下手をすると、一部の人は会社を辞めてしまうかもしれない。

タフツ大学のアマル・ビデ教授は「Inc. 500（アメリカ合衆国で急成長している非公開会社500社）」を対象にした研究を行った。[4] 多くの成長企業の創業者は、彼に次のように語った。彼らはベンチャー事業を立ち上げようとしたが、前の職場ではそれが禁じられてきた、と。

アジャイルの環境では、リーダーが採用する手法は異なっている。リーダーはチームに対し何に注目すべきかを指示するかもしれないが、それにどのように対応すべきかまでは決して言わない。どのように対応するかは、チームのメンバーの責任だ。

メンバーの仕事は、実験、検証し、その結果を学習することだ。どのような製品が市場で最も成功する可能性が高いか。受注手続きのスピードと正確さを高めるためにはどんな改革が必要か。様々な部署で優秀な人材を継続的に確保できるようにするには、どのような手法が最善か。こうした問いに対し答えが簡単に見つかることはまずない。

リーダーは経験に基づいた確固たる意見を持っているかもしれない。しかし、それらが正解かどうかを知る術を持っていないのが普通だ。大人も子供も、試してみて、その結果を学ぶことで物事を正しく理解する。これがアジャイルチームの特徴だ。

信頼は時間によって構築される

リーダーと部下の信頼関係は、マクレガーのY理論の中核である。マクレガーによれば、信頼とは次のことを意味している。

「『私は、あなたが――故意あるいは偶然、意識的あるいは無意識的のいずれの場合でも――私を不当に陥れることがないことを知っている』。それが意味するのは、『私は今の瞬間の私の状況、グループ内の私の地位や評価、私たちの関係、私の仕事、私のキャリア、私の命でさえも、全幅の信頼を置いてあなたに委ねることができる』ということだ[5]」

しかし、これはかなりの難問だ。マクレガーの信頼がいかに狭義のものであるかは、信頼が築けない場合を想像すればよくわかる。リーダーが部下の意図や技量に確信が持てないときに、部下を信頼するのは難しい。一方、部下は、自分の命令通りに仕事をさせることが最優先（どのような犠牲を払っても）に見えるリーダーを信頼するのも難しい。

アジャイルはじっくり時間をかけながら信頼関係を構築する――いわば、人々を信頼できる人間に変える――ための手段を提供する。アジャイルがどのように機能するか思い出して欲しい。アジャイルチームはリーダーによって様々な経営資源やミッションが与えられる。チームのメンバーは仕事をいくつかの管理可能な小さな単位へ分割し、それぞれに積み残しアイテムを明確にする。そして（例えば）、2週間ごとの短いサイクルで仕事を行う。時間の経過によって必要が生じれば、優先順位も見直していく。2週間目の最後の日には、リーダーとチームメンバーはその間の成果を確認し、様々なことを学ぶ。一連の工程はすべてガラス張りだ。その結果、いかにひねくれた人であっても、次の点だけは合意せざるを得なくなるだろう。

わずか2週間の間に、チームがいかに多くの困難に直面するか。特に顧客から意見を得た場合などはそうだ。チームのメンバーが脇道へ外れてしまったと感じた場合、リーダーは次の質問をすることで、すぐに生産的な軌道へ復帰させることができる。そもそも主要な前提条件は何であったか、それをどのようにすれば検証できるのか、と。こうした信頼に基づく指導ができるようになるまでには訓練が必要だ。指揮命令本能が頭をもたげてストレスが高まる状況では、特にそうだ。しかし時間とともに、そうしたやり方に慣れていくものだ。

結局、職場に信頼関係が存在するか、しないかといった抽象的な議論は意味がない。信頼とは、人間が生産的に共同作業することで築き上げるものだ。アジャイルチームに参加する人々はそれぞれが新しい職務を担い、結果に対して責任を負う。そのように行動することで、お互いの信頼感が醸成されていく。

自分にしかできないことをすれば、すべての人々が幸せになれる

１８１７年に英国のエコノミスト、デヴィッド・リカードは『経済学および課税の原理（On the Principles of Political Economy and Taxation)』を出版した。[6] この本で明らかになった理論は、それ以降、経済学を専攻する学生の初年度の必須コースとなり、国際貿易の恩恵を広く知らしめることになった。

リカードによれば、国内ですべてのものを生産し、どの国とも交易しないことは、理論的に可能である。しかし、国民は自分たちが一番得意なものを生産し、それを諸外国が一番得意とするものと交換したほうが豊かになれる。どの国も他国と比べた場合、比較優位を保持している。

さて、この比較優位の理論を企業経営に当てはめてみよう。マネージャーはスキルや経験によって、自分の直属の部下よりもほとんどすべての面で優れている。ボッシュでは、ベッカーは最高のエンジニア、最高のプロダクトデザイナー、最高の評価者だったかもしれない。どのような

特性を備えた製品が消費者に最も支持されるのか的確に予測できたことだろう。

しかし、彼がすべての時間をそういう仕事に費やせば、大きな機会損失が発生する。彼は彼にしかできない仕事に時間を割くことができなくなる。企業全体としてどこに向かうべきかを考えることができなくなる。新しい市場の開拓や他企業との合併の可能性を探ることもできなくなる。そうする代わりに、彼は従業員でもできるような仕事をやろうとしている。こんなことでは、会社で働く全員が豊かになれるわけがない。

顧客ニーズを最もよく知っているのは顧客である

確かにビジネスには、トップのＣＥＯから現場の班長まで多くのリーダーが存在する。彼らは自分たちが顧客ニーズをしっかり把握していると信じている。もちろん、優れたリーダーほど顧客との話し合いに時間を費やしており、自らの判断の拠り所となる最低限の根拠を持っている。

しかし、どのような個人でも、いかに経験が豊富で直感力に優れていたとしても、顧客が個々の商品特性にどのように反応するかを正確に言い当てることはできない。また経営幹部は、社内の顧客——ＩＴ、人事、財務、倉庫などのサービスを利用する人々——がそれぞれどのようなサービスの改善を望んでいるか、彼らがイノベーションに対してどう反応するか、を知ることも難しい。

アジャイルチームは、顧客ニーズを最もよく知っているのは顧客だと考えている。そのためチームは有望な製品開発の候補をギリギリの数にまで絞り込む。そうしないと、顧客の反応を製品開発に反映させることができないからだ。

社内手続きのイノベーションを担当するアジャイルチームは、そうしたイノベーションを利用する可能性のある人々をチームに参加させるのが一般的だ。顧客のフィードバックを変革の初期段階から取り込めるからだ。チームの代表者は関連部署の同僚と相談することで、仕事の何が成功し、何が失敗しそうかについてフィードバックを持ち帰ることができる。

ゴール：これまでとは異なるノーブル・ミッション（そして、リーダーシップチームとして、これまでのやり方とは異なる価値の出し方）

私たちがこれまで提起した問題を注意深く考える——そして、前出のベッカーのように柔軟に行動を変えることができるような——アジャイルリーダーたちは、これまでとは全く異なる立場に自分の身を置くようになる。彼らは持ち前のひたむきさと勤勉さで、これからも働き続けることだろう。

しかし彼らの役割は大きく変化する。彼らは企業にどのように貢献するかについて全く異なった考えを持つようになるだろう。マネジメントチームのリーダーたちがこの新しい考え方で一体となったとき、彼らは自らのノーブル・ミッションをさらに高次元なものへと再定義することができる。

一例を挙げると、彼らはビジネスを回すことにかかりっきりにならずにすむようになる。しばらく、この点について考えてみよう。経営幹部の多くは時間の大半を問題解決や予算の執行管理などに費やしてきた。しかし、企業の中に10、20、あるいは100のアジャイルチームが組織され、各チームが改革に責任を持つようになれば、どうなるか。それらの改革によって、新たな収益機会が生まれ、効率性が改善され、問題の解決が図られていくとすれば、一体何が起きるのだろうか。

リーダーはもはや以前と同じ仕事をする必要はない。別の人間がその仕事をやってくれているからだ。しかし不安に思う必要はない。むしろ逆だ。彼らは自分自身の比較優位に全力投球できるようになる。彼らの比較優位とは、大きな構想を練り上げ、戦略や経営資源の配分について決断を下すことだ。

もちろん、そうしたスケールの大きな仕事は1人ではできない。そのためにアジャイル変革に乗り出す企業では、組織の頂点に立つ執行役員会をアジャイル・リーダーシップチームへと再編成する。執行役員も、組織の下位レベルのリーダーチームと一緒になって同じことをするのである。彼らはリーダーがどのように時間をすごすかだけでなく、どのような共同作業を行うかについても再定義しなければならない。

今日、ほとんどの企業の執行役員会は〝代表者機関〟である。各事業部門や業務部門のトップが、それぞれの縦割り組織の代表者として一堂に会し、自らの事業部門の成果を報告し、その利益を守ろうとする。彼らが下す決定は、自らの予算に有利に働き、自分の部下を擁護し、自分の将来の出世にプラスに働くものであるかもしれない。CEOや総支配人は、それぞれの事業部門の利益を比較検討し、妥協点を探り、全体利益の実現に向けた総合戦略をまとめる責任を負っている。

しかし、執行役員会がアジャイルなリーダーシップチームに生まれ変わった場合、どのような変化が起きるだろうか。それは、執行役員会がアジャイルチームとして社内外の顧客へサービスを提供できるようになることを意味している。1人の人間が業務スキルとイノベーションスキルを兼ね備えていることは稀なので、アジャイルなリーダーシップチームはグループとしてのパワーを十分に引き出す必要がある。それは単なる個人の集まりではなく、会社全体の利益を考える意思決定者のチームである。

業務の管理監督は依然として必要だが、集中すべきは学習、優先順位付け、問題解決である。ある時点では業務の専門家がチームをリードし、別の時点ではイノベーションの専門家がリードしてもいいだろう。しかし業務とイノベーションの両方のグループはお互いに連携しながら、経営の効率化と信頼性の増大、環境変化に適応したビジネスの変革、そしてこれらすべての企業活動の調和を図っていかなければならない。アジャイルのリーダーシップチームは、適度なバランスのもとにビジネスの運営とビジネスの変革を融合させることができる。

優秀なアジャイルのリーダーシップチームのメンバーは、次の点を理解している。自分たちが企業に最大限の価値を生み出しているのは、予測し、命令し、管理監督する回数ではなく、数万人の従業員の未開発の潜在能力を引き出すことにある、と。彼らは、検証可能な意思決定の権限を部下に委譲し、ビジネスの最前線に近い人々がそれらを検証する手伝いをすることに満足している。そして、組織全体が検証や学習の技術を習得できるように支援する。

　彼らの発想の原点は、システム、つまり小規模ながらも最低限の実行能力を有した自己完結型の小世界だ。こうした小世界で物事を考えることによって、リーダーは企業全体を危険にさらすことなく、様々な変更点を検証し、時間とともにそれらがどのように影響し合っていくのかを知ることができる。

　社内官僚は業務モデルの変更の可能性を検証することで自分たちの手の内が明らかになり、会社全体が混乱に陥ることを心配するが、アジャイルの実践者たちは四六時中あらゆる可能性をテストすることで、組織が新たな環境に慣れていくことを期待している。

　彼らがエネルギーを集中するのは、サイクルタイムの圧縮と、待ち時間、特に意思決定に必要な時間の短縮である。彼らが嫌うのは稟議書を回す際に関係各所から袋叩きにあうことである。そのために、事業計画、予算、新製品開発に関する煩雑なプロセスを細かな工程に分解して、フィードバックループをできるだけ早く回そうとするのだ。

　アジャイルなリーダーシップチームは、複雑な海域を舵取りしながら進むことの現実を深く理解している。長期的な見通しはほとんど役に立たない。アジャイル企業への道のりは、白昼に砂漠の高速道路を猛スピードで突っ走るよりも、雨の日の真夜中に山岳部の危険な道を運転するのに似ていることを知っている。

チームのメンバーは自分たちがどこに向かっているかわかっているが、ヘッドライトの先に照らし出された範囲以上にハンドルを切ることはしない。彼らはどこまで、どのくらいのスピードで走るか、路上に思わぬ岩がころがっていた場合にどのように避けるかについて、お互いに協力し合いながら決めていく。

つまるところ、アジャイルなリーダーシップチームは、企業全体を牽引する戦略チームである。チームのすべてのメンバーは出身部署の利益よりも企業全体の利益を優先しなければならない。当然、メンバーの時間に関する考え方も変化する。彼らの主要な関心事である長期目標は、企業の潜在能力の増強であり、短期的な業績ではない。

彼らは、自分の直属の部下だけでなく、企業全体の数千人に及ぶ従業員の生産性の改善を図ろうとする。縦割り組織のリーダーからアジャイルなリーダーシップチームのメンバーになるには、どのように考え方を変えればいいのだろうか。日々の心構えとして、私たちは次のようなことを助言することが多い。リーダーシップチームは自分流のアジャイル宣言を作成し、その約束を着実に果たしていくことだ。付録Aにアジャイルマニフェストの一例を紹介している。是非、参考にして欲しい。

アジャイル変革を率いる

付録Aの長いマニフェストリストが示しているように、アジャイル変革を率いていくには、大変な労力を要する。一般的に、まずリーダーシップチームは指針となるビジョンを作成する。それを用いながらアジャイル企業の潜在的メリットについて関係者と意思疎通を図る。チームはビジョンを密室の中で作るのではなく、石に刻まれた戒律のように組織の中から自然に湧き出るようにする。

どちらかといえば、リーダーシップチームはアジャイル活動の実践者を自らの顧客とみなす。すべてのアジャイルチームと同じように、リーダーシップチームもまた自分たちの顧客と連携して、完全な透明性の中でビジョンや戦略のたたき台を共同で作成する。

ビジョンとして考えられるいくつかの方向性について議論し、その中でどれが最もうまく行くか見極めるために、答えなければならないカギとなる問いを特定する。知的な謙虚さをもってこれに答えを示すことができれば理想的だ。そしてインプット、プロセス、アウトプット、結果のそれぞれの評価指標と目的を設定する。そうすることでこれらをモニタリングし、問いに対する答えを導くことができる。

変革は永遠の改善プロセスであり、終了期限付きのプロジェクトではない。アジャイルへの移行はぜいたくな気晴らしなどではなく、それは経営手法の変革だ。アジャイル変革をリードする最善の方法は、管理よりも信頼を重視する心構えである。一般の通念やハリウッドのアクション映画の主題とは異なり、独裁的な管理手法は非常時には有効に働かない。

指揮管理システムが最もよく機能するのは、次のような状況だ。業務が安定し予見可能な場合、上司が部下よりも外部環境の急変や不測事態の解決法について多くの知識を持っている場合、意思決定者が大量の判断要請が集中するピーク時でも的確な判断を下せる場合、標準的作戦のほうが臨機応変な対応よりも有効な場合、などである。

しかし自然災害、テロ攻撃、重要な軍事作戦、大規模な企業変革のような非常時には、こうした条件が揃うことはまずありえない。こうした異常事態では状況の変化が激しく、予測は困難になり、厳格な指揮命令は機能しなくなる。現場から遠く離れた独裁者や司令官よりも、経験豊富な現場指揮官のほうが優れた実践知識と多くの最新情報を持っている。中央指令センターは情報が殺到して機能麻痺に陥り、深刻な目詰まりが生じてしまう。標準的な作戦が失敗するのは、現場の状況が標準から大きくかけ離れてしまうからだ。

「非常時の独裁者」という神話の犠牲になったマネージャーは、高い代償を支払わされる。不測の事態への反応は鈍く、十分な情報も得ていないからだ（ハリケーン・カトリーナ、チェルノブイリ原子力発電所事故、そしておそらくシアーズでの現在進行中の経営危機も代償の一例だ）。

マネージャーは最前線の従業員を信頼していない。こうした露骨な信頼性の欠如は、経営危機がすぎ去った後も長く企業の発展を阻害する。こうした理由から、現在の危機対応チームでさえも、指揮命令型システムからアジャイルな状況対応型へと切り替わりつつある。従来型の緊急事態措置においては、経営トップからなる少人数のチームが問題点をあぶり出して必要な改革を行う。アジャイルへの移行では数百あるいは数千の従業員が根本問題の解決に取り組み、その後の会社人生にとって有益なスキルを学び取っていく。

アジャイルへの移行期間中の、アジャイル・リーダーシップチームは、従来型チームよりも少ない情報で、より早い意思決定ができるように人々を助ける。そのためには次の5つの行動をとるのが一般的だ。

1．「幅広い人々へ戦略意図のコミュニケーションを──過剰なほどに──図る」

以前よりも多くの決定権を現場に委譲することから、リーダーはそれらの意思決定が、会社の戦略意図（何をするのか、なぜそれをするのか）と一致していることを確保する必要がある。その結果、現場は裁量余地が増す一方で、会社の戦略から逸脱することが少なくなる。

2．「意思決定者を育成する」

大きな変革期においては、人々は過ちを犯すことを恐れるあまり、意思決定を上司に任せようとする。強いリーダーは意思決定者の数を増やしその能力を高めるために、コーチやトレーナーとして行動する。

3．「チーム間の意思疎通を強化する」

ボトルネック回避のためにツールを使って、誰でも、いつでも、すべてのチームが何をしているのかわかるようにする。

4．「学習のループを加速させ、完璧よりも前進を目指す」

予測の難しさをわきまえる。正確さを過剰に求めすぎて、作業スピードを遅らせるようなことはしない。適度な妥協こそが役に立つ。

5．「評価や報酬の対象範囲を拡大していく」

非常時の最も大きなリスクは、最善を尽くす相手として知り合いや信頼する相手しか視野に入ってこなくなることだ。それゆえに人間は縦割り組織から抜け出すことができない。優秀な変革のリーダーは信頼や連携の輪を広げようとする。

もちろん、アジャイル・リーダーシップチームは、アジャイル変革をどこまでやるか、どのくらいのスピードで実践するかについて責任を持っている。アジャイルの原則を踏まえて、リーダーシップチームは前もって詳細な計画を立てることはしない。

リーダーたちはビジョンを示すことができても、次の点はまだ把握できていないことを正直に認める。アジャイルチームがどれだけ必要か、どのくらいのスピードでチームを増やすことができるか、どのようにすれば企業全体を混乱に陥れることなく官僚組織の弊害を緩和することができるか、などだ。

そのために彼らはとりあえずアジャイルチームの第一陣を編成し、それが生み出す価値や直面する問題のデータ収集に邁進する。その結果を見ながら、第2陣のチームを編成するかどうか、編成するとすればその時期はいつか、そしてどのように編成するかを決定する。こうした手順によって、アジャイル拡大の費用（投資金額と組織的ストレス）対効果（企業業績、顧客満足度、従業員パフォーマンス）を計測する。

もしアジャイルの効果が費用を上回っていれば、リーダーはその勢いに乗ってアジャイルチームの拡大を継続する。次々に新たなアジャイルチームを発足させて、社内の旧態依然とした部署の弊害を取り除き、改革のサイクルを加速する。もし効果がコストを下回っていれば、活動中のアジャイルチームが生み出す価値（組織的な障害の除去やプロトタイプ製作能力の向上など）をさらに高める一方で、変革に伴うコストを削減（アジャイルの成果の宣伝広報やアジャイルの経験豊富な専門家の採用など）する方法を探る。

優れたアジャイルのリーダーシップチームは、官僚主義的な言い回しはしない。アジャイル改革がいくら急を要するといっても、権威主義的なプロジェクトのように取り扱いはしない。

「私たちは危機に直面しています。危機には決断力のあるリーダー、さらに言えば独裁的なリーダーが待望されます。だからこそ、アジャイルに全力で取り組みましょう。後戻りは許されません。背水の陣で臨むべきです。つべこべ言う人は放っておきましょう。私たちのビジョンを完遂しようとたゆまぬ努力をしているリーダーを配置します。こうした苦しい変革をやり抜けば、私たちだけでなく会社の他の皆さんも引き続き安心して働くことができるでしょう」

ルーク・スカイウォーカーであれば、次のように言葉を返すかもしれない。

「素晴らしい。あなたが述べたことはすべて間違っている」

ボッシュ・パワー・ツールズでは、ベッカーが指揮したリーダーシップ変革によって、新たな経営の可能性が拓けた。アジャイル導入によって、彼は成功へのロードマップを手にした。

彼が始めたアジャイル変革の目標は次の3点だ。ユーザーに役立つイノベーションの拡大、スピードの加速と適応性の増大、それに協働への新たな手法の開発だった。彼と彼の6人編成の変革チームはビジョンを策定し、スタートの時点から継続的な改革を行うという雰囲気をつくった。

「これは確かに従来型のプロジェクトではない。すべてがスタート前から詳細に決まっているわけではない」

チームを率いたアン・キャスリン・ゲバートはこう語ってくれた。

「私たちは自己学習を繰り返している。私たちが選んだやり方はボッシュ・パワー・ツールズのやり方である。すべての企業、すべての事業は自分自身のやり方を見つけなければならない[7]」

パイロットチームから学んだ後、変革チームはパワー・ツールズの6つの事業ユニットの1つで調査を開始した。「こうした変革には多くの課題がある」

ゲバートは語る。「結局、それは単純な組織再編ではなく、業務システムの抜本的な変革である。私たちは原点に立ち返り、経営手法、チームのカルチャー、組織体制、方法論、戦略的プロセスなどすべてを変革した。重要な点は、最初にどの問題を取り上げるかではない。すべての個別問題を取り上げて、総合的な変革手法と関連付けることにあった」

変革チームが明確にした作業の5つの領域は、戦略、組織、リーダーシップ、プロセスと方法論、そしてカルチャーだった。3年の間に本部機能を加えた6つの事業分野のすべてにおいて見直しを行った。リーダーシップの領域では、対話のための時間と場が最重要と位置づけられた。例えば、変革チームのメンバーは様々な種類の活動を支援した。

例えば、リーダーシップ・デー、コーチングやマインドフルネスのトレーニング、リーダーシップ手法に関する多様なフィードバックの奨励とフィードバックループの創設やリーダーの支援、リーダーシップチームと最前線チームの交流を促進する場の設定などだ。また彼らはアジャイルなリーダーシップチームになるために、アジャイルの方法論や実践法の実験も始めた。

そして3年後には、アジャイルの実践は企業全体に広がっていった。一部のイノベーションサイクルは3年から6ヵ月に短縮された。プロダクトマネージャー、ビジネスオーナー、部門リーダーはスタンドアップ・ミーティングを開催し、積み残しアイテムを再検討した。イノベーションが可能な場所を明確にし、すべての顧客が価値を認めるイノベーションをたくさん生み出している。会社の業績への貢献も先行指標を見る限り期待を抱かせるものであり、時間が経てば明らかになってくるはずだ。

5つの重要ポイント

❶ アジャイル改革を検討中のリーダーは、自らのリーダーシップのあり方や企業価値にどの

ように貢献しているかをじっくり考える必要がある。部下が実践から学ぶ上でどのようなサポートをしているのか。指揮命令とは対極にある信頼関係の構築に努めているか。リーダーにしかできないことをやり、自らの比較優位を発揮しているか。チームに対して顧客が何を望んでいるかを一方的に語るのではなく、顧客自身にその思いを語らせているか自問する必要がある。

❷ アジャイルリーダーは企業への貢献の仕方を変えることによって、アジャイル・リーダーシップチームとしての共同作業が可能になる。チームの信頼を高めることで仕事がやりやすくなる。彼らが優先して取り組むべき課題は、優先順位の明確化、経営資源の配分、部下のチームのための障害の除去である。

❸ アジャイルなリーダーシップチームは、アジャイル企業に不可欠な要素である。メンバーはアジャイルな戦略チームとして行動する。企業全体が発展するために戦略チームが集中すべきは、自分たちの出身部署の利益ではなく会社全体の利益である。彼らは自分自身のマニフェストを作成し自らの行動の指針とすべきだ。

❹ リーダーが自らを変革できなければ、企業文化や組織体制も変革することはできない。アジャイルの手法やその実践に真剣に向き合えないリーダーはアジャイル変革に乗り出す資格がない。

❺ アジャイル企業のチームは意思決定が迅速でなければならない。アジャイルなリーダーシップチームは、積極的な関与、過剰なまでの意思疎通、コーチング、学習ループの構築に

よってアジャイルチームの迅速な意思決定をサポートすることができる。

第5章
アジャイルな計画、予算、そして検証

アジャイルに関する神話の中で「アジャイル企業は事業計画を立てる必要がない」というものほど、世の中に広く蔓延し、かつ危険なものはない。こうした誤解ゆえにアジャイルの導入を見送る多くの経営者を、私たちは見てきた。また、事業計画を立てるべきではないと主張して、計画立案で失敗したことを取り繕おうとするアジャイル初心者とも多く出会った。

なぜこのような混乱が生じているか。アジャイルの考え方によれば、アジャイルの実践者は「計画を実行する中で生じる変化に対応すること」を高く評価している。[1] しかし、それは計画を立てないということではない。それが意味するのは、どのような状況にも適応できる計画を立案するということだ。

従来型の官僚組織では、詳細な計画を立て——正確さを優先するあまりに時間や経営資源を無駄にすることが多い——、経営者がそれを寸分たがわず実行することを想定している。アジャイルの実践者は、計画とは検証可能な仮説のことであり、時間とともに修正すべきものだと考えている。

適応型の計画を立案する上では、利益とコストのポテンシャルを推計した上で、優先順位の決定や予算の編成を行う。しかしそうした推計はあくまで仮説であるため、その仮説が有効であるか否かの判断材料となる問題を提起することも重要である。

そのような実践で得られるデータを頻繁に見直すことで、これまでに策定した計画や行動を変更すべきかどうか決める。フィードバックループの繰り返しの中で、計画、予算、検証の共同作業が実現すれば、他の個別のチームと同様に、アジャイルなＰＤＳＡ（計画・実行・評価・改善）サイクルが生まれる。

計画、予算、検証のアジリティを改善することは、アジャイル企業を創り上げていく上で不可欠である。企業のアジリティを高めるためには、この改善を行うほうが、組織を改革したり、アジャイルチームの数を増やしたりするよりも、各段に高い効果が期待できる。本章では、企業がいかにして計画、予算、検証のアジリティの改善を図っていくのかを見ていくことにする。

アジャイル企業の事業計画

２０１４年当時、コンピューター企業として名をはせていたデルは数年に及ぶ企業変革の真っただ中にあった。前年の12月には、マイケル・デルＣＥＯとシルバーレイク・パートナーズという名前の投資会社が会社を非公開会社にした。四半期決算に対する一般投資家のプレッシャーから解放されたことで、デルはイノベーションのタイム・スパンを広げることができた。

同社は長期的な利益拡大を目指すために、短期的な利益が大幅に変動することも容認できるようになった。しかし、デルの年次計画サイクルは当時としては極めて伝統的なものであり、新たな戦略を導入した結果、大幅な見直しを迫られることになった。

マイケル・デルは、戦略的な計画、予算、検証を目指して新たなモデルの開発に取り掛かった。同社は２０１６年にデル・テクノロジーズへ社名を変更したが、現在ではそれをデル・マネジメント・モデルと呼んでいる。

その新モデルを煎じ詰めて言えば、次のようになる。最初にマイケル・デルが会社の将来価値について明確な目標を掲げる。会社のリーダーたちはこの目標数字と現在の延長線上にある将来価値の推計値とを比較し、両者のギャップを埋めるために必要なハイレベルの行動計画を策定する。この議論の過程において、長期的な売上や利益の見通し、具体的な対策のバックログが作成される。

リーダーたちはその後で、1年間の詳細な事業計画をまとめる。こうした一連の事業計画の策定作業は年単位で行われるが、現場からは1年の間に優先順位や経営資源の配分について定期的に変更の申し立てを行うことができる。これによってデルは、顧客ニーズの変化、競争相手の動向、過去の自らの行動の結果に対して迅速な対応が可能となる。

このモデルは1つのライフサイクルに沿って進んで行く。まず初めは、障害を取り除き収益の機会をうまく取り込むための取り組みだ。それによって、将来の目標と現状の見通しのギャップを埋めることができる。

企業に甚大な影響が及ぶ可能性や組織全体にまたがる課題やビジネスチャンスが見込まれる場合は、企業のリーダーが直に取り組む。そして、こうした取り組みは、デル・アジェンダと呼ばれるバックログに変換される。

次に対象の範囲が比較的狭く影響も小さな問題は、関連の事業ユニットや業務ユニットが担当する。それぞれの取り組みが具体化され、その担当部署が決まると、各チームのオーナーが決められ、スタートする上での経営資源が割り当てられ、バックログの中での優先順位を改めて見直す。そしてそれぞれのチームは、一連のステップを踏みながら仕事を進めていく。事実関係の収集、解決策の選別と絞り込み、結果へのコミットメント、上司の承認取得、解決策の実行、結果の定期的な報告というステップである。

　そして最終的に通常業務の中に組み込まれることで、新たな取り組みは無事に終了する。企業のリーダーは、各チームと連携しながら、ライフサイクルのそれぞれの局面で指導や承認を行う。リーダーは月当たり2〜3件のデル・アジェンダに取り組むのが一般的だ。このモデルでは変化に対する大きな柔軟性を認めている。どの時点でも新たな課題や収益機会が見つかれば、リーダーはラフに推計を行う。もし収益化チャンスの推計額が十分に大きければデル・アジェンダに追加され、イニシアチブオーナーの割当て、経営資源の配分、既存の優先順位の中での新たな序列が割り振られる。

　このモデルの優れた点は〝選択と集中〟にある。デルのリーダーシップチームは定期的にデル・アジェンダの見直しを行うことにより、常に最も優先順位の高い課題や収益機会に集中できる。こうした定期的な再評価によって、稼働中のデル・アジェンダ案件は常に十件に満たない。複数の課題を抱える非効率を避けることで、デルでは、絞り込みを行わない場合に比べてはるかに多くの成果をあげている。

　デルの企業戦略を担当する上級副社長のデニス・ホフマンは次のように語っている。

「デル・マネジメント・モデル（ＤＭＭ）によって、デルはいつも経営資源を新たな取り組みに集中させることができる。その取り組みは戦略的、業績的な目標を実現する上で最も重要なものだ。ＤＭＭを利用する前は、何が最も重要な経営課題であるかについて、必ずしも取締役のリーダーシップチームとして意思統一が図られていなかった。組織的な境界をまたぐ問題の解決を図ることが難しかった。デル・アジェンダを宣言したことによって、新しい問題に臨機応変に対応できる柔軟性を確保しつつ、リーダーシップチームとして最も重要な課題に集中できるようになった。私たちは経営目標の達成に向けて力を合わせることができた」

デルはその他の分野でもアジャイル手法を活用している。同社では長年、顧客サービスの改善やコスト削減に注力してきた。例えば、サプライチェーン担当のリーダーは需要、供給の見通しをできるだけ正確に行いたいと思っていた。

２０１８年9月、デルのサプライチェーン最高責任者のケビン・ブラウンは2つのアジャイルチームを発足させた。いずれも、複数の業務部門から選ばれた献身的なスタッフばかりだった。

１つ目のチームの任務は、デルの最大顧客と一緒に共同チームを立ち上げ、今後の注文動向について積極的な対話を促進し、納期を厳守することだった。そのチームは対話のあり方を見直し、新たな対話手法を導入した。最先端の分析モデルも採用した。しかし、一斉に新たな手法に切り替えるのではなく、チームのメンバーは2週間のスプリントで小幅な改革を段階的に実施していった。このようにして顧客や社内関係者からのフィードバックを得て、チームは改革案の修正を繰り返していった。

２０１９年6月になるとこれらのチームは複数の改革案をまとめ上げた。改革案は顧客の評判が良く、社内の販売部門からも好意的に受け止められた。ブラウンによれば「約1年前にアジャイルチームをスタートさせて以来、私たちはアジャイル手法が業務全般において高価値を機動的に生み出す特異な手法であることを実感した。アジャイル手法を用いた改革案は、革新性、徹底性、社内外の顧客の受容性などの点で従来の改革案より大幅に優れていた。今ではアジャイルの考えを応用しながら、社内の多方面で変革を行っている」。

　本書執筆の時点では、デルはサプライチェーンのアジャイルチームを9つにまで拡大させたほか、アジャイル手法を応用してコスト削減や事業活動の改善にも役立てている。

　デルの事業計画に関するアジャイル手法は、野心的な経営課題に挑戦する上での大きな支えになってきた。5年前にＤＭＭを開始して以降、同社はハイテク産業では史上最大の合併を行った。事業ポートフォリオを転換するために一部の事業から撤退する一方で、その他の事業分野で業界トップの地位を獲得し、さらに強化した。それ以外にもカスタマーアドボカシー（カスタマージャーニー全体において顧客体験を向上し、顧客の利益を最大化すること）を改善し、株式の再上場によって企業価値も倍増させた。

　デルの事例が示すように、多くのアジャイル企業は従来型企業とは異なり、次の4点を実行している。

・「顧客の幅広い意見や反応を収集する」

事業計画は顧客からのフィードバックによって大幅に見直される。顧客への直接調査や、顧客に最も近いチームに問題点や改善策を提示させることで有益な情報を得ている。

・「何をすべきかの指針を提供するが、どのように実行するかはアジャイルチームに任せる」

デルのサプライチェーンの事例では、職務権限を持つリーダーやアジャイルチームは、コスト節減や納期遵守の改善などの目標をどのように実現するかにおいて、多くの決定権を持っている。

・「多くの取り組みが併存するのを避けるため、絞り込みと優先順位付けを行う」

アジャイル企業は毎年、あるいは四半期ごとに、主要な取り組みの優先順位を決定する。すべての対策について同時に少しずつ前進をはかるようなことはしない。前に記したように、デルでは通常、稼働中の取り組み件数は一桁台だが、それぞれの案件については目指すべき高い目標が設定されている。

・「計画の見直しを何度も行い、必要に応じて調整を行う」

ビジネスで成功するためには戦略を常に検証することが必要である。見込と実績を比較することで、戦略を新しい現実に合わせていく。そうした見直しで、デルは1年中、戦略的な取り組みを計画し、修正し、評価し、優先順位付けの見直しを行い、完了する。計画を頻繁に見直すことで、アジャイル企業は詳細な長期計画の策定のために無駄なエネルギーを費やす必要がなくなる。長期計画は事前にいかに綿密に準備したとしても、実際に実行される前には何度も変更されることが多いからだ。

アジャイルな予算編成

アジャイル企業の予算には、2つの大きな目的がある。1つは予算によって会社のオペレーションを管理すること。もう1つは予算を通じて優先順位の高いアジャイルなイノベーションへ資金を振り向けることだ。

官僚主義的な予算編成者は莫大なエネルギーを投じて正確な予算数字を作成している。彼らの予算の期間は1年強であり、その結果、一部の非生産的なプロジェクトまでも予算期間が終了まで継続してしまう。その一方で、重要なイノベーション事業は新規の資金を得るために次年度の予算編成まで待たなければならない。

アジャイル企業の予算編成者の考え方や手続きは、全く異なっている。重要なイノベーションへ投資を行う場合は、特にそうだ。彼らは、成功するイノベーションは、3分の2の確率で初期のコンセプトが開発段階で大幅に変更されるということ、そして各チームが翌年の予算編成を待たずに、ある開発プロジェクトを断念し、別のプロジェクトを新たに立ち上げることを知っている。その結果、アジャイル企業の投資はベンチャーキャピタリストと似てくることが多い。新たな発見につながるかもしれないオプションに投資するということだ。

目的は、すぐに大規模なビジネスユニットを創造することではない。どちらかといえば、最終的な問題解決のための重要な１つのカギを見つけることだ。こうした手法では、もちろん失敗が多く生じる。しかしここが重要な点だが、学習のコストは最初急激に増えたとしても、やがて減少に転じる。

アジャイル企業でも投資の決定は似たようなものであり、イノベーションのスピードや効率性が大きく改善されている。例えばターゲット・コープでは職務権限と顧客体験が連携するようにシステムを組み替えた結果、２５０人以上のプロダクトマネージャーが起業家のように自分の業績に責任を負えるようになった。優れた成績をあげたマネージャーは、さらに大きな職務と責任が与えられている。

多くのアジャイル企業は依然として年間単位で予算編成を行っているが、伝統的な予算編成が持つ弊害は大きく軽減されている。取締役は期間内であっても定期的に予算の見直しを行って、事業環境の変化やイノベーション活動の最新動向を取り込んでいる。こうした柔軟性が多くのメリットをもたらしている。

例えば、自動車保険を販売する米国の大手金融サービス会社。少し前に、いくつかのアジャイルチームに必要な予算を付与して新しいサービス機能の一部を開発させた。顧客が会社のウェブサイトやモバイルアプリを使って購入したい車を見つけることができるサービス機能だ。

会社の当初のアイデアでは、検索機能の他に何を買ったらいいかという推奨も含めることになっていた。しかしチームがそのアイデアを検証したところ、顧客は検索機能だけを評価しており、購入車の推薦は必要としていないことがわかった。その結果、開発の優先順位が変更され、開発チームの1つは別の仕事へ割り当てられることになった。従来の予算編成ではプロジェクト全体に資金が割り当てられるのが普通であり、購入車の推薦機能の開発資金の大半が無駄になるはずだった。

アジャイル企業はイノベーションの予算編成にからんで、それ以外に次の3点を実践しているのが一般的だ。

・戦略課題の優先順位を決めるが、計画外の取り組みも歓迎する

計画策定では、企業の理念を実現するのに必要な戦略や行動を明確にする必要がある。戦略遂行の上で最も重要な行動への資金供給は最優先にしなければならない。場合によっては、こうした重要な活動にほとんどすべての資金を投入する必要があるかもしれない。将来の予想外の事態に備えて多くの資金をそのまま残しておくべきだというケースもあるかもしれない。いずれにせよ、すべての企業は投資機会が残されているプロジェクト、いわばバックログの中で改めて優先順位を決め、いつでも取り掛かれるように順序立てて並べておくことが大切だ。

バックログの出所は多様だ。予算の策定プロセス、活動中のアジャイルチームから出る面白いアイデア、新規の顧客調査、競合他社分析の結果、現場従業員からの提案、予想外の買収機会など様々である。予算編成の段階では高い優先順位が与えられたが、現在はその根拠が揺らいでいるアイデアは多い。また、それらよりも予算議論から漏れた新しい取り組みの方に大きな資金を割り当てるべきかもしれない。

例えば、アマゾンプライムやアマゾン ウェブ サービスのアイデアは、通常の企画立案過程とは全く別の現場からの提案によって生まれた。両者とも最初は戦略的な優先課題とはみなされなかったが、順調な事業の拡大に伴って資金需要が高まり、戦略課題としての重要性も急速に増していった。アマゾンでは1つの失敗は他の成功のチャンスだった。ファイアフォンのプロジェクトが立ち消えになっても、アマゾンのバックログには、それをはるかに上回る投資収益率が期待できる多くの革新的な投資機会が資金提供を待ち望んでいた（第8章でアマゾンについて詳細を分析する）。

・プロジェクトそのものよりも、収益チャンスを豊富に創出できるパーシステントチームを資金提供先として優先する

アジャイルチームには2つのタイプがある。プロジェクトチームは重要な課題や収益チャンスに取り組み、それらは通常、数週間から数ヵ月の比較的短い時間で決着がつく。一方、パーシステントチームは重要な顧客満足の問題を取り扱い、解決に数年もかかってしまうことがある。ジェフ・ベゾスが好んで言うことだが、「顧客が満足していると調査に答え、ビジネスが大繁盛していても、顧客はいつも大きな不満を感じている。顧客は無意識のうちに、どこか他にもっと良いものがあるのではないかと探し続けている。顧客に喜んでもらいたいという私たちの願いから、顧客に代わってもっと良いものを見つけ出したい行動に駆り立てられる[2]」。顧客のニーズが変化し、それにつれてカスタマーソリューションも進化していく。パーシステントチームは数年の間に数十回も方針転換するのが普通だ。チームが方向転換の必要性を感じるたびに上司の了承を得るべきだとは誰も考えていない。チームが優れた顧客の問題解決法を見つけたのであれば、誰に気兼ねすることなくそれを追求すべきだ（逆に言えば、もし優れた解決策を見つけ出せず、あるいは問題自体がもはや重要でなくなれば、チームは別の問題解決のために乗り換えるか解散すべきだ）。

アジャイルなパーシステントチームが長く存続し、多くの権限を持つようになれば、イノベーターとしての能力はさらに高まっていく。メンバー同士や顧客との関係が緊密になり、顧客サービスの手続きやシステムにも精通することになるからだ。パーシステントチームの計画、予算、検証に関するさらに詳しい改善策については、ウェブサイト（bain.com/doing-agile-right）で確認することができる。

・資金提供と結果をセットで考える

アジャイル企業は年功序列よりも結果を重視する。シニアリーダーが重視する計画といえども、その他のアジャイルな取り組みと同じくらいに透明性が確保されている。取締役の意見もソフトウェアのエンジニアの場合と同じくらい徹底的に精査されなければならない。問題は、それをどのように検証するかだ。

資金調達には説明責任が伴う。資金提供を受けるすべてのアジャイル活動は、それがパーシステントチーム、プロジェクト、戦略的な必要性、計画外の収益機会のいずれであっても、顧客に対して結果で報いる責任がある。結果とは、投資を正当化する根拠になっていたものだ。これは自明のことのように聞こえるが、多くの会社の伝統的な予算制度においては、1つの投資案件の決定に数ヵ月、数年を費やしながら、その成否の検証についてほとんど何も行われていないことは驚きである。

アジャイル予算はそれとは全く異なっている。アジャイル予算では、追加の投資を実施すべきかどうかが絶えず問われる。アジャイルでの検証により効率性がさらに増す。アジャイルを実践していくと、何が最も重要な問題であるかを特定しやすくなり、その問題の解決のためのプロトタイプを巧妙に考案するスキルが上達していく。アジャイルチームは、結果を出すか、望ましい結果が出せない場合に、チームの予算を他のアジャイルチームに回す。それを受け継いだチームはさらに大きな収益拡大を目指していく。

もちろん企業によって直面する課題も変わってくる。従って、各企業は自社のニーズに合致した予算編成の手続きを作り出している。その一例が、ロイヤルバンク・オブ・スコットランド（以下、ＲＢＳ）だ。この銀行については第7章でさらに深く掘り下げる。

数年前、顧客中心主義を目指す経営改革の一環として、パーソナルバンキング部門のリーダーは特定の顧客体験を担当するパーシステントアジャイルチームを設立した。しかし残念なことに予算、資金調達、ガバナンス体制が同チームの前に障害となって立ちはだかった。例えば、同行のガバナンスでは伝統的なプロジェクトにしか資金を提供できないことになっていた。

予算を申請する際には、事業内容、費用、結果などについて大量かつ詳細な説明資料が要求された。その書類を準備するだけで多くの時間が取られ、チームは顧客行動のさらなる変化についていけなくなった。チームはプロジェクトの目標が達成されれば解散し、新しいプロジェクトが立ち上がれば再び結成される。そのために、チームは同じメンバーが長期間一緒に働くことで得られるメリットを享受することができない。最後に変革の承認手続きも厄介だった。承認が長引けばそれだけ成果を出すのが遅れる。検証や小さな変革の積み重ねによって学習することが、事実上不可能になった。

そのために、ＲＢＳのリーダーは予算編成や資金調達の手法の変革に着手した。

最初の一歩は、住宅購入などの体験に的を絞った顧客ビジネス領域（customer business areas、略してＣＢＡ）の創設だった。第二歩は、ＣＢＡ内に長期的に課題解決に取り組むジャーニーチームを複数設立することだった。それぞれのチームは、クレジットカードの代金請求に対するクレームのような特定の顧客体験に特化していた。

各ＣＢＡは、収入の伸び、コスト削減、あるいは※ネット・プロモーター・スコア®（ＮＰＳ®）（顧客ロイヤルティを測る指標）の改善などパフォーマンス指標改善の目標を持っていた。ＣＢＡオーナーは経営資源を配分してもらうために、パフォーマンス目標の実現を約束した。それぞれのジャーニーオーナーには、パフォーマンス目標の実現に向けて経営資源が配分される。このシステムによって、チームのメンバーには権限が付与され、バックログを自らマネージできるようになった。

ＣＢＡがＲＢＳのパーソナルバンク部門全体に展開された後、年間の訴訟件数は80件から6件へ減少し、従業員が費やしていた時間や労力の節約ができた。ＲＢＳはそのモデルをさらに拡大し、顧客の優先順位やビジネス機会の変化に合わせて、ＣＢＡやジャーニーチームへの経営資源を引き続き柔軟に配布できるように計画している。

ＲＢＳはまた、〝シナリオベースでの資金提供〟と呼ばれる手法を用いて、最も有望な収益チャンスをサポートすることを始めている。チームリーダーは事業ユニットのトップに対して、ビジネスプランが基本シナリオになった場合の必要資金額や、その投資によって生み出されるリターンを提示させる。それに加えて、事業ユニットのトップに対して、資金を20％多く提供した場合の追加のリターン、あるいは逆に20％少なくなった場合に減ってしまうリターンについても算定させている。

これらの算定によってＲＢＳのリーダーは、複数の事業ユニット間で資金をどのように配分すれば銀行全体としての価値を最大化できるか判断できる。事業ユニットのリーダーはユニット内の各プロジェクトのリターンを算定し、同じ手法を用いながらユニット内の資金配分を行うことができる。

アジャイルな検証

検証は、ＰＤＳＡ（計画・実行・評価・改善）サイクルの核心である。四半期、月、週ごとの検証によって、見込と実績の数値を比較する機会を増やし、計画や予算、さらには目標実現に向けた活動を変更すべき必要があるかどうかを判断することができる。しかしここでもまたアジャイル企業は特殊な手法を用いる。参加者は透明性を維持しながらも非公式な形で情報の共有を行っている。形だけのプレゼンテーションに時間や労力を浪費しないためだ。

実際に、検証の機会を活用して計画や予算をアップデートすることは多い。アジャイル企業がそうする目的は、アジャイルチームへの権限委譲を促進することであり、決して妨害することではない。検証の機会により、チームがあらゆる角度からビジネスの見直しを行えるように必要な情報を提供したいと思っている。それによってチームは様々な課題について自ら検証を行うことができる。

一方、官僚主義的な企業では、そうした検証は管理担当者やその他のマネージャーによって行われるだけだ。こうしたやり方によって過剰な上意下達の弊害を回避することができる。

例えば、財務部門は引き続き予算の管理をしたいと望むだろう。しかし、財務担当マネージャーは、アジャイルチームのオーナーに質問し続けたりはしない。ビデオゲーム製作会社、ライアットゲームズの開発管理部門トップのアーメド・シドキーは「私たちのＣＦＯは、アジャイルチーム自身が予算の説明をするように権限移譲していた」と語っている。

「ＣＦＯは『私が会社の財務をマネージしているのではありません。それを担っているのは、チームのリーダーである皆さんです。私は皆さんに助言するためにこの場にいるだけです』と言うだろう。通常の組織体系上では、それぞれのアジャイルチームに配属された財務部門の担当者がいる。しかし彼らはチームが何をするか、何をしてはいけないかを命じることはない。彼らは専門的な確認が必要となる質問を受けたり、知識をアドバイスしたりするだけの財務に関するコーチのようなものだ。ライアットゲームズのプレイヤーにとって何がベストであるかという基準に従って、最終的に意思決定を行うのはチームリーダーである[3]」

もちろんライアットゲームズはデジタルネイティブな企業であり、すでに多くのアジャイルの経験を持っていた。しかしＲＢＳのパーソナルバンク部門ですら、同じ目標を追求し、アジャイルチームへの権限委譲をうまく行うために、四半期ごとの予算の検証手法を改良した。

従来はプロジェクトの支出や予算対比で進捗度を検証していたが、その代わりに顧客のビジネス領域での最新事情や、数値目標を含むジャーニーチームのパフォーマンスに関する検証・議論が行われている。チームのオーナーは達成した成果や積み残しの課題について報告を行う。課題となっている未達事項については、未達成の理由を議論し、改善のために必要な経営資源を追加で要求する。

こうした改善により、オーナーやチームの関与の度合いや満足感は大きく高まった。ビジネスの変革を目指すイノベーションチームのパフォーマンス目標は、日常的な業務に携わるオペレーションチームの目標とは大きくかけ離れている。

しかしRBSでは、それぞれの顧客ジャーニーに割り当てられた2種類のチームに対して同じ目標とコミットメントを設定することを目指している。またジャーニーチームのアジリティをさらに高めるためにガバナンスの変革も行っている。顧客サービスの変更に関わる承認手続きの簡素化や所要時間の短縮、資金使途の報告方法に関する合理化といった変革も行っている。

別に驚くことではないが、デルは検証を通じて計画の頻繁な見直しを行っている。執行役員で構成されるリーダーシップチームの会議が毎月開かれ、現在進行中の戦略的な取り組みについて最新のトライアル結果に基づいて検証している。

そこではチームのオーナーは、約束した目標についての説明責任を果たさなければならない。伝統的な官僚主義に共通の問題点、つまりプロジェクトは何年も続いているが、それについて発表するものは何もないという弊害は、こうした検証手続きのもとでは発生しない。

デルではアジャイル検証によって、年間の事業計画や予算管理に必要な情報を得ている。財務チームや事業部門のリーダーは、毎年第4半期に翌年の事業計画や予算編成を行い、それらを当該年度中に2回見直す。

事業計画や予算編成には事業領域ごとの収入とコストの目標数値が含まれる。それらの数値には稼働中のすべての施策の効果が反映されている。そうしたプロセスによってイノベーションチームとオペレーションチームの共同作業や目標の共有化が推し進められ、両者の調和が実現する。このようにしてデルでは検証によって、伝統的な官僚主義に伴うもう１つ別の問題点、つまり環境変化に応じて年間予算を見直す難しさを回避しているのである。

計画、予算、検証サイクルの周期は、組織の考え方、特に、経営の安定性を確保することと、そこに改革をどう入れ込むかというバランスの取り方によって決まる。そのサイクルがあまりにも長ければ、経営は停滞し、経営資源は誤った使われ方をされてしまう。

サイクルが短すぎれば、無駄な仕事が増え、業務にも支障が出てくる。アジャイル企業の大半は少なくとも数ヵ月の周期で、多い場合は毎月ごとに企業全体や事業部門の計画や予算の見直しをすることが適度なバランスであると考えている。

計画、予算、検証について伝統的な手法からアジャイル方式へ転換する場合、管理志向が強い経営者は最初、危うさを感じることだろう。計画、予算、検証は企業の資金管理の根幹であり、ＣＥＯ、ＣＦＯ、取締役会の重要な責務である。計画、予算、検証によって、計画作業や経営資源の配分に対するそれまでの問題点が浮き彫りになる。

アジャイルチームの責任や権限が拡大するにつれて、すべての職責レベルで権限のシフトが明確になる。大企業がある日突然、全社でこうした変革をいっせいに断行することには、大きなリスクが伴う。しかし、アジャイルの原則をうまく活用すれば、そのリスクを大幅に減らすことができる。そのような変革に成功した企業は、現状の問題点をきちんと把握し、新しい手法ではどのようにして課題を克服できるのかを示すことができる。

ＣＦＯやその他のシニアリーダーは、そうした他社の成功事例を参考にできる。彼らは計画、予算、検証の新しいモデルを試して、それが有益であることを証明し、そのモデルを適用する事業ユニットや地域を段階的に広めていくという手法も採る。

彼らがどのような方法でアジャイルな計画、予算、検証を実践するにしても、アジャイル企業を目指す企業にとってこれは避けて通れないプロセスなのである。

※注：ネット・プロモーター・スコア®（ＮＰＳ®）は、ベイン・アンド・カンパニー、フレッド・ライクヘルド、サトメトリックス・システムズの登録商標またはサービスマークです。

5つの重要ポイント

❶ 通説とは異なり、計画はアジャイル企業にとって不可欠の要素である。計画、予算、検証は、適宜、定期的なサイクルで、一緒に進めなければならない。

❷ アジャイルな計画のベストプラクティスには、次のような項目が含まれる。ボトムアップ情報を広範に収集し、計画は必要に応じてできるだけ多く、そしてできるだけ速やかに行うこと。取り組みの優先順位付けと作業手順の取り決めによって仕掛中の仕事や1人当た

りの兼務の数を最小化すること、新しい情報に応じて計画を見直すことなど。

❸アジャイルな予算編成のベストプラクティスには、次のような項目が含まれる。戦略的な課題を優先順位付けすること、計画外でも魅力的な新事業であればそれを受け入れること、持続的な収益機会創出に取り組むアジャイルチームへ経営資源を配分すること、そして結果に基づいて柔軟に予算を調整するベンチャーキャピタル手法を採用することなど。

❹アジャイルな検証のベストプラクティスには、透明性のあるインフォーマルな会議を定期的に開いて、計画と実際のパフォーマンスを比較した上で、計画や予算、それらの達成手段を変更する必要があるかどうかを決めることが挙げられる。

❺計画、予算、検証の手法を変えることに、管理志向の強い経営者は危うさを感じるかもしれないが、アジャイル企業になるための最も簡便なステップの1つだ。変革をうまく実現するには、アジャイルのアプローチを活用すればいい。例えば、パイロット運用によって新しい手法の正しさを証明し、それを段階的に広めていく、などである。

第6章
アジャイルな組織、構造、人材管理

アジャイル企業へ脱皮を遂げるには、多くの場合においてオペレーティング・モデルとそれに関連する領域での変革が必要となる。役割や責任が見直され、意思決定権限も再検討する必要がある。中核となる経営の運営方法を新たに定義する必要があり、同時に人材マネジメント、仕事のやり方も見直されなければならない。

組織構造も再構成が必要となることが多い。もしリーダーが一度にすべてを変えてしまうのでなければ（それが最善の選択であることは滅多にないが）——前述の様々な変化をアジャイルの原則に則って、優先順位付けして試行・検証するやり方を見つけ出さなければならない。それはかなり難度の高い仕事だ。官僚主義的な手法に慣れている人々は——言い換えれば、大半のリーダーは——安直なやり方に流れることが多い。

最もよく見られる誘惑は、組織を変更してそれで終わりにしまうことだ。これはとても簡単に思われがちだ。部署名の入ったボックスとそれらを結びつける指揮命令の線をいじれば、組織図は簡単に書き換えることができる。

組織を変更すれば人員とコストを節約できる。組織改革によって重要なポストに変革に協力的だと思われる人間を配置することができる。読者の中には次のように思う人もいるかもしれない。もし自分が新しいポストに就けば、周囲の仕事のやり方についてあれこれ注文をつけるだろう。個々の仕事のやり方が変われば、当然、その成果や結果にも変化が現れる。これでアジャイル企業が1つ完成する、と。

もう1つの安直な施策は「ものまね」だ。本書の前半で私たちは、他社の模倣をすることの危険性を指摘した。他企業の組織図は簡単に入手できて、お手本として使うことができそうに見える。こうしたことから組織改革とものまね問題とは切り離すことができない。

そこでスウェーデンが拠点の音楽ストリーミング会社、スポティファイの組織図に目を向けてみよう。同社はアジャイル組織のお手本としておそらく最も頻繁に模倣されている企業だと言える（図表6－1）。

組織図を詳しく見れば見るほど、その内容に驚く読者もいるかもしれない。スポティファイの組織図はおそらく皆さんの会社と極めて類似しており、実際に伝統的な企業と何ら変わるところがないからだ。さらに掘り下げていけば、スクワッド、トライブ、チャプター、ギルドといった用語が多く存在していることにも気づくだろう。これらはすべて比較的耳慣れない用語ばかりだが、こうしたアジャイルチームやそれらの集合体は、スポティファイのＲ＆Ｄ機能の中にしっかり埋め込まれている。

一方で、それ以外の人々、つまり業務機能、サポート管理機能に携わる人々については、従来型組織のままだ。Ｒ＆Ｄに携わる従業員は、このデジタルネイティブ企業全体の約半数に達している。他の企業では、アジャイルなイノベーションに携わる従業員の比率はおそらく10～15％にすぎない。

私たちがこうした事実を述べたのは、次の3点を強調するためだ。

・企業のオペレーティング・モデルを単なる組織の箱の配置と混同してはならない。オペレーテ

図表6-1　スポティファイの組織図

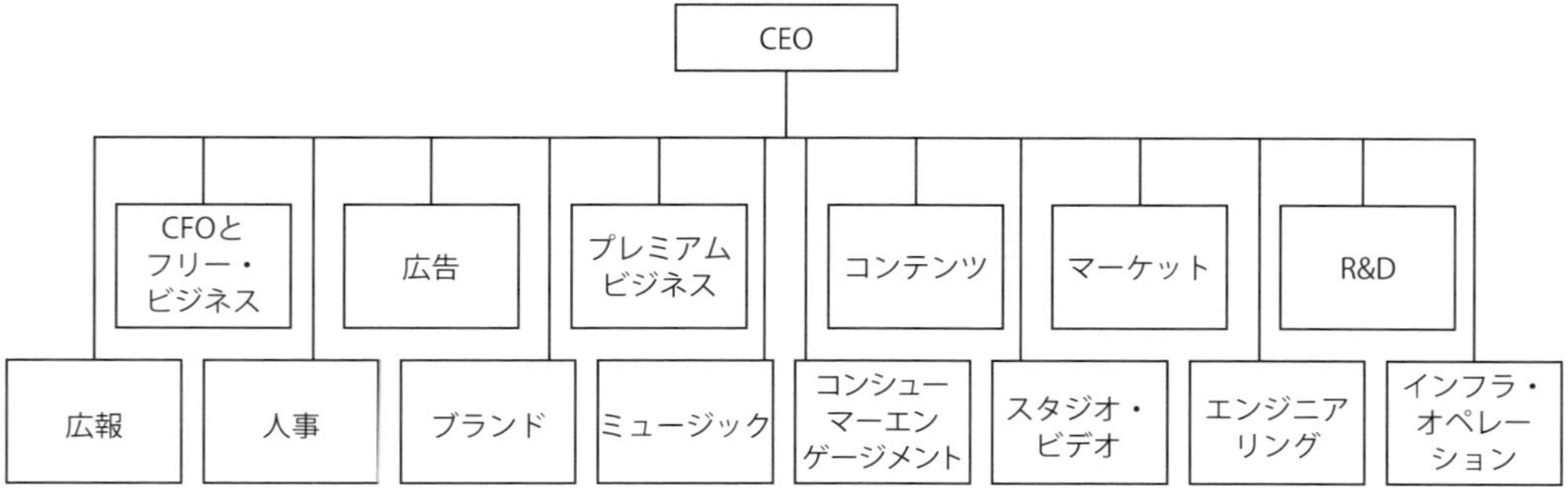

出所）"Spotify," The Official Board, https://www.theofficialboard.com/org-chart/spotify (accessed January 22, 2020).

ィング・モデルには、組織構造以外に、説明責任、意思決定権限、マネジメントシステム、リーダーの行動、企業文化、協働作業の方法論なども含まれる。組織構造を変えても、自動的に他のすべての要素が変わるわけではない。

・オペレーティング・モデルの変革プロセスは、変革そのものと同じくらい重要である。人々は新しいモデルを作る——そして、それに習熟する——のに時間がかかる。さらに言えば、企業は複雑な組織体である。どのような変化であっても、組織に与える影響を正確に予測することはできない。検証、学習、そして段階を踏んだ拡大が重要になる。

・オペレーティング・モデルは、どこか別の会社を闇雲に模倣するのではなく、それぞれの戦略や状況に合わせてカスタマイズする必要がある。アジャイル企業の組織構造の一部だけを取り上げて、それを全く別の企業に導入しようとするのは危険である。

幸いにも、企業変革のためのより優れた包括的方法が存在する。なぜ構造改革から着手しないのか、なぜ組織の原動力となる人材戦略の再構築が重要なのか、なぜそれが変革のテコとして十分に評価されていないことが多いのか。本章では、こうした疑問に対する私たちの推奨する方法について議論したい。前の章で紹介したボッシュなどの経験に照らしながら、疑問の謎解きをすることとしよう。

将来のオペレーティング・モデルを構想する

多くの人事担当役員は、アルフレッド・D・チャンドラー・ジュニアの有名な言葉を暗唱することができる。

「組織が戦略に従わなければ、非効率が生じる[1]」

しかし戦略に従うのは組織だけではない。オペレーティング・モデルも――組織構造、リーダーシップ、計画・予算・検証、そしてプロセスとテクノロジーさえも――、戦略に合わせて見直し、さらには全体の統合と調和を図ることで、企業価値を各業務部門が提供する価値の単純な合計よりもさらに大きく高めなければならない。

経営戦略によって、事業活動の主軸をどこにおくか、どのようにしてビジネスを成功に導くか、どのようなビジネスユニットが必要になるか、それらのユニットをどのように運営するか、などが決まってくる。例えば、経営戦略が最も成功する可能性が高いのは、中央集権化された部門、分権化されたビジネスユニット、規模と自律性の両方のメリットを取り入れたマトリックス型組織のいずれだろうか。

いったんこうした決断を下した後には、さらに2つの重要な問題が待ち受けている。1つは、どのくらいの数のビジネスユニットを持つべきか。そしてもう1つは、それらをどのように定義すべきか。後者について言えば、その狙いは、ビジネスユニットのリーダーが自らの権限で速やかに困難な決定を行い、他のパフォーマンスユニットに支障をきたさないようにするためである。ビジネスユニットを正しく定義できれば、多くの権限を持ったリーダーが自分の裁量で成果を生み出せるようになる。ビジネスユニットの定義が不適切であれば、社内で業務の重複や混乱が生じる。

ビジネスユニットを定義するために、経営者がしばしば利用するのがショートカットと数学的なクラスター解析である。まずオペレーティング・ユニットで分担すべきコストの総量を計算する。各ユニットが分担できるコストの量を決める。次に、現行の顧客購買パターンの重複を計測する。もし重複が多ければ、オペレーションを単一のユニットに統合する。もし少なければ、分離したままとする。こうした解析によって、現在の市場環境の下でビジネスユニットの定義が適正かどうかを判断できる。

しかし仕事はそれで終わりではない。顧客ニーズに遡る作業が残っている。ビジネスユニットの目的は、製品を単に量産することではなく、顧客ニーズを満たして利益をあげることだ。紙の百科事典とウィキペディアはコスト構造や製作方法は全く異なっていても、ビジネスとしては全く同じである。白熱電球とＬＥＤ（発光ダイオード）についても同じことが言える。事業の定義や事業基盤の選択によって現在、顧客ニーズの取り込みで優位に立っているとしても、その成功ゆえに将来の顧客ニーズへの適応能力が阻害されることがあってはならない。

ビジネスの定義を間違えることが、企業が倒産する大きな原因である。リアルな小売業はアマゾンによって経営破綻に追い込まれている。フィルム写真などの銀塩写真はデジタルカメラによって絶滅の危機に瀕している。タイプライターはワードプロセッサによって世の中から一掃された。ビデオレンタル会社はビデオストリーミング会社によって倒産に追い込まれた。

これらはすべて企業が自分たちの事業領域を、なぜ顧客が製品を購入するかではなく、どのような製品なら自分たちは作れるか、という基準で決めているからである。そのために、突然、新しいライバルがどこからともなく現れてきて戸惑うのだ。

現在の製品群の間では、コストシナジーは存在しない。イノベーションには全く新しい設備が必要だ。こうした新しい製品を購入する顧客の一部は、現在の顧客層ではないかもしれない。そうした混沌とした時代に、ビジネスを継続しつつ、かつ変革も行っていくためには、ビジネスを再定義して、顧客ニーズの変化に継続的に適応していくことにもっと積極的にならなければならない。

アジャイルチームによってそうした適応が可能になる。ビジネスの定義を適切に行うことができれば、アジャイルチームをどこに配置し、どのように活用すればいいかが明らかになるはずだ。アジャイルチームを正しいビジネスユニットに設置することで、イノベーションが迅速かつ効果的に進み、各方面へ拡大されていく可能性が高まる。パフォーマンスを高めるためには、アジャイルチームがビジネスを細分化しすぎて、信頼性や説明責任が損なわれないようにすることも重要だ。アジャイルチームに顧客志向のミッションを与えれば、顧客ニーズの変化と歩調を合わせて――あるいは先取りして――ビジネスの変革を行うリーダーの助けになってくれるはずだ。

図表6-2　アジャイル企業の組織構造はどのようなものか？

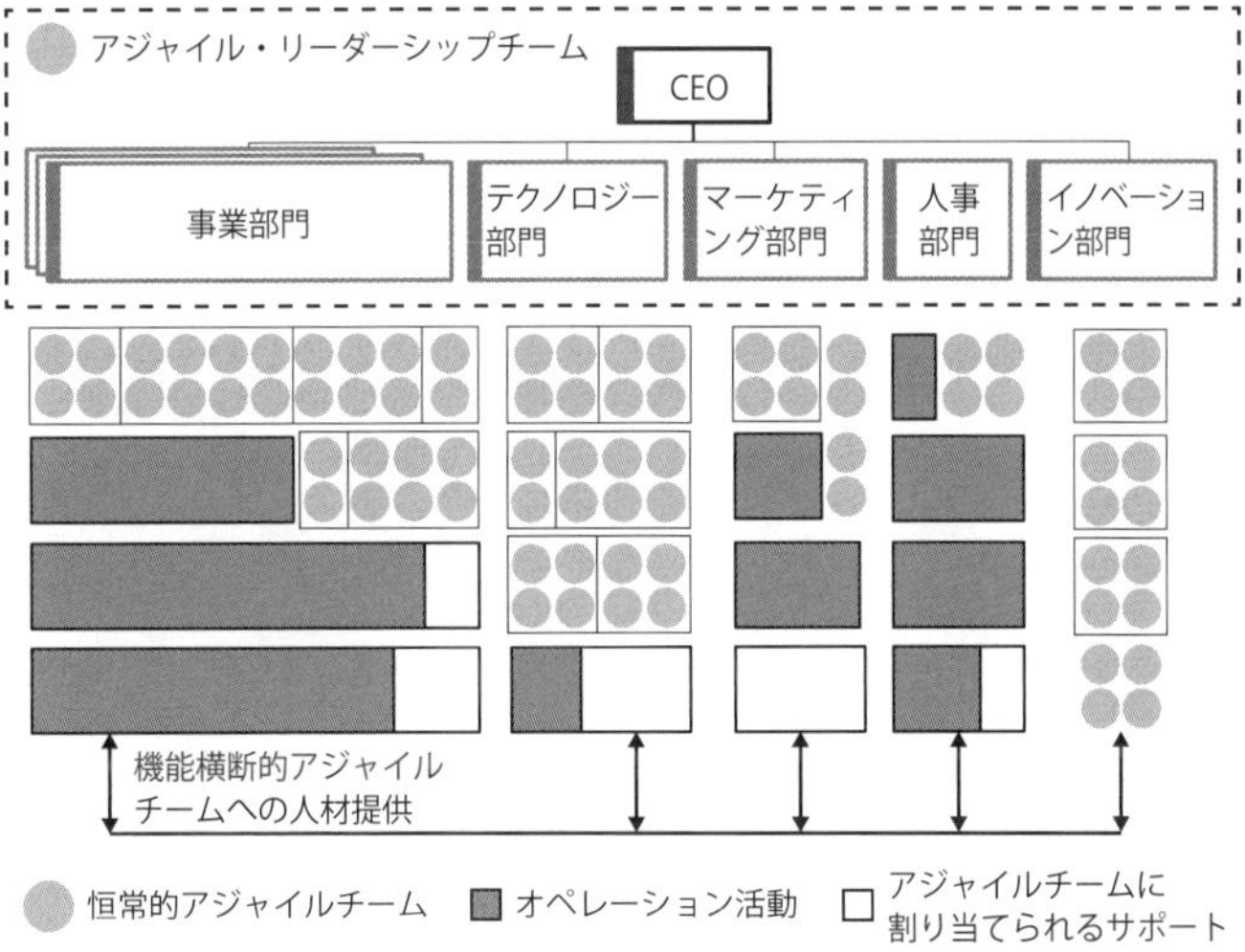

経営者がこれらを正しく行えば、図表6-2のような組織構造を作ることができる。アジャイルなイノベーションチームは企業全体に広がっていくことだろう。既存のビジネスユニット以外の領域や、複数のビジネスユニットに影響を及ぼすような大変革をもたらすイノベーションを別にすれば、アジャイルチームはイノベーションを取り込み普及させて行く必要のあるオペレーションメンバーのできるだけ近くに配置すべきだ。

こうした提案は、多くの規模拡大モデルと矛盾する。規模拡大モデルでは、チームをオペレーションから引き離すことを好むからだ。しかし、ビジネスオーナーがアジャイルチームをできるだけ自分の手元に置いておきたいと考えるのには、正当な理由がある。

第一に、優れたリーダーは変革志向が強い。変革の責任がビジネスユニットから引き離されれば、リーダーのビジョン、創造性、インスピレーションも同時に失われてしまう。そのような人材はもはや未来のビジネスを切り拓くリーダーにはなりえない。企業が一流のリーダーを望むのであれば、リーダーに権限を委譲し、組織を率いる責任を与える必要がある。

第二に、一般的に言って、創造的なアイデアを生み出す作業はイノベーションの成功にとって最も困難な部分ではない。最も苦労するのは、イノベーションの拡大である。プロトタイプの作成は比較的簡単であり、難しいのはそのプロトタイプを組織全体に広めて、収益を上げていくことである。ラインマネージャーが革新的な発明を採用してくれなければ、それらはイノベーションラボの最も心地よい場所でずっと待機を迫られることだろう。

企業の組織は簡単に図式化できるが、重要な点は企業全体のオペレーティング・モデルがわかるようにすることだ。意思決定権限はどのように機能するのか。採用、研修、業績評価、報酬、昇進、キャリアパス設計などは誰が担当するのか。機能の中で、どれをシェアードサービスとし、どれを個別のオペレーションとして存続させるか。そのコスト配分はどのように決定するのか。ビジネスユニットは外部から自社向けのシェアードサービスを購入できるのか。社内のシェアードサービスは外部に販売することができるのか。

いつの時代にも完璧な組織といったものは存在しない。幸いなことに、組織は完璧である必要はない。経営者はオペレーティング・モデルの全要素を賢く組み合わせることで、どの要素も企業成長の妨げにならないようにすることができる。組織改革は必要ないかもしれない――むしろ、組織改革は先送りして、決定権限、リーダーシップ、働き方の改革に集中すべきかもしれない。アジャイルチームを編成すれば、従業員の指揮系統を変える必要はないかもしれない。アジャイルチームのメンバーは各自の出身部署への報告義務を負っているが、チームのマネージャーは日々の業務の監督者というよりも、どちらかといえば長期的な視点を持った専門の育成コーチだ。日常業務はチームで自立的に計画され執行されていくからだ。

どのような方法で――そして、どのくらいのスピードで――達成するか

アジャイル変革に乗り出した企業は、それ以外の変革を追求する企業に比べて、特別な優位性を持つ。アジャイルというツールをいつでも自由に使うことができるからだ。アジャイル企業は当然のことながら自問しなければならない。どこまでの変革を目指すのか、そのスピードはどうするか、どこから変革に着手するか、変革の順序はどのように決めるのか、等々だ。

リーダーがアジャイルの原則に精通していれば（そして私たちはこの段階では、そうであると期待しているが）、適切な優先順位の決め方は検証、学習、そして拡大であることがわかっているはずだ。彼らはまた、組織を巻き込んで変革の青写真を共同で描き、それをオープンな形ですべての関係部署の人々と一緒になって検証を行わなければならないことを理解している。

変革の各段階においては、当初の計画の中で、どのグループがどのような仕事を受け持ち、主

要な決定に誰が責任を持つのかを、はっきりさせておく必要がある。アジャイルが最も効果を発揮するのは、意思決定の権限ができるだけ組織の下層部にまで委譲されている場合である。ただしそれには条件があって、適切な指針によって現場の人間がどのような場合に上司の判断を仰いだらいいか判断できることがセットになっていなければならない。

企業はまた、オペレーティング・モデルにおける変革の全体像をしっかり把握しておく必要がある。つまり、組織の構造だけでなく、責任の所在や意思決定権限、経営システム、リーダーシップなどの変更についても、だ。

企業は状況を見ながら変革のスピードを速めたり遅らせたりすることができる。変革についていけないチームが出ないように慎重なスピードで変革を進める企業は、全力疾走の企業よりも大きな成果をあげることがよくある。後者のグループは一般的に何の恩恵も得られないまま内部分裂を起こしてしまい、その結果、将来の計画についても信頼されなくなる。

ボッシュ・パワー・ツールズは、こうした教えを忠実に実践した模範例だ。同社はアジャイル企業になるために、数年がかりの周到な準備を行った。最初に住宅庭園ビジネスユニットでパイロットチームを設けた。そのパイロットチームでの経験を約6ヵ月間かけて学んだ後で、リーダーは徐々にチームの数を拡大し、最終的に全ビジネスユニットでチームを設置した。

そして、その後2年かけて、住宅庭園ビジネスユニット以外の5つのユニットでも変革に乗り出した。本書の執筆時点では、財務、人事（ＨＲ）、物流のようなサポート機能をいかに改革するかという問題に取り組んでいる。

同社は変革を開始するにあたり、戦略、組織、リーダーシップ、プロセスとメソッド、カルチャーという5つの柱を設けた。各ビジネスユニットが変革に着手するときは、あらゆる階層や部署のボランティアがプロジェクトチームの臨時スタッフとなって新たな組織作りに参加した。チームの議論は完全なガラス張りで行われ、その結果は現場へフィードバックされ、それに合わせて修正する手順を繰り返した。

あるビジネスユニットでは、組織変革の担当チームが、組織の規律別に色付けされたレゴブロックを使って様々なシミュレーションを行った。こうした実践訓練によって、チームメンバーは異なる状況下で人々をどのように配置すべきかを議論しテストした。実際にプロトタイプを作ることは、紙の上に想像図を描くよりも、はるかに説得力があり、やる気を起こさせる。

時間をかけて、ボッシュ・パワー・ツールズのリーダーは経験から学び、自分たちのやり方を修正した。例えば3番目のビジネスユニットの変革に乗り出すとき、リーダーたちは最初の2ヵ月を「なぜ変革が必要なのか」という議論に費やして変革の理由を理解しようとした。変革期間の最初の1年は組織構造に集中したが、1年後に得た結論は共同作業とカルチャーにもっと重点を置くべきだということだった。

働き方の改革は組織の改革よりも重要であり、組織改革だけの場合よりも大きな変化を生み出す。リーダーたちは自分たちの行動変容を促すことにも大きく注目し、全社に〝リーダーシップの日〟を新しく設けた。さらにリーダーたちは学習することに大幅な投資を行った。ポジションに応じて、一部のリーダーはリーダーシップ専門学校に、別のリーダーは実務専門の学校に通った。従業員はそうしたリーダーから的確な指導やコーチングを受けた。

従業員たちが学んだのは、アジャイルの基礎、デザイン思考、マインドフルネスだった。早い段階からアジャイルのコーチを現場に配置しておくことは、それぞれのビジネスユニットが新しい手法を理解し、生産性を改善する上で大きな助けになった。

ボッシュ・パワー・ツールズは組織の大変革を行い、会社のリーダーはそれがアジャイル変革の主要な原動力になると考えた。新しい組織では機能別の縦割り組織が解体され、小さなP&Lユニットが創設された。階層構造は従来の5段階から3段階へ圧縮された。しかし導入する際には細心の注意を払った。最初は一部の部署で試験的な導入を行い、その後3年かけて全社へと広げていった。

繰り返しになるが、組織改革は変革への1つのアプローチにすぎなかった。実際にもっと大きなインパクトがあったのは働き方改革だった。同社では長い時間をかけて製造現場も含めて55のビジネスチームを創設した。各チームは包括的な責任と意思決定権限を持っていた。こうした変革は第4章で議論したアジャイルなリーダーシップと相まって、意思決定の速度を速めた。チームは各ビジネスユニットの最前線に配置されているために、問題が起きたときの対応が早くなった。かつてはそうした意思決定は製造の現場から縦割り組織の上層部へと稟議があげられ、必要があれば他の関連組織にも諮られて了承を得る段取りだったが、それが今や現場で決裁ができるようになった。

「私たちは一丸となって1つの目的に突き進めるようになった」。こう語るのは、小型ドリル・

チゼル部門のビジネスオーナー、ダニエラ・クレーマーだ。「例えば、私たちは中国に生産拠点を持っている。工場の人間がスイッチング素子などの納入部品について問題を発見し、生産を中止したとしよう。その同じ日に、私たちは対策を講じ、セールスやマーケティングのチームは顧客に連絡をとる。これ以上の迅速な対応はない。私たちは全員が一体となって問題の解決に取り組んでいるのです(2)」

人材の養成

「もっと早い段階から優秀な人材に恵まれていたらどんなによかったことか」

私たちはアジャイル変革に乗り出した経営者からこうした嘆きを何度も耳にした。逆に言えば、スタート時点から人事リーダーに人材開発の主導権をとらせていれば、変革のスピードが見違えるほどに早まっていたことだろう。

なぜそうなのか。どの会社でも企業戦略をみればその人材戦略がわかる。戦略やオペレーションの目的によって、会社はどのような人材を必要とし、そこで働く人々は会社に何をどこまで期待できるかが決まる。ところが奇妙なことに、こうした観点から人材計画を行っている企業はそれほど多くない。企業は戦略における人材の意味を正しく理解していないのかもしれない。つまり、自分たちがどのような人材をどのくらい必要としているか、どの分野で活躍してもらうか、ビジネスパートナーを通じてそうした人材と接触を図るべきかどうかなどについて、しっかり把握できていないのかもしれない。

アジャイル変革の成功はこうした人材プラン抜きにありえない。アジャイルはその定義からして、新しい技能と新しい人材を必要としている。ほとんどすべての企業の人事リーダーは、社内の基幹技術部門において人材のミスマッチが生じていることにすぐに気づくだろう。プロジェクトに経営資源を配分するとき、特に高度の専門性が必要な分野で人材不足を痛感することだろう。

従来であれば、少数の専門家に十以上のプロジェクトを掛け持ちさせることができたかもしれない。しかしアジャイル環境の下ではそうした選択肢はありえない。ある企業では、特定の専門機能については自前で人材を抱えるべきだと考える可能性がある。専門スキルを有する人材を抱えるコストが、それを抱えないことで生じるコストを下回るときは、特にそうだ。

しかし良いニュースがある。アジャイル自体が問題の解決に役立つことだ。例えばＨＲマネージャーは、業務の一部でボトルネックが生じている技能について人材育成計画のプロトタイプを作ることができる。その経験から学ぶことによって、その人材育成策を全社的に拡大していくことができる。

ある状況下では、外部で人材を見つけるよりも、社内の人間を訓練して新しい技能を身につけさせたほうが安上がりでしかも簡単だということに、人事担当者は気がつくかもしれない。人の採用や解雇には、退職費用、採用費用、入社インセンティブなどのコストがかかる。実際のところ多くの場合、アジャイルプロジェクトで働く人々の大半は社内の人間だ。それは良いことであり、決して悪いことではない。

結局、企業に必要なのは、顧客と接した経験があり、顧客が何を重視するかを知っている人々だ。自社のオペレーションや手順、システムがどのように機能するかを理解している人々だ。アジャイルの訓練を受けた人々は特に特殊な能力が備わっているわけではない。企業組織の中でアジャイルがどのように機能するかを知っているだけだ。

いずれにしても、こうした人々の多くはアジャイルの手法を直接活用することはない。オペレーションチームが理解しておくべきことは、アジャイルへの移行が自分たちに何を意味しているかということだ。皆はアジャイルチームに組み込まれて、検証やアジャイルの拡大方法といった新しいスキルを学ばなければならなくなるかもしれない。しかし多くの人はアジャイルチームにただちに参加することはないだろう。したがって唯一求められるのは、アジャイルの方法論ではなくその価値観を身につけることだ。

人事制度

人事戦略を見ればその会社の人事制度、つまり従業員の採用、研修、配置、管理、報酬などの仕組みがわかる。こうした制度のいくつかは、アジャイル変革によって刷新を迫られることだろう。シニアリーダーや人事部門のスタッフは、人事部門自身を含め各部門がどのように変化すべきかをしっかり見極めなければならない。次の例を見れば、何を言いたいかが少しはわかっていただけるだろう。

ウォルマートには１００万人以上の従業員がいる。同社の最高人材活用責任者（Chief People Officer）（米国担当）のジュリー・マーフィーは多くの従業員を抱え、従業員の職場体験を改善する責任を負っている。そのために、マーフィーは従業員をいくつかのセグメントに分けて調査し、すべてのキャリアパスとその過程で体験する主要なエピソードについて理解しようとした。マーフィーとそのチームは様々なエピソードの重要性、発生頻度、改善の可能性などに基づいて取り組むべき課題の優先順位を明確にした。

２０１８年の初めにマーフィーはイノベーションのピッチを速めるために、この優先順位に基づいて５つのアジャイルチームを発足させた。各チームは、採用、研修、昇進、パフォーマンス管理、各プロセスの簡素化をそれぞれ担当した。アジャイルチームへの移行によって仕事の透明性が増した。グループの権限が高まり優先順位を決定できるようになった。実際に変革のペースは劇的に高まった。

例えば、あるチームは最前線の従業員の採用に集中的に取り組んだ。この仕事に取り組んだ人々は――人事やテクノロジーの専門性を持つ非常に献身的なメンバーなどを含む――、１つのツールを開発して候補者の選考方法を改善し、採用手続きの偏りを大きく是正した。その結果、全員の業務負担が軽減されることになった。

採用ツールの初期バージョンでは、現場の人事担当者に候補者を優先順位を付けたリストが手渡された。候補者の優先リストは、20以上のデータの集計・分析に基づく秘密のアルゴリズムによって作成されたものだ。チームメンバーは初期バージョンを１つの店舗で実験し、ストアマネージャーや現場のＨＲ担当者から結果をフィードバックしてもらった。そして新たな修正バージョンを作成して別の店舗で実験することで、さらなる検証と学習を行った。

２０１９年の中頃になると、「ハイアリング・ヘルパー」と命名された新しい採用ツールを導入し、従来の選抜法に比べ定着率が20％も改善した。さらに最初の2回のバージョンで採用された従業員を見ると、自然減は５％、長期欠勤は15～30％も減少していた。本書の執筆時点でも、チームは検証、学習、規模拡大を継続して行なっている。

もちろん、ウォルマートは１つの事例にすぎない。他の会社がＨＲで必要となるアジャイルチームの数は、企業全体のアジャイル変革を支援するために必要なＨＲ改革の程度や対象範囲に応じて変化する。ＨＲの簡単な制度や実施方法の変更であれば単純明快だ。しかし変革の対象が大がかりなプロセスやテクノロジーの場合は、アジャイルチームを編成したほうがうまくいく。以下では、大規模な変革の指針のいくつかを議論する。

管理能力だけでなくリーダーシップを育成する

リーダーシップには、単にグループの運営に責任を持ち、期待された成果をあげること以上の意味が込められている。特にアジャイルのリーダーは、アジャイル環境の整備にどれだけ貢献したかで評価される必要がある。

例えばボッシュ・パワー・ツールズのある部門では、経営幹部は50人以上からなるグループに対して、リーダーシップの要件——昇進の判断で使われるような技能と特性——を明確にするよう要請した。そのグループでは、観察、共感、思いやり、自律、適応という5つの基準が定義された。要は、大きな成果をあげるだけではリーダーとしてパーフェクトではないということだ。

リーダーたちは〝正しい姿〟のリーダーにならなければならない。同社はまたリーダーの選び方を、上司の推薦から、マネージャー本人が立候補して委員会がそれを判断する方式へと改めた。この新しい方式によって、マネージャーの異動のテンポが速まり、ボスが特定のマネージャーをえこひいきする弊害も回避できるようになった。

アジャイル企業はまたキャリアパスへのコーチングも重視している。トップに上ることだけが唯一のキャリアパスではない。アジャイル企業の従業員は学習することで、大きなチャンスを掴み、昇進しなくても自分自身の価値を高めることができる。

多くの企業ではキャリア開発を個人の視点でとらえ、コーチングの支援も提供している。これらの企業ではまたリーダーがコーチングスキルを高めるための支援も行っている。ボッシュでは、コーチングはアジャイル変革のための学習プログラムのメインテーマであり、アジャイルチームに対してだけでなくオペレーション全体に広げていった。中国の工場のマネージャーはこの学習プログラムに強く触発され、個人的な時間を使って勉強しコーチの資格を取得した。

ミッションに心を動かされた新しい人材を投入する

アジャイル企業では、能力獲得の手段が昇進やエリートコースを歩むことから、与えられたミッションで成果を出すことにシフトする。デジタル決済企業のストライプはミッションを次のように定めている。同社のミッションとは、入社志望者が「グローバルエコノミーをすべての人に届けるかつてない機会に携わるとともに、自分のキャリア形成にとって最も重要な仕事をすることだ」と[3]。

ストライプでは肩書がほとんどない。同社は志望者に対して次のように警告する。「数年経っても、あなたのリンクトインの履歴書は、別の会社に入社した友人のものほど立派に見えないかもしれない」と[4]。

その結果、企業のカルチャーやアジャイルに魅力を感じる人たちが入社してくる。人々を惹きつけるのは、企業文化的な恩恵だけではない。私たちの同僚のマイケル・マンキンズとエリック・ガートンの著書、『TIME TALENT ENERGY―組織の生産性を最大化するマネジメント』に書かれている研究結果によると、精神的な刺激を受けた従業員ほど生産性が高まる[5]。

人々は、会社のミッションや直属の上司、あるいは有意義なアジャイルチームへの参加によって刺激を受ける。

パフォーマンスマネジメントの照準を改善に合わせる

アジャイルチームは自ら明確な目標を設定する。チームが目標を達成しようとする場合には、何がうまくいき、何がうまくいかないのかを理解しようとする。将来の成果を改善するためにも、フィードバックによってこの学習をさらに促進すべきだ。

報酬がらみのフィードバックはできるだけ避けるべきだ。パフォーマンスマネジメントが報酬問題にあまりに偏りすぎると、議論の性格が変わってしまう。もしフィードバックが誰かの報酬を変化させることになれば、上司は部下に対して自由なフィードバックが行えなくなるかもしれない。

ボッシュ・パワー・ツールズでは多くの企業と同じように、年１回の業績評価で、従業員に対してフィードバックを行ってきた。しかしアジャイル企業へと変身を遂げるにつれて、様々な手法を開発して、各チームに定期的なフィードバックを行うようになった。

同社のＣＥＯのヘンク・ベッカーは「そうしたフィードバックで現場の行動や態度に柔軟性が増した」と語っている[6]。

柔軟な人の配置と魅力的なキャリアパスを実現する

アジャイル企業は、仕事の構造——肩書、地位、給与等級など——をシンプルにする。アジャイルチームに移行する可能性の高い領域においては特にそうだ。企業によってはアジャイル専門家用のキャリアパスを用意する必要があるかもしれない。チームは自分たちが求める人材を簡潔に説明でき、その選抜に直接参加する必要があるだろう。

「かつては、人事が関与し、上司も関与した」

ベッカーはこう語る。

「現在では、チームの人材確保に様々な職能や階層の人間が関与する。チームは能力や人間性の点で、どのような上司が必要か決定にも関与すべきだ[7]」

従業員は組織の出世の階段を登らなくても成長できるようにしなければならない。従業員の肩書きは企業全体で意味を持つべきだ。ベッカーによれば、ボッシュ・パワー・ツールズでは「キャリアパスは他社とは異なっている。エクスパティーズロール、エクセレントロール、ビジネスオーナーの3つがある。私たちは新しい役割を創設した。それはT型キャリアを形成する機会になった。

T型キャリアとは、深い専門性を持ちながらも、T字の横棒が示すバリューチェーン全体にも取り組める能力を兼ね備える人材のことである」。アジャイルマスター（スクラムマスター）になることは、ボッシュでは新たなキャリアパスの1つになっている。

チームとしての効果をあげるためのツールの提供

ボッシュ・パワー・ツールズは様々な経営ツールを用いて実験を行い、チームのさらなる成功を手助けしようとしている。例えば、同社には個人開発討論（ＩＤＤ）と呼ばれるツールがある。その討論を通じて、従業員は同僚を招き、フィードバックしてもらうことができる。

過去においてフィードバックが得られるのは、他の分野や領域の人からだった。現在では、一部のチームはそうしたツールを利用して、毎日一緒に働いている人からフィードバックを得ている。「人々はますますフィードバックを求め始めている」。同社のＨＲスペシャリストのアン・リスはこう語る(8)。

パワー・ツールズはまたチーム・ターゲット・ワークショップを支援している。そのワークショップでは、チームのメンバー全員が集まって、リーダーの業績目標に対するフィードバックをベースにチーム全体の目標を定めることになっている。メンバーは目標の達成に必要な能力とは何かを明確にして、その能力を獲得するために何をする必要があるのかを決める。こうした会議を取り仕切るのは、アジャイルマスター、人事の出身者、チームのメンバーのいずれかになる。

チーミング（効果的なチームとして働くべく尽力すること）へ報いる

会社が報酬について検討できるのは、個人、チーム、複数のチームで構成されるチーム、企業の4つのレベルにおいてである。アジャイルな会社では報酬の基準を、個人の組織への貢献と、個人が所属するチームの成績に絞り込む。基礎的な報酬は一般的な相場があるが、インセンティブ報酬はチームや企業の成績に応じて決まるのが一般的だ。

人々が昇進し責任が大きくなるにつれて、企業業績に応じた報酬の割合が高まっていく。多くの若手従業員の報酬は個人とチームの成績に基づくが、ベテランの従業員の報酬は個人、チームが所属するグループ、企業全体の成績を合わせた総合評価で決まる。もちろん報酬はいつも〝文脈〟の中で検討されなければならない。つまり企業が目指す文化や価値、行動に基づいて決める必要があるということだ。

マイクロソフトが2000年代初めに採用したパフォーマンスマネジメントや報酬の取り組みは評判が悪く、有益な教訓を提供してくれる。長年、同社は業績評価モデルの一部に何層にも積み上げられた職階制を組み入れていた。マンキンズとガートンによれば、定期的に「チームメンバーの一定の割合は、チーム全体の業績にかかわりなく、『最優秀』、『優秀』、『普通』、『やや劣る』、『劣る』に格付けされた[9]」。

各従業員の報酬はこの人事考課と直結しているために、飛び抜けて優秀な人々は自分同様に飛び抜けて優秀なプレイヤーと一緒にチームを組むことを避けた。自分自身の人事考課や報酬が下がる恐れがあったからだ。その結果、社内の市場原理によってチーミングが阻害され、生産性の改善も期待通りには進まなかった。

「アップルではオペレーティング・システムの革命的な新バージョンである〝ＯＳ Ｘ〟を開発して、デバッグを行い、市場展開するために、６００人のエンジニアが2年弱かかりきりになった。一方、マイクロソフトでは同社のウインドウズ・ビスタの開発・デバッグ・市場展開に１万人のエンジニアが5年もの年月を要し、その挙句に撤退に追い込まれた[10]」

こうした生産性の40倍の差の少なくとも一部は、アップルのチーム重視の報酬制度とマイクロソフトの個人重視の重層的職階制の違いによって説明することができる。

包括的なオペレーティング・モデルを設計する場合、多くの考慮すべき点がある。組織体系、説明責任、意思決定権限、管理システム、働き方、人材育成などをその中に組み込んでいかなければならない。それがうまくできれば、業務運営や業務変革の両方において組織横断的に協働できるミッション主導のチームを創ることができる。最初からすべての答えを持っている必要はない。それでもいいのだ。そのようなことは誰も期待していない。

5つの重要ポイント

❶ オペレーティング・モデル（企業が全体としてどのように機能しているか）は、表面的な組織構造よりもはるかに重要である。縦割り組織や階層制度を打破するためには、組織変更以上のことを行う必要がある。

❷ 戦略的に重要なビジネスユニットやP&Lユニットを設計するには、事業そのものの定義を適切に行い、将来のオペレーティング・モデルを構想しなければならない。アジャイルチームを組織全体にわたって配置する必要がある。アジャイルチームはイノベーションが応用される部署の近くに配置することが重要である。

❸ 自社・部門に適したペースで努力を続け、徐々に勢いをつけていくこと。プランの優先順位を考える際には、オペレーティング・モデルのあらゆる要素——説明責任、意思決定権限、管理システム、リーダーシップ、文化、人材育成など——を考慮する必要がある。

❹ 人事戦略を継続的に見直すこと。ただし将来のために新たな人材が欲しくなっても、その大半は既に身の回りに存在していることを認識しておくべきだ。そして、それはとても素晴らしいことである。

❺ 企業の人事制度の構築には多くの作業が必要だ。早めに着手し、人事を責任のある重要な

パートナーにする必要がある。

第7章 アジャイルなプロセスとテクノロジー

ロス・マキューアンが2013年の暮れにRBSのCEOになったとき、彼は骨太の方針を策定した。それ以降、顧客に尽くすことがRBSの企業目的になった。

同行は、顧客のサービス、信頼、アドボカシー（カスタマージャーニー全体において顧客体験を向上し、顧客の利益を最大化する活動）で業界ナンバーワンになることを目指した。ワン・チームとして一緒に働くこと、常に誠実に行動すること、などのRBSのコアバリューは、この目標を表し、実現を支えていた。

就任から数ヵ月後に、マキューアンはレス・マセソンをRBSのパーソナル・ビジネス・バンキング部門のCEOに指名した。その後の3年間で、マセソンは顧客サービス、顧客アドボカシー、コスト競争力の改善を図りつつ、住宅ローン部門をイギリスで〝トップ・スリー〟の一角にまで躍進させようとした。

しかしその当時、銀行業界は強い逆風に直面していた。資金需要が低迷し、利ざやも縮小していた。トラッセルのような急成長中のデジタル・ブローカー、ハビトのようなフィンテック企業など、テクノロジーに強い新興の競合が続々と出現していた。こうした挑戦に立ち向かい新たな成長機会を切り拓くために、マセソンが最初に取り組んだのがRBSの企業目的、つまり顧客サービスの改善だった。

彼は、もし銀行が伝統的な住宅ローンビジネスを、デジタル化された住宅購入・所有ビジネスに転換して高度な顧客体験を実現できれば、住宅ローン顧客のサービスがさらに改善されると予想した。

顧客の基本的ニーズに最も貢献できる方法を見つけることができれば、どのビジネスでも大成功する。このマセソンの強い信念の起源は、彼の最初の仕事にまでさかのぼる。彼の最初の就職先は、プロクター＆ギャンブルのブランドマネジメント部門だった。顧客を理解し、顧客にサービスや製品を届けるというのが、同社の経営の中核理念だった。しかし不動産投資ビジネスをデジタル化するに当たり、彼は３つの大きな障害に直面した。

１つ目は、第5章で議論した予算の確保だ。

２つ目は、これも第5章で触れたことだが、組織体制だ。当時の組織体制は、顧客の視点よりも金融商品別組織といった社内事情に基づいていた。

３つ目はＲＢＳの柔軟性を欠いた手続き、システム、データだ。例えばマセソンは何年もかけて、平均で66ページの申請書類が必要だった面倒な住宅ローン申請の手続きを、ペーパーレス申請に切り替えようとした。そうした変更を行うには、いくつかの異なる部署の手続きも同時に変更しなければならなかった。しかし、こうした部署では共同作業に全く慣れていなかった。ペーパーレス化には広範なシステムの変更が必要だが、それらのシステムについては既にソフトウェア開発部署に多くの相反する要望が寄せられていた。こうした困難をさらに複雑にしたのは、業務、ＩＴ、それに変革の対象部門の縦割り的な仕事のやり方だった。

マセソンは、もし全員が従来と同じオペレーションを続けていたら、自分の目標は達成できないことを理解していた。彼は、本質的には銀行がそのアプローチを、金融商品を開発して、販売する形から、顧客の金融ニーズを満たす形に変える必要があると感じていた。そこで彼は、７つの小さな機能横断的チームを編成し、それぞれが顧客ニーズに対応する7つのカスタマージャーニーに取り組ませることにした。それらには「住宅ローンの獲得」のように大きく複雑なものや、「詐欺の報告と対処」のような中程度の大きさのもの、小さなものでは「デビットカードの切り替え」などが含まれていた。

マセソンはこれらのチームの仕事から2つの重要な教訓を学んだ。

1つ目は、住宅の購入と所有に関連する業務は顧客の価値を増大させる大きな可能性を秘めており、最初はこの分野にエネルギーを集中すべきだということ。

そして2つ目は、機能横断的なチームを単純に合体させて、彼らにミッションを与えるだけでは不十分だということ。彼はしばらくの間、社内外の同僚からアジャイル変革についてヒアリングを行い、アジャイル活動の広範な実践によってチームが大きな力を発揮しその効果が長く持続することを理解した。さらに学習を重ねた後で、彼は顧客志向のアジャイル変革に乗り出すことを決心し、まず住宅ローン業務から着手した。

マセソンが目標達成のために設立したリーダーシップチームは早速仕事を始めた。チームのメンバーは、最初に人間中心のデザインとして知られる手法を活用して、イノベーションを推進していくために顧客重視の「ノーススター（北極星）」という指針を設定した。それは、金融機関から提供される体験やサービスの中で、顧客が最も高く評価していることに焦点をあてた指針である。

インタビューの中で、会社の担当者は「ノーススター」の2つの要素について詳しく説明してくれた。1つ目は「私にとって銀行は、私が必要とする専門家やツールを紹介してくれる窓口だ」というものであり、もう1つは「銀行のおかげで私はオンラインで自宅を見つけ、購入し、管理できるようになった。必要なときはいつでも助けてもらえる」というものだった[1]。

次に、チームはすべての主要な顧客体験と、それぞれの体験に対応した目標を設定した。住宅ローンの申請はそうした顧客体験の1つだ。その目標は顧客が申請書を書き上げ、銀行がそれを受理するのに必要な時間とエネルギーを大幅に減少することだった。リーダーシップグループは、献身的で機能横断的なアジャイルチームをこうした顧客体験に割り振り始めた。また様々なイネーブラー（実現を可能にするもの）を配置し、アジャイルチームが迅速に改革を行えるようにした。

例えば、チームメンバーは同じ場所に配置され、必要資金は商品やサービスの特性ではなく成果に応じて提供された。「カスタマージャーニー（商品やサービスの購入・契約・問合せ・クレーム・解約などに際して顧客が経験するプロセス）を中心に組織化することが、私たちの新しいモデルの中核だった」。マセソンはこう述べた。「こうした立てつけによって、銀行と顧客のすべての接点において、顧客視点を持ち込むことができた。従来の伝統的な金融商品本位、機能中心的な組織のままでは、決して達成できなかったはずだ[2]」

リテール・バンク部門のチーフ・デジタル・オフィサーであるフラン・ウェルダーズが率いるアジャイル・リーダーシップチームは、アジャイル変革のモメンタムを作り出すためには印象的な成功事例が必要なことを知っていた。彼らは最初、1つか2つの大きな案件に注力することにした。これらはビジネスユニットとイノベーションチームが情熱をもって成し遂げることを確信していた事案だった。

住宅ローン申請の体験は、アジャイルの取り組みが始まって以来続いているカスタマージャーニーチームの内の1つが担当することになった。設計案は、申請の手続きはスマートフォンやPCで1時間以内に完了できるというものだった。規制要件を満たすためのフォローアップは直接面談ではなく電話で行い、銀行は結果を数週間後ではなく数日以内に申請者に通知することとしていた。

デザイナーにリードされる形で、チームメンバーは顧客調査を行い顧客からのフィードバックを集めた。次にオペレーションやカスタマーサービスの経験があるチームメンバーが、顧客が望む体験を作り出すために、デジタルかつ人間中心の新たなプロセスをデザインし、正確なデータの活用とメンテナンスを保証するデータエンジニアとデータアナリストに支えられて、ソフトウェアエンジニアがそれを実現するためのコードを書いた。

メンバーはこうしたすべての工程を2週間のスプリントで何回か繰り返すことで達成した。各スプリントの終わりには顧客からのフィードバックもあった。最初、顧客が見たプロトタイプは部分的なものにすぎなかったが、その後はフルスペックのプロトタイプとなり、最後には完成されたシステムとなった。

オペレーション出身のアジャイルチームのメンバーは、新しいプロセスにおける住宅ローン申請アドバイザーのトレーニングを担当した。新しいアプリケーションが限定リリースであったときは少数のローンアドバイザーに対して、そして全面公開のときはすべてのアドバイザーに対してトレーニングを行った。

「ビジネス部門とテクノロジー部門の人材をワン・チームとして協働させることが、成功の大きなカギである」

ウェルダーズは私たちにこう語った。

「両グループを別々に働かせたままでは、いかにベストを尽くして連携したとしても、私たちが必要とするスピードと製品の品質にはとても届かなかっただろう。住宅購入・所有へのサービスを皮切りにして、私たちは現在、リテールビジネスのすべての領域で新たな働き方を追求している[3]」

住宅ローン申請チームなどのジャーニーチーム（小規模でフラット、そして機能横断的なチーム）にこうした高いレベルの実績やスピードを実現させるために、ＲＢＳはいくつかのアジャイル・イネーブラーを導入した。

同行は第5章で議論したような予算、資金調達、ガバナンスにおける改革を実行した。またチームをベースとするパフォーマンス評価制度も追加した。同行では、中核システムとそれに関連するジャーニーチームとの相互依存関係を円滑に運営するために、スケールド・アジャイル・フレームワーク——第2章で議論したスケーリング・フレームワークの1つ——から選び出したいくつかの手法を導入した。

銀行のアジャイル能力が改善するにつれて、結果が伴ってきた。アジャイルの採用によって、パーソナルバンク部門の不動産投資ビジネスではイノベーションのペースが大幅に増してきた。

同行はイギリス国内で初めてのペーパーレスによる住宅ローン申請を開始した。現在では全申請数の90％がペーパーレスとなっている。デジタルチャネルを通じた住宅ローンの借り換えは2017年前半の34％から1年後には約60％にまで増加した。申請から融資までの平均時間は23日から11日へ圧縮された。こうしたイノベーションによって、RBSは新規の住宅ローン契約者によるネット・プロモーター・スコア®（NPS®）で業界トップの数字を達成した。

本書の執筆時点では、住宅ローン申請チームはまだ活動中で、引き続き申請手続き改善の取り組みを続けている。目標は顧客の申請手続きや承認に要する時間をさらに短縮することであり、当然のことながら競争力を高めているライバルのさらに先を行くことである。一方、不動産投資ビジネスの成功が追い風となって、アジャイルな働き方に対する銀行全体の認知度が高まり、パーソナルバンク部門全体にアジャイルが展開されることになった。

プロセスとテクノロジーの課題

本書をここまで読み進めてきた読者は、企業が素晴らしいカスタマーソリューション、つまり顧客や取引先が求める価値を提供する製品やサービスをデザインするにあたり、アジャイルがいかに役立つかについて理解しているはずだ。しかしすべてのサービス、すべての製品はプロセス次第のところがある。つまり、企業がそれらを開発し顧客に届けるステップや方法にかかっている。一方、そのプロセスの多くは、テクノロジー、特にソフトウェアによって支えられている。

しかし大半の企業にとって、既存のプロセスやテクノロジーは大きな顧客問題解決のイネーブラーではなく障害となっている。

ＲＢＳのスタート時点を考えてみよう。複雑なプロセスや制度は、顧客サービスを改善する上で邪魔になった。これは一般的な状況だ。例えば、ある企業の地域オフィスや事業部門は仕事のやり方が他の部署とは大きく異なっている可能性があるため、業務の統合や研修はほとんど不可能になっている。誰もわざわざそれを是正してこなかった。つまり、それは長年の様々な人々による小さな無数の決定が積み重なった結果だ。

あるいは、ある企業のケースでは、一連の買収を行ったがシステムが効果的に統合されず、多くの非効率的なシステムがそのまま温存されてきた。いずれにせよ企業の従業員が問題解決に取り組まなければならない既存のプロセスやテクノロジーは、フラストレーションや非効率の元になる傾向がある。

残念なことに、ＩＴ部門や彼らが開発したソフトウェアはそうした問題の元凶として悪評が立っている。一部の企業にとって共通の問題は、標準的な既製品で十分対応できるのに、特別注文のソフトウェアの開発に数百億ドルも費やしていることだ。

彼らはソフトウェアの開発に、すべての要件が事前に詳しく取り決められているウォーターフォール型のプロセスを採用しているために、当然のことながら誰も使用しないような機能を搭載している。そのために彼らが作成したものは、複雑すぎて普通の人間では簡単に使いこなすことができない。

多くのＩＴ部門は修正や新製品の相次ぐ要請で身動きが取れず、一種のシャドーＩＴと呼ばれる現象が起こっている。順番待ちに飽き飽きした経営者は、自分たち自身の小規模なＩＴ部門を創設し、外注先を探している。もちろんこうした動きは、プロセス、システム、技術標準を不必要に多様化させ問題をさらに悪化させるだけである。

官僚組織においては、現状のプロセスやテクノロジーをできるだけ長く、時には長すぎる期間維持しておきたいと思うのが一般的だ。まず現状変更には多くのコストがかかる。変更によって日々の業務に支障が生じる。変更しても事態はそれほど改善されないかもしれない。そう考えるのは官僚主義的なものの見方だ。もちろん事態が悪化しコスト高が明らかになれば、幹部チームは変革を決断するだろう。彼らは密室に閉じこもり新しいプロセスやシステムのスペックや予算を決定し、そして部下にすべてうまくいったと告げるだろう。しかしこうした企業は慢性的に経営が安定せず、業務の停滞と効果の薄い発作的な改革を交互に繰り返すだけだ。

ＲＢＳのケースで触れたように、アジャイル変革を目指す企業は変革を特別視しない。このような企業は顧客の問題解決（カスタマーソリューション）は顧客ニーズに基づいて行われるべきであると理解している。また、それによって新たなプロセスが形成され、テクノロジーがそれをサポートし、自動化すべきだとも理解している（図表７－１参照）。

アジャイルの実践者はまた問題解決やプロセス、テクノロジーは、継続的に顧客ニーズの変化

図表7-1　変革の３つの構成要素

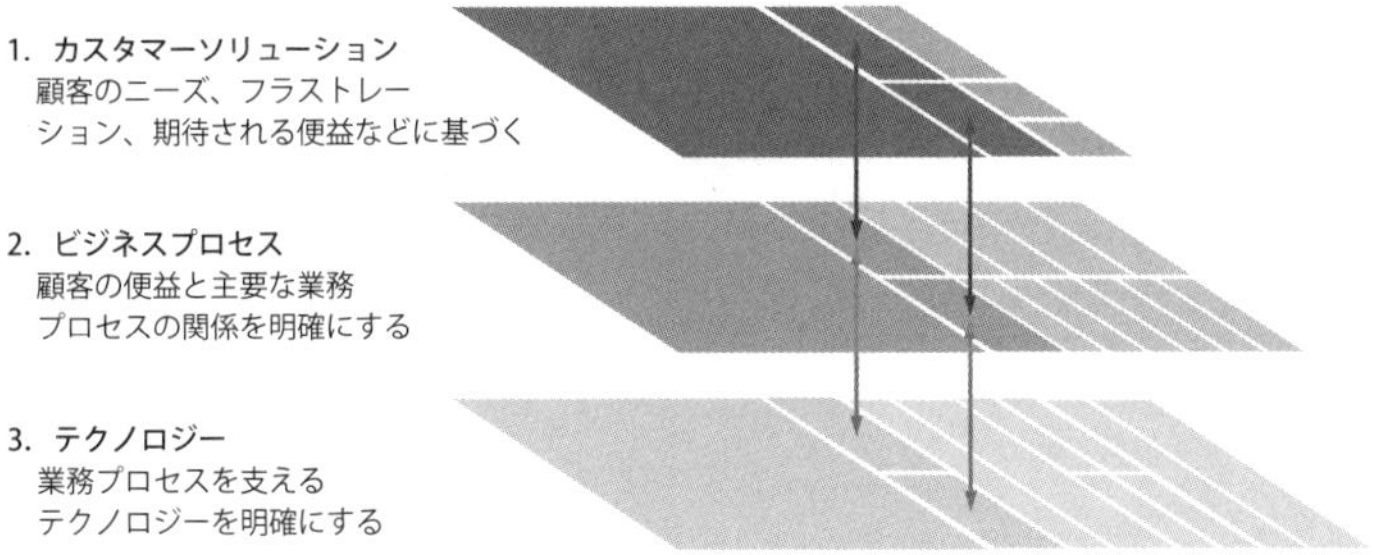

に適応していかなければならないことも知っている。顧客に何を提供したらいいか、それをどのように提供すべきか、あるいはその両方が曖昧で予想ができないときに――顧客ニーズに対応するときによくある話だが――、彼らはアジャイルチームこそが革新的なソリューションを生み出すのにベストなツールだと確信している。また、イノベーションチームとオペレーションチームが緊密に共同して働き、状況次第では合体する必要があることも知っている。

　本章では、プロセスやテクノロジーのイノベーションを探求し、それらがどのようにして業界をリードするカスタマーソリューションの実現に貢献するのかを見ていくことにする。本章で主に取り扱うプロセスやシステムは、製品をサポートする多くのサービスを含む物理的な製品よりも、サービス関連のカスタマーソリューションの基礎になっているものである。

カスタマーソリューションからの逆算

プロセスやテクノロジーの変革を担当するソリューションチームは、他のアジャイルチームと同様に顧客に集中する必要がある。時には、対象の顧客が社内にいることもあるだろう。しかしそのような場合でも、社内顧客が製品やサービスを提供する外部顧客のニーズを視野に入れておくことは重要だ。

ＩＴや財務のような部署の人間は依然、反射的に自分たちが奉仕すべき顧客のニーズよりも部署内部に目が向きがちである——それが理由の1つになって多くのＩＴ部門はいわれのない非難を受けている。こうした分野ではイノベーションの対象が、顧客が最も必要だと考えるものよりも、ソフトウェアのエンジニアやファイナンスの専門家が重要だと考えるものに向かうことが多い。

それとは対照的に、プロセスやシステムを変革しようとするアジャイルチームは、カスタマーソリューション、プロセス、技術革新をアジャイルの成果とみなしている。彼らの目標は、顧客の視点から逆算して問題解決を図っていくことで、すべてのイノベーションができるだけシンプルかつ効果的に顧客ニーズを満たすようにすることである。

出発点はいつもソリューション——住宅ローン申請手続きのような顧客体験の創造や、顧客が記載した所得や資産を確認するなどの特定のケイパビリティの開発——であるべきだ。通常、顧客体験はソリューションを定義するのに優れたツールだ。一般的に顧客体験と顧客が価値を見出すものを結びつけることは最も簡単だからだ。しかし、ケイパビリティが多数の異なる顧客体験を支える場合や、顧客体験だけで解決しようとするのが実践的でない場合などのいくつかの状況においては、顧客体験よりもケイパビリティのほうが優れている。

　顧客体験やケイパビリティは、しばしば機能や部署の境界を超えて取り組む必要がある。従って最も効率的なチームを作るにはすべての関連部署から人を集める必要がある。ソリューションの規模が大きすぎて1つのチームの手に余る場合は、ソリューションを小さな構成要素ごとに分解すればいい。そうすることで、それぞれのチームが顧客と一緒になって様々な可能性を検証することができ、相対的に独立した形で作業を進めることができ、そして最大限の自律性とスピードを与えることができる。

　第2章で議論したのは、アジャイルチームをソリューションの仕分けに従って設置することのメリットだった。プロセスやテクノロジーを変革するカスタマーソリューションについても、同じことが言える。例えば、ある主要なアメリカの健康保険会社では、契約者、雇用主、医療機関、薬剤給付管理会社ＰＢＭ、従業員の5つのポートフォリオに基づく仕分け法を開発した。5つのそれぞれのポートフォリオオーナーは自分たちに関連する体験や機能に対しチーフプロダクトマネージャーのように行動する。

　クレーム処理のような一部の機能は、複数のポートフォリオにまたがることから、チーフケイパビリティオーナーが率いる。こうした仕組みによって企業は、複数のチームで構成されるチームを複数必要とするような大きな問題であっても解決に向けたロードマップが描けるようになる。これら複数のチームの間の共同作業もうまく管理できるようになる。

カスタマーソリューション、プロセス、テクノロジーの変革は緊密に結びついている。そのため担当チームには３つの領域すべてで変革を行う権限を与えられていることがしばしばだ。もしそのソリューションが１つのチームの能力を大きく超える場合は、複数のチームが緊密に連携を図りながら対応する。さらに第５章で議論したように、ほとんどの企業はソリューションのイノベーションという点でずっと続くチームのほうが一時的に編成されるプロジェクトチームより優れていることがわかっている。

実験から学ぶことはアジャイルイノベーションの基本である。しかしカスタマーソリューションにおいて、プロセスやテクノロジーに支えられたイノベーションを引き起こそうと試みる中で、ある特別な課題が明らかになった。官僚的な組織ではオペレーションの透明性、安定性、予測可能性を高めるために努力する。多くの従来型のオペレーショングループが設置されている目的は小さなプロセス変更を繰り返し行うためではない。

伝統的なＩＴグループについても同じことが言える。彼らは自分たちのシステムの機能について気軽に小さな変更を頻繁に行うことはできない。

さらに大きな問題がある。どの企業でもプロセスやテクノロジーを変更することはできるが、その前に冗長で詳細な手続きを踏まなければならない。規制業種では特にそうだ。多くの企業は、学習の効果を最大化するために、検証実験や結果計測を行う分析的、技術的なスキルを欠いている。取締役やマネージャーは、検証に失敗すれば顧客に重大なリスクが及ぶという懸念を何度も表明している。

こうした懸念や課題についてさらに詳細に見ていくことにしよう。

プロセスの変革

ＲＢＳはカスタマーソリューションの変更はプロセスの変更をもたらすことを理解していた。例えば、デジタル申請の情報が正しいかどうかを審査する住宅ローンアドバイザーは、従来の書類申請を審査するアドバイザーとは働き方が大きく変わらざるをえない。そのため同行でデジタル申請を導入したときに、住宅ローンアドバイザーが遵守すべき手順を見直すことにした。

そうすると、アジャイルチームはどのようにプロセスをイノベーションすべきか。プロセスの変革はある意味でその他のアジャイルイノベーションと極めて類似している。まず顧客の体験から始まって、そこから逆算する。段階的に、かつ何周もしながら顧客のニーズに応えていく。権限を委譲された機能横断的チームがあればこれを達成できる。しかし見方を変えると、このアプローチには改善の余地がある。企業には次の２つの手法が特に有用だ。

・オペレーションをモジュラー機能としてデザインする

現在のソフトウェアは一般的にマイクロサービス――正確に定義されたインターフェースを持つ小さな機能性モジュラーユニット――として構築されている。システム開発者がマイクロサービスを利用するためには、マイクロサービスの機能とインターフェースを理解すればいい。オペレーション機能も同じように設計することができる。例えば事業用不動産の機能は、収容人員の数、その場所で可能な仕事の内容、周囲環境のパラメーターによって決まる。また、そうした要件に合致する物件を探し出し契約するまでの事務手続きによっても左右される。こうした小さなモジュールに分解することで、アジャイルチームは他のモジュールへの影響を気にすることなく全体の機能性を高めていくことができる。

・ケイパビリティについてオープンな市場競争を促進する

社外の顧客はどの会社からでもモノやサービスを購入することができる。それと同じように、社内でも自由に社外のサプライヤーから調達できるようにすれば、自分たちのケイパビリティが本当の意味で世界に通用するものであるかどうかがわかる。そのためには、社内の様々なケイパビリティのインターフェースがモジュール方式で設計されている必要がある。先の不動産の例では、社外のサプライヤーでも前述のような要件のオフィスサービスを提供できるようになれば、企業は自社不動産と社外不動産のパフォーマンスを比較することができる。ある企業ではさらに一歩進めて、社内の機能を外部に販売することを奨励する。アマゾン ウェブ サービスはそうした有名な事例の1つだ（第8章ではアマゾン ウェブ サービスについてさらに詳しく解説する）。対外的なビジネスの成功が世界一流の証明であることはほぼ間違いない。それによって資金調達や学習がさらに容易になり、社内の機能は改善を継続していくことができる。

もしあなたがプロセスのイノベーションチームに所属しているのであれば、また別の違いに気づくかもしれない。あなたの主要な顧客は、社外の顧客満足のために働く社内の顧客かもしれない。あなたは社内外の両方の顧客と一緒に働く必要があるかもしれない。ＲＢＳの住宅ローン申請チームは、社内の住宅ローンアドバイザーと、住宅ローンを申し込む社外の顧客の両方から有益な情報を得たか、あるいは、あなたは複数の社内顧客が利用する予定のケイパビリティの構築に取り組んでいるかもしれない。そのために、それぞれの顧客向けにソリューションをカスタマイズするか、タフなトレードオフを判断する必要に迫られるかもしれない。

サプライチェーンのシステムをアップグレードする場合、世界中に50の部品供給工場を抱える産業設備メーカーでは、工場間の標準化を推し進める一方で、一部のプロセスの違いを受け入れざるをえなかった。よくあることだが、アジャイルなプロセス変革では大幅な設備投資が必要だ。そして、必要とされるビジネスや技術のスキルをマスターできる人材を見つけ出すことは、とても困難だ。プロダクトオーナーの場合は特にそうだ。しかし成功のためには特別な人材やチームが不可欠だ。ＲＢＳではカスタマージャーニーオーナーの幹部を養成するために、ビジネス、技術の両方でスキルに精通した人々を確保し、養成することにエネルギーを注いだ。

もう1つの課題は、オペレーション間の連携を図ることだった。安定が求められることに変化を起こすことは困難を要する。変革を起こすには、優れたアイデアがオペレーション部門からプロセスやテクノロジーの変革を担当するチームに流れ、その一方でそのチームによって開発された様々な変革がオペレーション部門で着実に実行されていく仕組みを構築する必要がある。企業は様々な技術を活用できる。プロダクトオーナーが変革の対象となっているオペレーションの出身である場合、チームに実践的な関連知識と信頼性を提供できるかもしれない。

オペレーション出身のマネージャーや現場の代表者は、重要なステークホルダーとしてスプリントの評価会議に参加できる。プロダクトオーナーはできるだけ多くの時間をこうしたオペレーション部門の代表者たちとの議論に費やして、変革に対する考え方やプロトタイプの改善につなげていくことができる。一部のメンバーは、イノベーションチームと緊密な連携を図って変革を成功させるために派遣されているかもしれない。

オペレーション部門の人々は、必要に応じて個人的なフォローアップも得ながら、システムを通じて意見が自動的に提供できるようになるべきだ。イノベーションチームやオペレーションチームの全員が、顧客に適切なインセンティブを提供できるように、収益の成長、費用、信頼性、ネット・プロモーター・スコア®（NPS®）のような統一されたビジネス指標（メトリックス）を使用すべきだ。

第6章で私たちが行った提案、つまりイノベーションチームは変革が必要な事業部門の中に配置すべきだという提案は、変革がオペレーション部門で採用されやすくするための狙いもある。

テクノロジーの変革

アジャイルが最も早く普及するのは、テクノロジーの変革者、特にソフトウェアのエンジニアの間である。ソフトウェアの開発で、どうしてアジャイルは有効な手法になっているのか。解決すべき問題は、複雑であり、答えが最初からわかっていれば苦労しない。製品要件は変化する可能性が極めて高い。作業はモジュール化され、段階を踏み成果を積み上げていくしかない。エンドユーザーとの緊密な共同作業（および、ユーザーからの迅速なフィードバック）は大いにやるべきだ。検証は自動化できる。伝統的な（例えばウォーターフォール・モデル）開発手法での成功率は低い。しかし、成功の価値は大きい。顧客にとってデジタルソリューションの重要性が増している状況では、特にそうだ。

私たちはアジャイルなテクノロジーチームを多く抱える企業は知っているが、アジャイルなテクノロジー企業をそれほど聞いたことがない。テクノロジー部門はアジャイルなソフトウェア開発の手法を幅広く採用しているが、その多くはビジネスプロセスで求められている変革やカスタマーソリューションで後れをとっている。

こうした残念な結果になっている理由のいくつかは、本書をここまで読み進めてこられた読者なら予測がつくはずだ。何を構築するかを決めるに当たって顧客の視点から遡っていく手法になっていない、トップダウンやビッグバン的発想がアジャイルの実践を中途半端で整合性を欠いたものに終わらせている、リーダーはアジャイルを賞賛するが自らのマネジメントスタイルは変えていない、企画・予算・検証のプロセスの対応が鈍く機動性に欠ける、アジャイルの価値を損なう報酬・昇進・その他の人事政策、等々である。しかし、ソフトウェア開発に特有のその他の理由も存在する。

・アーキテクチャー。これはとりわけ重要だ。アジャイルなソフトウェア開発はアーキテクチャーの優劣にかかわりなく伝統的手法よりも優れた成果をあげているが、巨大で融通が利かないシステムではそうしたアーキテクチャーに問題があると成果を大きく損なう可能性がある。もしアーキテクチャーの問題に何の手もつけられなければ、アジャイルの成果は引き続き物足りなく感じられるであろう。

・過剰な専門化。ソフトウェアのエンジニアは高度に専門化されたスキルを持っている。私たちは、アジャイルチームは顧客問題の解決に集中し、もし可能であれば何ヵ月、何年も一体となって仕事に取り組むべきだと推奨することが多い。しかしヘテロジニアスな（異なる要素からなる）テクノロジーに対しては、複雑な顧客体験の問題に取り組むためにそれぞれ異なるスキルも必要となる。もしエンジニアが一部のスキルに特化しすぎれば、チーム全体が肥大化する。そうならないためにも定期的にメンバーの入れ替えを図る必要がある。

・部門内の縦割り組織。伝統的にＩＴの各ユニットはソフトウェア開発、システムメンテナンス、ＩＴオペレーション、情報セキュリティなど様々な仕事を別々に担当している。ある業種では、法務やコンプライアンスの部門にも多くのＩＴのユニットが配置されている。こうしたＩＴユニットは縦割り組織の中で仕事をし、それぞれが異なる目標に対して責任を負っている。彼らは対立していることが多く、技術的な進化のスピードも遅い。一方、アジャイルなテクノロジー企業ではすべての機能が混在するアジャイルチームで運営されている。

物理的なもの自体が存在せずプロセスがソフトウェアの中に完全に符号化されている純粋なデジタル製品の開発においては、アジャイルチームは製品全体の包括的な責任を担うことができる。彼らの仕事は基本的にイノベーションとオペレーションを結合させることだ。人間を再訓練してプロセス変化に適応させる必要がないために、デジタル製品の革新は迅速に推し進めることができる。こうした特性ゆえに、アジャイル手法がグーグル、フェイスブック、ツイッター、スポティファイのようなデジタルネイティブ企業で幅広く普及している。

しかし、アジャイルなソフトウェア開発は、他の企業にとっても十分なメリットがある。伝統的な手法から熟練のアジャイルチームへ移行すれば、一般的に生産性や商品化スピードは3倍以上改善する。

改善の理由は、いくらでも列挙できる。デザインの決定や承認に必要な待ち時間の削減、伝統的な事業企画書の作成や資金調達に要する時間や労力の削減、機能性や安全性の検証のようなＩＴ関連の手続きの自動化、開発環境の提供のようなかつては他のユニットで行われていた仕事の自動化、製品ライフサイクルの検証の統一化……。生産性や商品化などのメリットよりもさらに重要なことがある。アジャイルチームは顧客や取引企業にとって最も価値のある特性を創造する点だ。アジャイルチームは一般的に顧客が評価しないものを創造するような無駄なことはしない。

純粋にデジタル化されたカスタマーソリューションの例は、ＲＢＳのホームエージェントである。これは、住宅ローンの提供だけでなく住宅の購入や購入後の行動においても顧客を支援するという同行の戦略のカギになるものだ。ホームエージェントによって顧客は、資金計画、自宅の購入、住宅購入資金の手当てや借り換え、住宅リフォームの計画と資金調達、ホームエクイティの管理などの住宅所有にかかわる段取りや手続きについて電話によるサポートを受けることができる。

顧客への洞察力、ソフトウェア開発、第三者との提携など必要なスキルをすべて持ったアジャイルチーム方式を採用することで、ＲＢＳは4ヵ月間でホームエージェントの第一バージョンを開発し、スタートさせることができた。従来の手法でこうした複雑で難易度の高いカスタマーソリューションに取り組み、完成させるためには、少なくとも3倍の時間を要したであろう。

ソフトウェアの開発は困難だがやりがいのある仕事だ。ＲＢＳのような伝統的な組織が、アジャイルの恩恵にあずかるためには、私たちが他のユーザーのために説明してきた原則や実践法を超えた様々な変革を成し遂げなければならない。大きな効果のあるアジャイルなソフトウェア開発の要件を詳細に議論することは本書の範囲を超えている。しかしそれらのいくつかはすでに前半で言及しており、ここでも少し列挙する。読者は、以下に述べるような条件や詳細はベインのウェブサイト（bain.com/doing-agile-right）で英文で読むことができる。

・モジュラー・アーキテクチャー。これによってコードを書くことで、個々のアジャイルチームは他のチームとの相互依存性を最小化できる。
・エンジニアリングにおける改善と技術系人材のアップグレード。そのためには、優秀な人材の採用（そして時にはメンバーを入れ替える）のみならず、最前線の従業員やリーダーへの幅広い技術的な訓練やコーチングが必要である。
・製品と関連する開発、メンテナンス、ソフトウェア支援などを担当する各アジャイルチームの間でのバックログの集中化。こうした包括的な責任体制によって、上記の３つの活動を２つ、３つのグループに分割する場合に比べ、オーナーシップが強化され、効率性も高まる。
・DevSecOps。このツールを活用することで、アジャイルなソフトウェア開発チームはソフトウェアの開発から生産までの仕事を迅速かつ安全に行えるようになる。
・新しいＩＴサービスベンダーのモデル。固定化された成果物から、（アジャイルチームの）固定化された能力やチームメンバーの低離職率へのコミットメントへのシフトが多く見られる。

・コロケーションの拡大や、より優れた人材戦略のための配置戦略の修正。
・アジャイルな開発チームの働き方と職務ミッションの達成が両立するようにサポート・管理部門の機能を転換すること。成功のカギは、部門の担当者の基本的なスタンスを、現在のようなとりあえず完成させてその後に修正を加えるやり方から、アジャイルな開発チームにコーチングを行ってスタートの段階から適合品を作るやり方へシフトさせることだ。

ソフトウェアの開発のカギは、アジャイルの拡大を実践するときと似通っている。つまり、大きな仕事をモジュラーのような構成要素ごとに小さく分解して、そのワークストリームをシームレスに再統合することだ。

アマゾンは1日に何千回も新しいソフトウェアを展開することができる。その理由の1つは、アマゾンのITアーキテクチャーによって、開発者は会社全体の複雑なシステムにマイナスの影響を及ぼすことなく、迅速に、そして何度も個別のソフトウェアをリリースできるようになっているからだ。

それとは対照的に、多くの大企業は柔軟性を欠いたアーキテクチャーによって動きが制約されている。彼らはいかに早くプログラムを組むことができても、1週間あるいは1ヵ月間にソフトウェアを構築できるのは、せいぜい数回止まりだ。

アマゾンのようなモジュラー・アーキテクチャーを構築するのは、巨大なレガシーシステムに依存する多くの大企業にとって高いハードルのように見えるかもしれない。しかし私たちが本書を通じて議論してきた顧客志向のアジャイル原則を適用することによって、それは可能になる。少しずつステップを踏みながら近代化を図る。顧客に提供できる便益に基づいて、近代化のステップをうまく順序化する。そして本章で述べたアジャイルなソフトウェア開発手法を活用する。こうした手順を踏むことで、改革はスピードが速まり、コストも割安になり、リスクも軽減されることだろう。

アジャイル戦争

テクノロジーについてもう1つ述べておきたい。アジャイル手法には数十のやり方があり、それぞれに熱心な提唱者が存在する。問題は、同じ企業内の各部門が長い期間、異なるアジャイル〝宗教〟を実践することによって、宗派の異なるアジャイル間の共同作業が難しくなることだ。各部門には独自の行動様式がある。彼らはライバルを中傷する一方で、自らの優れた点を誇張する。こうした対立関係によって混乱が生じ、本来ならバランスや調和のとれたビジネスシステムを構築すべき仲間同志の間で敵対意識が生まれている。

こうした論争はアジャイル、リーン、プロダクトマネジメントの各推奨者の間で最もヒートアップしている。私たちは論争がエスカレートしてほとんど殴り合い状態になる場面も見てきた。こうした乱闘を止めるために仲裁に入った人間が、いつも相手からパンチを食らう羽目になることも、私たちは承知している。しかし、混乱は誰かが収束させなければならない。リスクを覚悟で、仲裁の仕事に取り掛かることにしよう。

リーンは大混乱の原因の１つである。人々はこの言葉を２つの全く異なる手法に使っているからだ。１つはリーン生産方式（リーン・シックス・シグマとして知られる）であり、もう１つはリーン商品開発（リーン・スタートアップとして知られる）である。

リーン生産方式は、オペレーションのクオリティや効率性を改善するための事業運営の手法である。それは仕様への適合性を高める一方で、リスクを最小化し無駄を削減する。リーン・シックス・シグマでは、１００万点のアウトプットの中で不適合が許されるのはわずか３、４点にすぎない。効率性向上の方法は、８つのムダの原因（不良品製造のムダ、作り過ぎのムダ、待ち時間のムダ、人材のムダ、運搬のムダ、在庫のムダ、非効率な動作のムダ、加工のムダ）を解消することだ[4]。

私たちがリーン生産手法を強く推奨するのはオペレーションの改善であり、経営革新においては推薦していない。イノベーションが不確実性——ある種の非効率性までも——を必要とするのは、検証し、学び、進化するためである。一部のリーン狂信者はイノベーションに対してもシックス・シグマを処方し続けている。しかし研究によれば、不確実性の削除に成功した社会ほど、イノベーションは不活発になっていく[5]。

リーン・スタートアップやプロダクトマネジメントは、両方ともアジャイルイノベーションの手法である。リーン・スタートアップが有名になったのは、ＧＥによって大々的に採用されメディアなどで大きく取り上げられたからだ[6]。

それはデザイン思考におけるリーン原理とアジャイル手法とを合体させて、新興企業が成功を収めるのと同じやり方で継続的なイノベーションを育てていくことを狙いとしている[7]。

プロダクトマネジメントは技術開発者を刺激して、自らをプロダクトやブランドのマネージャーと考えさせる手法である。彼らは、事前に決まっている商品特性を具体化するプロジェクト管理だけでなく、重要な顧客のフラストレーションを解消することで高収益な製品を開発する責任を担うことになる。もし後者が他のアジャイル手法と極めて似ているように見えたとすれば、それは実際に酷似しているからである。

しかし２つの重要な違いに留意する必要がある。

１つ目は、アジャイルはすべてのイノベーション活動で同じアプローチを活用するのに対して、プロダクトマネジメントはテクノロジー主導の製品に集中している点だ。

２つ目は、プロダクトマネジメントの提唱者は、多くのアジャイルチームのプロダクトオーナーが単にバックログを管理しているだけで、真のＣＥＯのように動いていないと（もっともらしく）議論する点だ。彼らは、自らが開発したプロダクトの結果に対して全責任を負っていない。また、市場全般の状況、顧客の真のニーズ、ライバルの状況、複雑な経営上のトレードオフがもたらす業績への影響について十分に理解していない。継続的に課題に取り組むチームを展開して、収益化に向けた企画立案や規模拡大を行っていないのだ[8]。

こうした違いは無視できるほど小さな問題であり、実際にそれはアジャイルに有利に働いているかもしれない。

しかしこうした小さな違いであっても、予想外に大きな混乱や対立、非効率が生じている。一部の提唱者は、すべてのプロダクトマネジメントチームが持続的でなければならない、企業は目先の緊急問題を解決するためにその場しのぎのチームを編成すべきでない、と論じている。一部の企業では、アジャイルプロダクトオーナーの仕事内容を明確にして、それをアップグレードするのではなく、プロダクトオーナーを監督するために戦略的プロダクトマネージャーという新たな階層を増やしている。

熱狂者がしばしば議論するのは、プロダクトマネジメントチームはテクノロジー関連の案件に限られているので、テクノロジーイノベーションとそれ以外とで、仕事の肩書きや、専門用語、トレーニングプログラムなどを分けるべきだという点だ。私たちの経験によれば、アジャイルとプロダクトマネジメントの手法を調和させ、企業文化に合った、しかも企業全体で共有できる統一的な手法を構築することよって、敵対的な対立関係を助長するよりもはるかに優れた結果を生み出すことができる。

優れたプロセスやテクノロジーは、顧客から高く評価されるコスト効率のいいソリューションを考え出す上で核心部分となる。さらに、ロボティック・プロセス・オートメーション（ソフトウェアロボットまたは仮想知的労働者と呼ばれる概念に基づく事業プロセスを自動化する技術の一種）や機械学習のような、プロセスの自動化や改善に利用されるテクノロジーの技術革新が加

速している。しかし多くの企業ではこうした技術の採用は進んでいない。本章で述べたテクニックは、企業がこうした障害を乗り越える上で役に立つはずだ。

5つの重要ポイント

❶ アジャイルの目的はイノベーションである。しかし、そのイノベーションは顧客のために新しい製品やサービスを創造するだけではない。アジャイル手法は、そうした製品やサービスを生産するビジネスプロセスや、そうした生産プロセスを支えるテクノロジーを改善する点でも同様の力を発揮する。

❷ 信頼性や効率性はビジネスプロセスやテクノロジーの変革にとって極めて重要である。それゆえに、官僚的な組織では、不確実性やリスクを最低限に抑えようとする。アジャイル手法においても標準的なオペレーションの厳格な遵守を奨励する一方で、定期的な手順のイノベーションを行って改善も図っている。結果として、新しい手順が受け入れられ、従業員研修の中に組み込まれ、適切に運用されることを担保している。

❸ 持続的で、機能横断的なアジャイルチームは、ビジネスプロセスやテクノロジーを改善するための最善の方法である。チームが経験を積み、オペレーターの信頼を勝ち得ていくにつれて、彼らの開発能力は高まり、成果物の採用率は加速度的に上昇する。

❹ビジネスプロセスやテクノロジーの変革に取り組むアジャイルチームは、顧客対応のための製品やサービスの開発に取り組むチームと同じくらい常に顧客のことを考えて行動している。彼らのイノベーションは往々にして、顧客体験を直接向上させることがある。また消費者体験の改善のためにとても重要な、社内の顧客と向き合うこともある。

❺多くのアジャイルなテクノロジーチームを抱えている企業は多いが、アジャイルなテクノロジー部門を有する企業はそれほど多くない。その理由は、アジャイルなテクノロジー部門はおしなべてベストプラクティスから逸脱することが多いからだ。ベストプラクティスと、アジャイルチームやソフトウェアに特化したチームとは、水と油の関係だ。そうした問題を克服するためには、アーキテクチャーのモジュール化の促進、幅広い仕事をこなせるようになるためのエンジニアの支援、IT部門内外での機能的な縦割り構造の打破などが必要だ。

第8章
アジャイルの正しい実践法

本書の執筆に取りかかったとき、私たちは次のような議論をした。本書を読み終わった後で、読者にどのような行動変化を起こして欲しいか、私たちが解決を目指す顧客の課題とは一体何か。アジャイルについて書かれた書籍、記事、ブログは世の中に無数に存在する。その上にさらにもう1冊、アジャイルの本を出版する意味とは一体何なのか。

答えは簡単だ。私たちが真に願うのは、アジャイルがフラストレーションだらけの一過性のブームに終わらずに、価値ある実践的なツールになることだ。私たちは、アジャイルの考え方や手法によって、組織で働く人々が幸せになり、大きな成功を手にすることができると信じている。私たちが読者に望むのは、これからの5～10年におよぶアジャイル変革を、困惑や失望ではなく、誇りや達成感を持って振り返ってもらうことだ。

一方、私たちが懸念するのは、一時的なブームに乗って人々が使い方を誤れば、アジャイルに対する信頼さえも損なわれてしまいかねないということだ。熱狂的すぎるアジャイルの支持者が、ある経営上の不都合を是正するために本来の趣旨とは逆の方向に利用してしまえば――あるいは、権威主義者が人を自分の思い通りに動かすための新たな〝警棒〟として悪用すれば――、アジャイルはＱＣサークルやビジネスプロセス・リエンジニアリングと同様にすぐに前述した経営オタクのスクラップの山の一部と化してしまうことだろう。

もう1つ別のスクラップの山もある。過去27年の間、私たちの会社は経営手法を研究するために、70ヵ国以上の約1万5000人の経営者から率直な意見を収集してきた。この調査は経営手法に関する、世界で最大のデータベースとなっている。それを利用することで、私たちは数十の経営手法のブームの実態やその有効性を時系列で追うことができる。

　私たちはナレッジマネジメント、ＱＣサークル、ビジネスプロセス・リエンジニアリング、リーン・シックス・シグマなど様々な経営手法が突然ブームになり、そして急激に熱が冷めていくのを見てきた。こうした現象がよく起きるのは、経営手法が必要以上に賞賛されて、本来対象としない問題の解決にまで使われてしまうからだ。

　タバコの古い宣伝文句に、愛煙家に「喫煙量の割にリラックスできていないのではありませんか」と問いかけ、別のブランドへの乗り換えを勧めるコピーがあった。その指摘のように、使用頻度に見合って満足感が高まっていくとはかぎらない。

　最後に経営者は次の点に気づく。一時的なブームは万能薬になりえないこと、一時的なブームによってビジネスの別の側面での対応がいい加減になってしまうこと、アナリストがブームに無邪気に飛びつく人間を冷笑し始めていること、などだ。この段階に至って、ブームは急速に冷めていく。

　ベインが経営手法を徹底的に研究したことにより、アジャイルの有効性が明確になった。付録Ｃに収録した研究結果は、アジャイルが一過性のブームではないことを示している。私たちのクライアントとの経験でも同じ結果が得られている。経営幹部が自らの体験について率直な意見交換を行えるように、私たちはアジャイル・エンタープライズ・エクスチェンジ（Agile Enterprise Exchange）というフォーラムを立ち上げた。このフォーラムでは多彩な業種や地域、職種からなる40人以上の経営者グループが、チャタムハウスルール（会議の参加者は会議中に得た情報を外部に自由に引用・公開することができるが、その発言者を特定する情報は伏せなければならないというルール）のもとで、アジャイルの成功例や課題について定期的に会合を持ち、継続的な情報交換を行い、オープンな形で意見を共有している[1]。

ここでの議論の多くは本章の土台になっている。アジャイルの正しい実践方法についてお互いに、あるいは第三者に対しても寛大な支援活動を行っているメンバーに対し、私たちは深く感謝したい。

一過性のブームで終わらせない――アジャイルを正しく行う――ためのガイドラインは、単純にして明快である。私たちは本書の中で、繰り返し述べてきた。例えば、恐怖心を引き起こしてはならない。通説とは異なり、人々はすべての変化を恐れているわけではない。私たちの多くは、休暇、優れた化粧品、映画の最新作などが大好きだ。私たちが恐れるのは失うことだ。心理学者のダニエル・カーネマンが指摘するように、損失への恐怖がもたらす心理的影響力の強さは利益に対する希望の2倍である。

アジャイル変革では、従業員が新しい働き方のほうが優れていることを納得するまで、業務権限や職能経験を失うことや、現状の働き方を止めることへの恐怖心を起こさせてはいけない。恐怖心を回避するには、真の意味の共同作業、プロトタイピング、テスト、実際のオペレーションの改善提案を繰り返し実施することが必要だ。

また、アジャイルは道具であって戦略ではないことを思い出して欲しい。チェーンソーは倒れた送電線に絡んだ樹木を取り除き、住宅建設用の材木を伐採するための優れた道具である。しかし、チェーンソーの戦略やチェーンソーの最高責任者を必要とする企業は、どこにも存在しない。チェーンソーはトマトを薄切りにする場合や、心臓手術を行う場合にふさわしい道具とはとても言えない。アジャイルを正しく使うという意味は、ビジネスのパフォーマンスを改善する戦略の道具として使うことである。

また、道具はそれに適した状況で使わなければならないことも意味している。マイケル・ポーターは、戦略の本質とは何をすべきでないかを選択することだと述べた。まさに正鵠を射ている。私たちも同様に、アジャイルを正しく行うという意味は、どこで使用してはいけないのかを選択することであると信じている。アジャイル手法の目的は、何をどのように提供すべきかが明確でなく、その予測も困難な状況において、革新的な問題解決法を見つけることである。標準化された業務手順の遵守を迫られる日常業務では、アジャイル手法はあまり優れた管理手法とは言えない。

もう一度繰り返すが、アジャイルは急激な経費削減のための手段ではない。革新的な業務プロセスによってのみ、最終的により少ない経営資源でより多くの仕事ができるようになる。アジャイルは決して従業員の30%を一気に削減するための乱暴な手段ではない。

アジャイルは残念ながら、しばしばそうした形で売り込まれている。企業内官僚がコスト削減の手法に夢中になること――その手法が企業の成長を約束し、過去の経営の過ちを覆い隠してくれるとなれば、特にそうだ――を熟知している者によって間違って売り込まれることがある。私たちは、次のような発言を聞くことのないよう切に祈るばかりである。「私たちは砂利会社からテック企業への転換の最中にある。成長を加速させるためにアジャイルを採用しているので、残念ながら素晴らしい従業員の30%をレイオフせざるを得ない」

こうしたシンプルなガイドラインを遵守するだけで、読者は生産的なやり方でアジャイルを開始することができる。しかしアジャイルを正しく実践するには、その前途にぽっかり空いた窪みを避けて進むだけでは十分でない。アジャイルの実践はトライアスロン競技に似ている。ゴールにたどり着くまで、果てしない試練が待ち構えている。

私たちは本章の残りの紙面で次の2点を解説したい。

1点目は、アマゾンにおける経験を詳しく解説することである。アマゾンは長い年月をかけて独自のアジャイル手法を作り上げ、その改良を重ねてきた。アマゾンの物語が私たちを奮い立たせてくれるのは、アマゾンが理想的な企業で、私たちがそれを見習わなければならないからではない——読者はすでに「模倣」には注意を要することを知っている——。その理由は、アマゾンが広範な事業分野で長期間にわたり並外れた革新性を維持しているからだ。彼らが革新性をどのように継続してきたかは、大いに学ぶ価値がある。

もう1点は、私たち自身の研究や経験からアジャイル変革を目指す上で必要なルールを抽出して示すことだ。これらのルールによって、道の真ん中に開いた穴を回避できるだけでなく、実際に読者は最終目的地まで無事に到達できるはずだ。

アマゾンのアジャイル

効率的に手堅くビジネスを運営する一方で、想定外のチャンスに遭遇すればビジネスモデルを臨機応変に変更する。必要があれば、事業活動を支えるシステムまでも変革する。こうした対応によって、優れた結果を生み出し、それを継続していく。これがアジャイル拡大の目的であるとするのなら、アマゾンを抜きにアジャイルの本を書くことはできない。

アマゾンは長い時間をかけてその経営モデルの仕組みを開発してきた。ＣＥＯのジェフ・ベゾスは、誰の発案であっても優れたアイデアであればすぐに採用することで有名だが、アマゾンはその経営の仕組みの開発のほとんどを自らの力でやってのけた。従ってそれは複雑に入り組んでおり、理想主義者の目には完璧とは程遠かった。しかし、それでもその経営モデルは十分に機能した――それは他の企業にとっては示唆に富む――。つまり、アジャイルは一時的なブームにすぎないと考える人々に対して、強力な反論材料となった。

誰もが知っているように、アマゾンはビジネス界における奇跡である。ＩＰＯ直後のアマゾン株式に１０００ドル投資していれば、２０１９年半ばには１３５万ドルまで価値が急増した。

ビジネス雑誌がこぞって、最も革新的で、最も尊敬すべき企業だと称賛した。

アメリカン・カスタマー・サティスファクション・インデックスのインターネット小売部門で

は、トップにランキングされることも多かった。アマゾンは新たな流通チャネル、地域、ジャンル、ビジネスなどを取り込みながら、川上から川下までの垂直統合を図っている点で、イノベーション上の驚異である。それゆえに、アマゾンのお手本としての価値に懐疑的になる経営者がいる。

「アマゾンのことを知らない人なんているのだろうか？」

　私たちのクライアントはしばしばこう語る。

「アマゾンは生まれつきアジャイルだ。毎日報じられるニュースは、アマゾンがいかにして長期的な視点で経営を行い、大きなリスクに取り組んでいるか、あるいはどのようにして競争相手をつぶして買収しているか、だ。正直言ってアマゾンのニュースはもううんざり。私たちは現実の世界に生きている。儲けをしっかり出して税金を払わなければならない。私たちはアマゾンで働いているような人々を雇うことはできない。アマゾンのようなテクノロジーも持っていないし、そのようなＣＥＯもいない」

　しかし私たちは、誰もがアマゾンの戦略をコピー＆ペーストすべきだと提案しているのではない。他の企業はアマゾンのシステムの一部を抜き取って、自分自身のシステムに移植すべきだと言っているのでもない。ましてや、アマゾンは完璧な企業なので、すべての面で見習うべきだと言っているのでもない。実はそれが、アマゾンを洞察に満ちた事例にしている理由なのである。

　ネガティブコメントをすべて見てみることにしよう。まず、アマゾンの企業文化はグーグルなどのアジャイル推進者が推奨するような、心理的な安心感をもたらすものではない。アマゾニアン（＝アマゾンの社員）は自分たちの文化を「対立的」「知的な威嚇」「戦闘的」「激烈な競争」「ダーウィン主義的」と表現している。

スタック・ランキング（＝従業員を成績に従ってランク付けし、上位20％、中間70％、下位10％等と振り分けを行うシステム。このモデルでは上位者が多大なボーナスを受け取る一方で、下位者は中間層がより良い成績をあげるように動機づけることを狙い、解雇されてしまうことが通常）で不幸にも貧乏くじを引き、その結果、解雇されてしまうというのは、いかに優秀な人でも精神的にまいってしまう。アマゾンの社員は休む間もなく働く。ワーク・ライフ・バランスを図ることなど論外だ。多くの専門家によれば、大きな社会目標により働き手のモチベーションは大幅に高まるが、アマゾンがそのような社会目標を語ることはない。

実際、低賃金労働者への処遇や、納税、企業誘致における地方政府への横柄な態度は、厳しく批判されている。社内的にも、アマゾンは他のアジャイル企業に比べ、正規の手続き以外の企画は資金を手当てするのが難しい。さらにはCEOのジェフ・ベゾスなどの経営幹部は細かいことにまで口を出さないと気のすまない性格だ。プロダクトのリリース日時や必要要件も、他のアジャイル企業より厳しい。内部の人間が語ったところによると、事業に失敗することは、社内でかなり厳しい評価を受けることになる。

こうした短所のいずれもが、理論的にはアジャイルを実践する上での妨げとなる。短所がすべて合わされば、壊滅的なダメージとなるかもしれない。それにもかかわらず、アマゾンのアジャイルシステムは力強く進化している。それはなぜか。私たちが話をすることができた人々――私たちは幸運なことにアマゾンで現場からトップまであらゆる仕事を経験した経営者と緊密な関係を築くことができた――によれば、その秘密は強さと弱さのバランスがとれたシステムにある。それはアマゾンが長い年月をかけて進化させてきたもので、独自のシステムである。

アマゾンの強さはシステムであり、個人ではない。四六時中、数千人という人間がアマゾンに入社し、アマゾンから退社している。他の企業はアマゾン経験者を雇用することができ、実際にそうしている。アマゾンの社員は神でも魔物でもない。彼らは生身の人間であり、アマゾンというシステムの中で驚異的な仕事を成し遂げただけなのである。

ジェイソン・ゴールドバーガーはそうした人間の１人だ。ゴールドバーガーがアマゾンにシニア・バイヤーとして入社したのは１９９９年のことだった。彼が大学を出て6年目、アマゾンが株式公開を果たしてから2年目だった。その後の8年間で、彼は部門のマーチャンダイズ・マネージャー、カテゴリー・マネージャー、最後はゼネラルマネージャーへと昇進した。

２０００〜２００２年にインターネットバブルが弾けて（＝ドットコム・クラッシュ）、アマゾンの株価は95％も下落したが、彼は何とか乗り越えることができた。彼はまたアマゾンのユニークなアジャイルシステムの進化にも関与することができた。そのシステムによって、彼の在職中にアマゾンは復活を遂げた。売上は20億ドルから１５０億ドル、従業員は７６００人から１万７０００人へ急拡大、株価は２００１年の安値から１３００％も急上昇した。

他の評論家や関係者と同じように、ゴールドバーガーは、アマゾンのシステムの最大の特徴は顧客への強いこだわりだと考えていた。彼はその他の小売企業――フェデレーテッド・デパートメント・ストアーズ、QVC、リネンズ・アンド・シングス——で働いた経験があり、「顧客中心主義」が何を意味するかを理解していた。しかしアマゾンではその意味が異なっていた。アマゾンという会社はとにかく顧客が大好きだ。顧客に夢中になり、そののめり込み度合いからは狂気さえ感じさせるほどだ。

アマゾンの経営陣が顧客問題を解決するために、真夜中にソフトウェアのエンジニアを叩き起こすといったことは、日常茶飯時だった。アマゾンは顧客を喜ばせる長期目標のためなら、平気で短期的な利益を犠牲にした。アマゾンでは常時、約500種類の経営指標をフォローしている。そのうちの約80%は顧客に関するものだ。ベゾスは「本日の会議で最も重要な人物（＝顧客）」のために席を1つ空席にしておくことがよくあった。[2]

アマゾンの使命は「地球上で最も顧客中心主義の企業」になることだ。この点で、私たちが知っているアマゾンの経営陣は全員がゴールドバーガーと同じ意見だ。その真剣さは他の企業が想像する以上だ。

アマゾンはこの顧客第一主義を文字通り実践するために、強力な運営上の原則を定め実行している。[3] その原則には、次のような項目が含まれている。オーナーシップ（会社全体のために長期的な視点で考える）、発明とシンプリシティ（新しいアイデアのためなら徹底的に調べる）、優れた見識（幅広い視野に基づく揺るぎない判断力を培う）、学習と好奇心（着実な改善を図る）、ベストな人材を採用して能力を伸ばす（採用や昇進ごとに判断基準を引き上げる）、最高水準をいつも目指す（他人から見て不当に高すぎるとしても）、大きく考える（大胆な目標について意見を交わす）、人とは違う行動（スピードが重要だ）、節約する（最小の費用で最大の効果をあげる）、信頼を得る（声に出して自己批判をする）、深く潜る（細部に執着する）、意地を張る（敬意を持って挑戦し妥協を拒む）、結果を出す（決して妥協しない）[4]。

多くの企業にも似たような原則はあるが、いずれも陳腐であり、従業員の大半はすぐに何の意味もないことを悟ってしまう。私たちが議論した役員によれば、アマゾンの場合は違う。アマゾンはその原則に基づいて社員を採用し、社員は企業を成長させる。それらの原則はアマゾンのビジネス活動を取り仕切る指針である。好き嫌いにかかわらず、アマゾンの社員はその原則を徹底的に守る。

正真正銘の顧客第一主義は、アジリティの強力な基盤となる。しかしそれを実現する強力な能力が備わっていなければ、アジャイル企業を作ることはできない。

例えばゴールドバーガーは営業マンだった。しかし彼はすぐに次のことを学んだ。アマゾンが期待するような顧客サービスを提供するためには、テクノロジーやサプライチェーンについてもっと多くのことを学ぶ必要がある、と。その結果、彼はオペレーションの専門家と二人三脚で働くようになった。彼は会議で理解できないテーマがあれば、それを自分で調べた。彼は自分とは全く無縁に見えた仕事についても理解し判断できるようになった。彼によれば、こうした学習の姿勢はアマゾンの社員の間では別に珍しいことではない。

２０００年にアマゾンの従業員は９０００人だった。ゴールドバーガーによれば、その頃からアマゾンは技術に対する考え方を変えた。巨大で強固なシステムをマイクロサービスと呼ばれる小さなモジュールに分解し始めた。それぞれのモジュールの構造は、独立していて柔軟性があり、再利用可能、そして代替可能なサブシステムだった。それらはアプリケーション・プログラミング・インターフェース（ＡＰＩ）という標準的なプロトコルを通じてお互いに接続することができた。こうした手法によって効率性が改善された。小さなモジュールを作ることによって、自立したチームが自らのサービスを開発、検証、展開、拡大することが簡単になりスピードもアップした。

さらに重要なことは、適切に機能していないマイクロサービスをすぐに発見し、別のものに置き換えることができるようになった。マイクロサービスは広範な共同作業の障害を取り除く手段であり、それによって組織をまたぐ共同作業や試行のリスクが大幅に低下した。

こうしたサービス重視の組織文化がアマゾンのアジャイルシステムを支えており、今もそれが続いている。「マイクロサービスを重視することにより、イノベーションの実現が早まった、と多くの人々が考えている」。ゴールドバーガーは、次のように語った。

> まさにその通りだ。その一方で、非効率なイノベーションをより早く中止できるようになった。もし部下に対して、イノベーションをやって欲しいがミスは犯すなと命令すれば、それはイノベーションをするなと言っているのと同じだ。しかし、致命的なミス以外は気にするなと言えば、部下は気が楽になる。積極的にアジャイル手法で検証と学習を行うことができる。ジェフ（ベゾス）はよくツーウェイ・ドア（双方向ドア）の話をする。向こう側の世界が気に入らな

ければ、いつでもこちら側に戻ってこられる、という意味だ。サービス重視の構造によって、数千ものツーウェイ・ドアが誕生した。

こうしたサービス重視の哲学を反映した最初期のアプリケーションが、アマゾン・マーケットプレイスだ。このプラットフォームによって、アマゾンは自らのウェブサイトで第三者の商品を販売できるようになった。アマゾンはかつて二度、アマゾン・オークションとゼット・ショップを作り上げ、イーベイに真っ向から勝負を挑んだ。だが両方とも失敗に終わった。しかし持ち前のサービス重視の企業風土によって、アマゾンは単独のデジタルサイトを作り出し、第三者である売り手をアマゾンの購買体験の中に完璧に組み込むことに成功した。

アマゾンは、もともとは人まねのアイデアであったものを、他人がマネできない水準にまでグレードアップさせたのだ。現在ではアマゾン・マーケットプレイスの販売業者は５００万以上に達し、小売部門売上高の53%を占めている。

サービス重視の哲学はまた、アマゾン ウェブ サービス（自らのＥＣサイトの開発・運用のために構築したＷｅｂサービス基盤を他の事業者にも貸与するデータセンター事業）を生み出した。

２００３年、アマゾンのウェブサイトを担当するエンジニアチームの2人のメンバー、ベンジャミン・ブラックとクリス・ピンカムは、売上の急拡大に後れをとらないために技術インフラの迅速かつ効率的な拡大に取り掛かった。彼らが書いたメモには、クラウドベースのアーキテクチャーと仮想サーバーをサービス販売する可能性が記されていた。アマゾンの取締役会は小売のコア・コンセプトから大きく外れるのではないかと心配したが、ベゾスは大学時代から、学生寮の同部屋の学生をはじめ他人の起業を手伝うのが大好きだった。

アマゾンが正式にアマゾン ウェブ サービスを開始したのは２００６年である。それ以降、アマゾン ウェブ サービスはアマゾンの新たな戦略的サービスとなり、会社に多額の収益をもたらした。クラウドコンピューティングの世界的な普及という点でも大きな役割を担った。

アマゾン全体に起業家的な価値観や原理が浸透しているにもかかわらず、アマゾンの組織構造は長い間、他の企業と全く代わり映えしなかった。２００２年初めにベゾスは組織の変革を決意した。彼はアジャイルチームを「2枚のピザ」チームと呼んだが、その特殊な手法や枠組みにはほとんど無関心だった。それでも、アジャイルチームの拡大を正式に提案した。

彼のアイデアは、大きな問題に継続的に取り組むために、組織全体を小規模で自律的なチームに再編成し、アジャイル的な手法を強化することだった。それぞれのチームは10人以下の人員とした。「2枚のピザ」チームと名付けられた理由は、チームの残業用の夕食がピザ2枚分で済んだからだ。チームはお互い何の気兼ねもなく競争した。

ゴールドバーガーは、人々がピザチームでいかに夢中で働いていたかを覚えている。「どのピザチームも輝いていた。不必要な上下関係は取り払われ、現場に最も近い人間がお互いに、あるいは顧客と直に共同作業することができた。私が知っている多くの人間がピザチームで働くことを希望した。チームに参加できた人間は、名誉の印として自分のオンラインディレクトリーの脇にピザのアイコンを貼りつけていた」

「2枚のピザ」チームは軌道に乗り、テクノロジー部門のような技術革新の激しい部署では必要不可欠となったが、経理のような日常オペレーションでは採用されなかった。アマゾンは組織全体を「2枚のピザ」チームとして再編成するのではなく、革新的なアイデアを〝攻略〟することに特化したツールとして活用した。アマゾンでは現在、数千のピザチームが稼働しており、企業文化の中核を占めるようになっている。

創業から10年が経過した2004年になると、アマゾンはイノベーション施策への資金提供や企画案の検討方法を変更した。今日、すべての計画、すべての提案は――特に「2枚のピザ」チームの場合――、6ページのメモから始まる。提案メモの最初1～2ページは、ビジュアル化されたプレスリリース形式での顧客利便性向上に関する説明だ。アジャイルのバックログのユーザーストーリーと極めて似ているが、その〝プレスリリース〟には対象とする顧客、顧客が求めるメリット、現状への不満、アマゾンの新手法の優位性などが記されている。また提案書では、イノベーションがどのように機能するかについて、少なくとも4～5ページの質疑応答形式（ＦＡＱｓ）の解説記事――最初は提案の問題点を鋭く突く質問から始まる――が含まれる。

メモには、商品やサービスのデザインや概念図、提案した商品やサービスを利用する顧客の写真なども頻繁に組み込まれる。こうした提案書は最初の段階では〝6ページメモ〟と呼ばれていた。現在では多くの役員が「ＰＲ／ＦＡＱｓ」と呼び、メモの分量は15ページ以上になる場合も多い。

ゴールドバーガーは今でも彼が最初に書いた6ページメモを覚えている。彼は初めパワーポイントを使ったプレゼンテーションを準備していたが、１週間前になって6ページのメモにする必要があることを知った。

彼によれば、「メモは雑駁で、支離滅裂だった。出席者の全員がメモを読んでいる30～60分の間、いたたまれない気持ちで待っていた。そして、順不同で質問が飛び交い始めた。知ったかぶりをしても数分のうちにばれてしまう。ベゾスにかかれば、事前に用意した想定問答集など一瞬にして反故になった。求められるのはその分野のエキスパートとしての意見だった。有能なプレゼンテーターになることではなかった」。

しかしゴールドバーガーが6ページメモで最も評価していたのは、それが顧客重視というアマゾンのミッションを再認識させてくれる点だった。彼が語ったところによれば、「私が覚えているのは、メモを読んで私が感じたことだ。メモによって、私たち全員がこれから本気でやろうとしていることについて考えさせられた。顧客の視点から遡ることで、すべての活動が顧客のためにあるのだと考えざるを得なくなる。提案の多くが社内の業務手続きやテクノロジーの改善に集中しているために、皆が顧客の視点で共に働く人々のことを考えるようになった。自分の改革提案に対して責任を強く感じるようになった。改革への関与がいやがうえにも深まっていった」。

ナディア・ショウラボーラなど他の役員も、ゴールドバーグと同じ意見だ。彼女は２００４～２０１２年の間、取締役を務めた。彼女によれば、「アマゾンのシステムを構成する一つひとつのパーツは、他のパーツとうまく距離を保ちながら、その一方でお互いを補強し合っていた」。

システムの中心にあるのは顧客第一主義だ。アマゾンは細部に至るまで細かく管理されすぎているかもしれない。しかしそれは、顧客への情熱から出たものだ。個人的には無関心よりこの情熱のほうが好きだ。経営陣は従業員に何をすべきか指示しない。彼らは「皆さんは、当社の顧客に対し責任を負っている。その顧客が問題を抱えているとしたら、その問題の解決のために何ができますか」と言うだけだ。６ページメモによって経営資源を手に入れ、顧客の視点から考えてイノベーションを行う。アマゾンに在籍していた頃、私は数百点もの６ページメモを書き、数千点以上のメモを読んだ。数々の提案について議論を交わすことは、決して時間の無駄ではなかった。議論の参加者はすべての時間を顧客体験の改善のために費やした。「２枚のピザ」チームが精力を集中したのが、顧客のために創造的に問題を解決することだった。「２枚のピザ」チームは自己完結的で、権限も十分に与えられていた。チームはアマゾンが「シングルスレッド（並行処理の発生しないプログラムのこと）」と呼ぶものであり、同時に複数の仕事をすることはない。１つのチームに１つの問題解決。サービス志向の企業風土によって、彼らは上司の承認を待つことなく、顧客からデータを収集し問題の解決法を検証できた。アマゾンのシステムはすべての人々を幸せにする。

アマゾンはアジリティを拡大し、さらに向上させるために、ツールの拡張と高度化を続けている。アマゾンは将来においても成功し続けるだろうか。その答えはベゾスにも、私たちにもわからない。

２０１８年11月に彼は従業員に語った。「アマゾンは「too big to fail（大きすぎて潰せない）」ということはありえない……。アマゾンもやがて潰れる日がやって来ると思っている。アマゾンは破産を避けられない。大企業の平均寿命は１００年強ではなく30年強にすぎない」

こうした最後の結末を先延ばしする秘訣は、顧客第一主義を徹底し、独りよがりにならないことだ。「顧客ではなく自分自身に関心が向かい始めた途端に、私たちの終わりが始まる。私たちはそうした日が到来するのをできるだけ先送りしなければならない[5]」

複雑なシステムに潜む危険性は、アマゾンにとっても他人ごとではない。規制の変更によって、会社は分割を迫られる可能性がある。成長が鈍化すれば、株価やスタープレイヤーの報酬も停滞する。マイクロマネジメントや官僚主義がはびこり、イノベーションは抑圧される。顧客満足度の低下が、一時的ではなく長期的なトレンドになっていく。しかし、アマゾン以上に継続的にシステムのバランスと調和を図りながら、予測困難な市場の動きに適応しようと努力している企業はほとんどない。

アジャイル企業になるための道のり

アマゾンや本書で紹介した他の企業のように、アジャイルに成功した企業は独自の能力を身につけているように見える。それらの能力によって彼らはアジャイルの実践が可能になっている。

独りよがりなアジャイル企業が陥る落とし穴にはまったり、一時的なブームに流されることもない。特に重要なのは次の4点だ——私たちはそれらをアジャイル企業になるための道のり、スキル、特性だと考えている。それらを体得すれば、読者は望み通りのアジャイル変革を起こすことが可能になる。

1．アジャイルチームを好きになる——そして自分自身のチームを創設する

アジャイルを実践したことがなければ、アジャイルを大規模に行うことなど論外だ。これまで述べてきたように、アジャイルチームは、何をどのように実行したらいいかが漠然としていて、予測も難しいときに、革新的な問題解決を見つけるためのツールだ。チームの主要な目的はイノベーションを通じてビジネスを変革することである。そのイノベーションとは、次の3つだ。新しい製品やサービスの開発と顧客体験の改善。業務プロセスの改善を通じて、顧客にソリューションを提供すること。そして業務プロセスを支える技術を革新すること。チームはアジャイルの中心である。

アジャイルチームを支援し、参加する人々は、アジャイルの実践に通じているだけでは不十分だ。なぜチームは自力で何でもしなければならないのかも理解しておく必要がある。チームが独立しているのは、次の理由からだ。自律性によってモチベーションが高まり、顧客やオペレーシ

ョンに最も近いところで働く人々に権限を委譲できる。そして、経営幹部は企業戦略の策定と実行に多くの時間を割けるようになる。チームが少人数で多機能的でなければならない理由は、コミュニケーションを図りやすく、生産性も改善しやすいからだ。また多彩な専門家を含むほうが、創造性が高くなり、他チームへの依存を減らし、意思決定に要する時間を短縮できる。

チームの課題を1つに限定したのは、目標が複数になると人間の判断力が鈍くなるからだ。また製品やサービスの開発スピードが遅くなり、仕掛中の仕事ばかりが増えるからだ。優秀なアジャイルチームは何の考えもなくルールに従っているのではない。チームは今それをなぜしなければならないのかを理解している。そして絶えず仕事の改善方法を探求し、それから得た洞察や識見を他チームと共有している。

アジャイルチームは、どのような部署で設立されたとしても、誰もが認めるような成果をあげなければならない。優れた成果があがれば、アジャイルの規模や対象範囲を拡大しようという気運が高まる。優れた成果はスタープレイヤーを惹きつける。多くの人々がチームに参加するようになれば、チームの自信が深まる。

チームは優先順位付けの重要性を学ぶ。社内の既成概念を鵜呑みにはしない。マネージャーよりも顧客から直にフィードバックを収集し、仕掛中の仕事を減らし、意思決定のスピードを速める。価値を生まない仕事はさっさと止めてしまうようにして、仕事のやり方を継続的に改善する。そうした知見をそれぞれの担当部署にフィードバックする。そのようにして、アジャイルチームは仕事のスピードアップを行い、業績を向上させる上で障害となっているものを特定できるようになり、経営者はそうした障害を取り除けるようになる。アジャイルチームは何かを会社全体に強要するものではなく、会社から自然に求められるものだ。

アジャイルチームが好きになるにつれて、読者も自分自身のチーム、つまりアジャイル原則に従って共同作業を行うチームを作ってみたいと思うようになるはずだ。もし読者が最高経営幹部であれば、役員リーダーシップチーム、あるいはビジネスユニットや担当部署のシニア・マネージャーチームを作るかもしれない。幹部の補佐をしている場合は、所属部門のスタッフチームを作るかもしれない。アジャイルチームを作る上での第一歩は、本書を全員で読んで議論することだ。アジャイルのコンセプトについて理解を深めることだ。

例えば、チームメンバーと一緒に勉強し、アジャイル手法を様々な場面で実験してみる。読者は様々な企業を訪問することが多いと思うが、その企業のどこにアジャイルチームの活躍の場があるかを考えてみる。企業に、アジャイル手法のどこが嫌いで、どこが好きかという質問をストレートにしてみる。自分のチームにアジャイル的なやり方で仕事したいか聞いてみる。研修プログラムに全員で参加し、複数の部署にかかわる共通の基盤を構築してみる。共同作業によってアジャイル習慣を持続可能なものにする。読者自身の個人的なアジャイル宣言を書いてみる。

本書の執筆者の1人であるダレルが初めてアジャイルの原理や実践法を学んだとき、自分自身もそれを実践すべきだと感じた。アジャイル宣言に盛り込まれた価値観ごとに1つのシンプルな行動目標を定め、具体的な実現計画を立てた。例えば、次のようなものだ。

・「人々を幸せや成功に導く働き方をする」。仕事でストレスを感じたとき、少なくとも1人の仲間の仕事に対し心からの感謝の気持ちを表すことにした。

・「大規模な仕事を細かなステップに分解し、それぞれの問題解決法を実際のモデルでテストする」。自分とは異なる意見に出会ったとき、「どのようにすればそれをテストできるのか」と尋ねることにした。

・「顧客に最大限利益をもたらすことに集中するために、行動を単純化し、順序付けする」。顧客に何の利益ももたらさない仕事を頼まれたとき、それよりも優先すべき課題があること、しかもその仕事が遅れると大きな損害が発生することを説明した。

・「学習を歓迎し、祝福する」。自分の予測や意見が間違っていたとき、周囲の人間とそれを笑い飛ばし、方針を修正することを約束した。

こうした行動の結果、何が起きたか。ダレルの説明をさらに聞いてみることにしよう。

最初に生じたのは、楽しい変化だった。感謝を述べることで私は幸せな気分になり、チームワークが強化された。マイナスの変化は何も起きなかった。1年以上もの間、私は自分の仮説や予想をメモ書きにし、ブライアスコア（確率予測を検証するための基本指標）で的中率を調べてみた。あきれるほどに仮説や予想は外れていた。謙虚であることの重要性を痛感するとともに、リスクの点では自分も他人も五十歩百歩だということを理解した。私がまた心配したのは、多くの過ちを笑い飛ばすのはいいが、それで信頼が損なわれるのではないかという点だった。しかし実際にそんなことは起きなかった。協力して仮説を作り上げ、優れた成果を出すことで信頼性は大きく高まっていった。

こうした行動が簡単にできるようになって、彼はアジャイル宣言の他の行動も取り入れることにした。ダレルはさらに幸せな気分になり、態度にも落ち着きが出てきた。彼はチームの良き手本となり、一生モノの行動習慣も身についた。かつてのような官僚主義的な行動に逆戻りすることもなかった。

2. アジャイルを拡大する——アジャイル企業を心に思い描きながら

思い出して欲しい。「アジャイルの拡大」とは、アジャイルの原則が企業の隅々にまで浸透していなくても、アジャイルチームが広範囲に展開されていることを意味する。それによりイノベーションの質や量が高まるという恩恵が企業にもたらされる。アジャイルの拡大によって検証や学習の精神が企業全体に浸透し、従業員はどのような些細なことでも改善の機会を見逃さなくなる。しかもイノベーション拡大の追加費用はかからない。最新のイノベーション活動状況に通じているはずのリーダーさえ、次のような驚きがいつもある。

社内にいかに多くのプロジェクトが存在しているか、どの部署でどのようなプロジェクトが動いているか、それらのプロジェクトでは何を行い、何を行っていないか、誰がそこで働いているか（そして他にどんな仕事を兼務しているか）、効率よく共同作業し、順調にイノベーションを生み出しているか、といった点を常にすべて把握しているわけではない。

このようなチームのうち、3分の1はすぐにでも活動を中止してもいいものである。非生産的なプロジェクトを直ちに中止すれば、もっと収益性の高い案件に挑戦する余裕や経営資源が捻出できる。残りの3分の2のチームも重要な任務を担っているとはいえ、やがて困難に直面しヤル気を失うチームが出てくるはずだ。これらのチームが、アジャイルへ模様替えする有力な候補だ。場合によっては、リーダーはチームを再構成して最新の技術や発想を注入する必要がある。その結果、コストや結果が改善すれば、素晴らしい成功物語が生まれ、熱心なファンがそれを各方面で紹介してくれるはずだ。

アジャイル拡大のもう1つのメリットのほうがもっと重要かもしれない。チームを拡大させることによって、複数のチームからなるチームがマトリックス組織や階級組織の官僚機構の中でどのようにすればうまく機能するのかを学ぶことができる。職能横断的なアジャイルチームは、定義に従えば、マトリックス組織である。チームのメンバーが報告を上げる上司がアジャイルの考えや手法を理解している限り、1人の上司が複数のチームを統括しても各チームのパフォーマンスが低下することはない。

階級組織についても同じことが言える。アジャイルで構成されるチーム、アジャイルチームで構成されるさらに大きなチームには、階級組織と極めて似た報告義務の制度がある。しかしプロダクトオーナーは従来型のボスではない。彼らは予測、命令、細かな仕事の管理はしない。チームのメンバーに仕事を割り振り、締め切りを設定することもしない――チームは共同作業によって仕事をこなしていく。階級組織に特有の弱点を補いながら、アジャイルの考えや手法を上手に運用できる。アジャイルの拡大を習得することで、イノベーションの向上だけでなく、通常のオペレーションをより人間味のあるやり方で運営することができる。

　アジャイルの拡大を上手に行うためには、リーダーが「アジャイル」という言葉が何を意味するか十分に理解する必要がある。第2章で述べたように、アジャイルには数十のフレームワークが存在する。私たちのクライアントの多くはどのフレームワークを選ぶか決めるとき、2つか、3つの選択肢（例えば、スクラム、カンバン、Scrum@ScaleやＳＡＦｅのような拡大フレームワーク）に絞り込んで、その中から選ぶのが一般的だ。彼らはこうしたフレームワークを企業風土に合わせてカスタマイズし、中核となるコンセプトや専門用語を統一して、チームに適応するよう促していく。

　アジャイルの拡大は大きな第一歩であるが、アジャイルの正しい実践のためには最終的にアジャイルチームとアジャイルシステム――つまりアジャイル企業――の両方が必要だ。この2つの用語は、両方ともアジャイルの実践を含んでいるために、混同されることが多い。アジャイル拡大の主な目的は、アジャイルチームのパフォーマンスを改善し、官僚制度とイノベーションを共存させることだ。

アジャイル企業の主な目的は、アジャイルなビジネスシステムを創造することだ。官僚制度とイノベーションを共生的なパートナーに高めて、両者の共同作業から優れた成果が生み出せるようにすることだ。

アジャイル企業のコンセプトをさらに細かく見ていくことにしよう。その定義を細かく言えば、次のようになるかもしれない。「アジャイル企業とは、優れた成果を生み出すために、顧客がもたらす収益機会の変化に効率的に適応できる、バランスの取れた企業システムのことである」

それぞれの言葉には意味がある。まず「アジャイル企業」から始めることにしよう。アジャイル企業の経営陣は個別チームのパフォーマンスの最大化には関心がない。関心があるのは、ビジネスシステム全体のパフォーマンスの改善だ。そうしたシステムを「バランスが取れた」システムという。つまり通常のオペレーションを安定的かつ効率的に行う一方で、イノベーションにも積極的に挑戦することで環境変化に着実に適応していく。安定的なオペレーションと柔軟なイノベーションは敵同士ではない。両者は補完的、相互依存的、互恵的な関係にあり、企業発展のためにお互いを必要としている。

その他の言葉も重要だ。アジャイルシステムは「効率的に適用できる」。企業の発展のカギは、新しい環境でも十分に機能する特性を維持しながら、変化が必要なものはさっさと変えてしまうことだ。フィードバックのループを高速回転させながら検証を繰り返し行うことが、予期せぬ痛ましい結果を招かずに新しい環境に適応する唯一の方策だ。

それでは、システムが適用の対象としているものは何か。それは「顧客がもたらす収益機会」

だ。アジャイル企業は、顧客の好みの変化を見つけ出し、それに対応するためだけに顧客の環境を研究しているのではない。アマゾンがそうであるように、アジャイル企業は積極的に顧客環境を変化させている。彼らは、顧客のために問題解決法を見つけ出し、あるいは自らそれを作り出すことで、収益機会を取り込もうとしている。

その問題解決法は、顧客が満足のいく目標を達成するのを手助けする一方で、ライバル企業を追い落とし、場合によっては倒産の危機にまで追い込む。問題解決策には破壊的なイノベーション――既存の顧客はそれほどでないかもしれないが、それ以外の顧客は直ちに評価してくれる製品やサービス――が含まれる。むしろ多くの場合、そうなるべきかもしれない。

最後に、アジャイル企業は「優れた成果を生み出す」。アジリティを高める唯一の正当な目的は、成果の改善――顧客に関する成果（購買、市場占有率）、業績（売上の伸び、キャッシュフロー）、従業員に関する成果（従業員の質、効率性）、社会に関する成果（人権、環境の持続可能性）――である。アジリティ自体に固有の美徳はない。その点で言えば、官僚機構自体にも固有の悪徳はない。これらは結果を出すための戦略的手段にすぎない。

アジャイル企業への移行を現在計画していなくても、数週間ばかり時間をとって、そうした移行がどのようなものか考えて欲しい。アジャイルチームをいくつ創設できるか。チームは何を行い、誰に対し報告の義務を負うか。アジャイル企業はどれだけ価値を高めることができるか。官僚機構とイノベーションをうまく調和できるか。そうした目標の実現で最大の障害やリスクは何か。現実的にどこまでやれるか、それをどのくらいのスピードで実現できるか。こうしたやり方でアジャイルシステムを構想するためには、全体を俯瞰した総合的な思考が求められる。アジャイルシステムへの移行で失う恐れのある価値を事前に把握することも重要だ。最終的に目指す姿についての意思統一を図る必要もある。こうした最終目標の共有化は、戦略的な意思決定を下す場合の指針となる。

さらに別のメリットもある。アジャイル企業を構想することで、アジャイルへの決意やエネルギー、行動への勇気を鼓舞することができる。企業が横道に逸れて、最終的にアジャイル企業になれないリスクも防ぐこともできる。会社はどこまでアジャイル企業になりたいのか。どのくらいのスピードでそれを達成したいのか。その行動計画をどう組み立てるのか。そうした議論を促進することもできる。それはまた、経営陣が解決すべき課題、対処すべきリスクかどうか、あるいは決定を覆すべき検証結果かどうか、などを見分ける手助けにもなる。

こうしたすべてのことを踏まえて、次のような両極端なことを言い出す人が出てくるかもしれない。１つの極論は「私たちはすべてを直ちに変革する必要がある」であり、もう１つは「やることが多すぎて、どうしていいかわからない」というものだ。

私たちは前の章でビッグバンのような一気呵成型のアジャイル変革の危険性を議論した。直ちにすべてを変革したい役員は、官僚主義的な改革チームを編成してアジャイルを組織全体に強制しようとする。そのような役員はいつも他人のアジャイル・モデルを模倣し、そこにすべての解があると自分自身に納得させ、一か八かやってみようとする。それで好結果が出たためしがない。

ビジネスのような複雑なシステムでは、因果関係はある程度の時間が経過しないとはっきりしない。意図せぬ結果を招くこともある。米国の禁酒法時代を思い出してほしい。酒類販売を禁じたアメリカ合衆国憲法修正第18条によって、犯罪組織の富と権力が増大し、ハードドラッグや危険な自家製醸造酒の消費が増えた。税収は減少し、かつては遵法精神に富んでいた数百万の市民が有罪とされた。政府への信頼は失墜し、法制度に過度の負担を強いた。こうした事態を、どれだけ多くの人が予想できただろうか。

もう1つの極端な事例は、アジャイル企業の複雑さに身がすくんでしまった役員のケースだ。確かに肥大化した官僚機構の弊害は大きい。アジャイル企業の考え方には心が惹かれる。しかし、どこから着手したらいいのか。変革すべきことがあまりに多すぎる。もし改革が中途半端に終われば、自分たちの立ち位置は現在よりもひどくなってしまうのではないか。こうした恐怖が芽生えてくる。目に見えるような大きな変化は何年間も起きない。そして突然、マネジメントチームは自分たちが困難な状況にあることを理解する。もはや問題を先送りし、検証や学習を行う時間的な猶予はない。「私たちはすべてを今直ちに変革する必要がある」……。ダイエットをやったり、やめたりする人のように、そうした企業は極端からもう1つの極端に走る傾向がある。

3. アジャイルのイノベーションを活用して目的を達成する

アジャイル変革に着手したとき、多くの執行役員が最も困惑するのは、目標をどこに置き、そこへどのように到達したらいいかが、全くわからず、知ることもできない点だ。経験豊富なアジャイル専門家でも、企業システムを最終的にどの程度アジャイル化すべきなのか、どのような道筋でその目標に到達したらいいのか自信を持って答えることはできない。どのようにして企業価値を高めていくのかというリーダーの最も基本的な方針を立てられなくなってしまう。

誰が（「ニュートロン（中性子爆弾）ジャック」の異名を持つ）ジャック・ウェルチの次の哲学に反論できるだろうか。「優れたビジネスリーダーは、ビジョンを作り、明確な言葉で表現し、情熱を持って自分の血肉にする。しかもその実現に向けて努力を惜しまない[6]」。つまり、予測し、命令し、管理するのがリーダーの役割なのである。

しかし問題は、予測、命令、管理の仕事のやり方が、不透明で不確実性に満ちた環境では全く機能しないことだ。アマル・ビデの研究によると、アントレプレナー企業の3分の2は成功する前に創業時のビジョンを大なり小なり修正していた。彼の言葉を借りると、「起業家は想定外の問題やチャンスに遭遇した場合、検証を繰り返しながら自分の仮説を修正し現実に対応していった[7]」。

著名なベンチャーキャピタリスト、フレッド・ウィルソンは、ユニオン・スクエア・ベンチャーズの共同創業者だ。彼も同じような行動パターンを発見した。「個人的な投資歴の中で、私が成功あるいはかなり成功したと考える企業が26社ある。その中で17社の企業は、投資を開始してから株式を売却するまでの間に、ビジネスの全面的あるいは部分的な変革を経験している。これが意味するところは、ベンチャーキャピタルから資金を受け入れ、彼らが株式売却で資金回収するまでの間に、ベンチャー企業の3分の2は事業内容を抜本的に見直さなければならない可能性があるということだ」

さらにウィルソンによれば、彼が投資に失敗したと考える企業の80％はビジネスの変革に失敗していた[8]。

前に述べたように、ダニエル・カーネマンのような行動経済学者は、リーダーの予測はコイントスと同じくらいの的中率しかないと指摘する[9]。もしそうだとすれば、リーダーは命令や管理を行う際に、もっと謙虚にならなければならない。もし自分の予測の的中率が顧客や顧客サービスを提供する現場の人間とほとんど違わないとすれば、どうすべきか。顧客実験や学習で得られた意思決定のほうが自分の判断よりも早く優れているとしたら、どうすべきか。自分が検討を始めて、意思決定を下すまでにかかる時間が、通常のサイクルタイム、リードタイムの2倍、3倍もかかっているとしたら、どうすべきか、等々。

思い出してほしい。アジャイルの狙いは、何をどのように提供したらいいかわからない状況で、革新的な問題解決法を生み出すことであった。これこそが、肥大化した官僚組織からアジャイル企業へ移行することの理想的な理由である。

それゆえに私たちは、最初のステップはアジャイルなリーダーシップチームを設立して、他のアジャイルチームと同様の運営を行うべきであると議論してきた。リーダーシップチームの中に、企業全体の業績に責任を負うイニシアチブオーナーと、チームのメンバーにコーチングを行い積極的な関与をサポートするファシリテーターを設ける必要がある。

リーダーはメンバーに細かな指示を出すことは控え、それで浮いた多くの時間をアジャイルシステム開発に費やすべきだ。アジャイルシステムは、企業理念、企業業績、顧客満足、従業員モラルなどの目標を実現するためのものだ。リーダーが組織の機能不全を乗り越えるためには、複雑な問題を対応可能な細かなステップにまで分解し、その問題解決に向けて組織的な取り組みをする必要がある。リーダーは課題を部下に丸投げするのではなく、自らが率先して問題解決に当たり障害を取り除く努力をすべきである。

収益機会のバックログはチームメンバーが一丸となって取り組むべき、アジャイルチームの重要なツールである。バックログによってチームは、どれだけの価値向上を実現できるか、チームはどのような順序で仕事に取り組めばいいかといった点について、理解することができる。それは、現実的で、箇条書きにされ、しかも事実に基づいている。チームがお互いに協力しながらバックログの問題解決に取り込めば、チーム全体が成功する可能性が高まる。

一見すると、バックログは空想的な「Ｔｏ Ｄｏ（しなければならない）リスト」のように見えるかもしれない。だが、次の３つの重要な点で異なる。

１つは、それぞれの項目は実現すべき仕事としてではなく、重要な顧客ニーズや顧客機会の観点で書かれていることだ。２つ目は、それぞれの項目には厳格な優先順位がついている点だ。そのため、複数の仕事を同時に実行することはできず、すべての経営資源を最も価値ある仕事に投入できるようになっている。３つ目は、バックログの各項目が実現できる付加価値やそれに必要な経営資源に関する最新の情報を踏まえて、バックログは継続的に刷新され、その優先順位も見直されている点だ。

バックログはアジャイルチームに対して顧客重視や新しい環境への適応を迫るほかに、低付加価値な活動を中止する根拠にもなる。ワイン会社のコンステレーション・ブランズのセントラル・コースト・ワイナリーのヴァイス・プレジデント、エリック・マーテラがアジャイル変革を実践し始めたとき、コンステレーションの本部の上司から、ワインを贈る顧客の個人的な想いも相手に伝えられるようにする新サービスの開発を指示するメールが届いた。

マーテラが私たちに語ったところによると、以前なら彼は「オーケー、すぐに取り掛かりましょう」と返事をしたかもしれない。しかし実際には、私たちは今アジャイル変革に取り組んでいるところです、と答えた。つまり、その上司のアイデアは潜在的な収益機会のリスト、つまりバックログに加えて、優先順位化したほうがいいのではないかという返事をしたのだ。偶然にも、その役員はマーテラと同じ対応をした。その後、彼は自分の提案に低い優先順位しかつけられなかったことを知り、その決定を素直に受け入れた。

バックログにはもう１つメリットがある。先にアマゾンのゴールドバーガーが無意味なイノベーションは早く手仕舞うに限ると述べたことを紹介したが、読者はその話を覚えているだろうか。成果があがっていないチームほど忙しそうに見せかける。仕事の先行きにも自信があるふりをする。自分たちが敗者の烙印を押され、つまらない仕事を押しつけられ、最悪の場合にはレイオフされることを恐れているからだ。

彼らがやるべきことは、直ちに現在の仕事を中止して、もっと将来性のある仕事を任せて欲しいと要求することである。バックログに絶えず有望な収益機会が控えていれば、仕事のスクラップ・アンド・ビルドが促進される。バックログが向こうから手招きしてくれる。残念な結果しか生み出せない平凡なプロジェクトにしがみつくよりも、優先順位が高く気分も沸き立つような仕事にチャレンジしてみてはどうだ、と。他にもっと優れた選択肢があるのに、わざわざ貧乏くじを引く人間はいない。

一定の時間が経過したあとには、アジャイルなリーダーシップチームも（他のすべてのアジャイルチームと同じように）成果をきちんと計測しなければならない。今日、アジャイル・コミュニティーに共通する掛け声は「アウトプット（生産）よりも、アウトカム（結果）を計測せよ」だ。私たちはその意図は十分理解しているが、実際に効果的なシステムを作るには、リーダーは活動、投入物（インプット）、目的だけでなく、アウトカムとアウトプットの両方を計測する必要がある。

アジャイルの実践者が気をつけなければならないのは、一生懸命働いて多くの新製品を生み出したとしても、顧客満足度や業績が改善しないことがある点だ。しかし逆に言えば、一生懸命働いて多くの新製品を生み出すことなしに、顧客満足度や業績を改善できないこともまた事実だ。

豊田自動織機の創業者でアジャイルイノベーション手法のパイオニアである豊田佐吉は、次のように述べている。もし結果を出したいと思うなら、結果を生み出すプロセス（手順や工程）とシステムを改善しなければならない、と。もし結果が期待したものと違っていれば、佐吉は部下たちにその原因を詳しく調べるよう命じた。

彼はそのテクニックを「5つのなぜ」と呼んだ。問題を特定し、なぜプロセスがそのような問題を生んでしまったのかを究明させた。プロセスに欠陥があれば、それはなぜ起きたのか。問題の原因がわかるまで、こうした「なぜ」を繰り返した。通常は5回もやれば十分で、解決策を見つけることができた。これと同じように、結果を測定するだけでは解決策は見つからない。問題の原因となっているシステム上のプロセスを特定し改善するまでは、結果も改善しない。指標を使ってプロセスをモニターすることで、5つの「なぜ」の答えが得られ、統計的なプロセス管理が可能になる。その結果、現在は順調に見えるときでも、将来の問題を先取りすることができる。現在の業績は好調に見えたとしても、新製品のタネが尽きて、最優秀のイノベーターが会社を辞めてしまえば、プロセスの問題はすぐに結果の停滞へと転化してしまうはずだ。

リーダーがこれらすべての作業に取り組むにつれて、リーダー自身の生産性やモラルも改善する。リーダーは権限を委譲したチームの言葉を話せるようになる。彼らは部下と一緒になって困難な問題に立ち向かい、それを乗り越える方法を学ぶ。彼らはアジャイルチームの邪魔になる行動を理解し中止する。仕事を単純化し、集中できるようになる。結果は改善に向かい、企業全体の自信と仕事への集中力が高まる。

4. アジャイルを楽しむ

私たちが困惑するのは、いかに多くのチェンジマネジメント（変革を効率よく成功に導くためのマネジメント手法）の専門家が、アジャイル手法への移行が過激で痛みを伴うほど、その恩恵も大きくなるはずだ、と信じているかということだ。

彼らは、バラ色の世界がすぐそこまできていると言いながら、その一方で企業の混乱を楽しんでいるように見える。アジャイルを正しく行うことと大切なものを失うことは同じではない。アジャイルとは、チームワークによる優れた働き方を見つけ出すことだ。それによって、人々は幸せになり、チャレンジ精神が旺盛になり、大きな成功を手にすることができる。

そこで私たちはアドバイスしたい。もし変革の過程で読者や、読者の従業員が不幸になるのであれば、変革を中止して欲しい！　しかも直ちに。不自然なことをやってはいけない。奇妙な働き方への不満から、従業員が少しずつ会社を辞めていくのを、前向きな前兆と誤解してはいけない。実際、アジャイルはスタート段階から心地よく感じられるべきものだ。

私たちはアジャイルが簡単だと言っているのではない。私たちが言いたいのは、それはランナーズハイ——トレーニングなどで得られる快適な気持ち、つまり健全な心身に向かって着実に前進しているという実感——と同じだということだ。

信頼できる研究によると、幸福感やイノベーションは密接に絡み合っている。幸福感がイノベーションを喚起するのか、それともその逆かは問題ではない。もしそのうちのどれか1つを改善できれば、両方が連携して継続的に改善に向かうサイクルが始まる。成功が習慣化する。

私たちの頭脳は神経化学物質を分泌するようになり、成功までの過程が心地よく感じられる。私たちが目標を設定しそれを達成したとき、私たちの脳はドーパミンを放出する。ドーパミンは報酬系ホルモンで、その作用で私たちは幸福感を覚える行為を継続して行うようになる。私たちが他人と仲良くなり信頼感が増したとき、私たちの脳はオキシトシンを分泌する。オキシトシンは忠誠心を高め、他人ともっと親密になりたいと思うようになる。難しい問題を解決できたとき、脳はエンドルフィンを分泌する。エンドルフィンは気分を良くして疲れも癒やしてくれる。目的意識をさらに補強する活動に従事したとき、体はセロトニンを作り出す。この物質のおかげで自信がつき、精神が安定する。

こうした化学物質によって、私たちは有益な行動をとるようになり、チームとしてのイノベーション能力や幸福感が高まる。

仕事に不満を感じるのは、仕事自体にやりがいを持てないか、脳が仕事を楽しく感じさせる化学物質を十分に分泌していないか、である。こうした人々は、仕事への集中力が欠けているのではなく、一種の神経化学物質の離脱症状に陥っているのである。そこから、優れたアジャイルリーダーは目標を実現する方法を学ぶ。イノベーションを楽しく、達成感のある仕事に変えてしまうのだ。チームが、目標を定めてそれを達成する。お互いに協力する。難しい課題を解決する。

目的意識を強化する。成功の味をしめる。アジャイルリーダーは、チームのそうした行動を支援する方法を学ぶのである。

アジャイルを楽しむ方法の1つは、成功体験を積み重ねて、みんなで祝福することである。アジャイルチームの批判者は次のように指摘する。アジャイル方式ではスプリントによって、一定期間内に仕事を一定の形に仕上げなければならない。その大きなプレッシャーによって、メンバーの疲労は極限に達し、休む時間だけでなく物事をじっくり考えることさえできなくなっている、と。

確かに悪いアジャイルにはそうした弊害がある。しかし正しいアジャイルの実践法では、スプリントを全く異なる目的のために利用する。大規模で複雑な課題を小さな操作可能な仕事に分解することで、アジャイルチームは自信を取り戻し、最初は気力がくじかれた課題にも再び取り組めるようになる。速いスピードでプロトタイプを開発し検証するための創造的な手法を見つけ出すために、アジャイルチームは小回りがきく緊密なフィードバックループを活用する。予期せぬ事態に遭遇しても、迅速かつ円滑に対応できるようにしている。スプリントの最大のメリットは、様々な作業工程で多くの成功体験が積み上がり、それを祝福する機会が増えることだ。テレサ・アマビールとスティーブン・J・クレイマーは『ハーバード・ビジネス・レビュー』誌の「進捗の法則」という論文で、次のように述べている。

仕事において感情やモチベーション、知覚を刺激する要素はいろいろある。その中で最も重要なものを1つ挙げるとすれば、有意義な仕事で着実な成果をあげることだ。成功体験が増えれば増えるほど、長期的には独創性や生産性が高まっていく。大きな科学的難問へのチャレンジしかり、高品質の製品やサービスの開発しかり。いずれにおいても、毎日の前進の積み重ねが――それが小さな成功体験であったとしても――、その後の気持ちの持ち方やパフォーマンスに大きな差となって表れてくる。[10]

アジャイルのスプリントを適切に運営すれば、私たちは毎週あるいは2週間に一度、有意義な目標に向かって前進している満足感を味わうことができる。検証と学習によって、チームが前提条件を変えて別の解決法へ方向転換する、あるいは別の新たな目標に乗り換えることができる。いずれにしても学習することに無駄なことは何一つない。アジャイルリーダーの仕事は、チームができるだけ多くの成功体験を積めるように支援し、前進を妨げている障害を取り除くことだ。リーダーの責任は、そうしたチームの成功を大きく取り上げて賞賛し、さらなる奮起を促すことだ。そうすることで、チームのモチベーションやイノベーション能力は改善する。

そして最後になるが、アジャイルを楽しめる要素がもう1つある。それはティーチングとコーチングである。ティーチング――そして他人が学ぶのを観察すること――は、人間の営みの中で最もやりがいがあり満足感が得られるものである。

リチャード・ファインマンは、量子電磁力学の業績でノーベル物理学賞を受賞した。彼によれば、いかなる新技術でもそれを習得する最善の方法は初心者に教えることだ。彼は、専門家は往々にして専門用語と難解な語彙によって自らの無知を覆い隠していると信じていた。私たち自身も、簡単な言葉で物事を他人に説明しようとすれば、逆に多くのことを学ばされることを知っている。

私たちは子供――あるいは疑い深いベテランの役員――にわかりやすく説明できるようになるまで徹底的に勉強すべきである。アジャイルの知識を習得して、それを初心者に教えようとするとき、逆にいかに多くのことを学ばされるかに驚く。彼らの質問によって、自分の考えや暗黙の前提がいかに中途半端なものであるかに気づかされる。

さらに従業員がアジャイルの原理や実践方法を学んで業績を向上させることができれば、それを見た別の従業員も同様に結果を出せるようになる。会社の業績に大きな貢献をしながら、他の従業員の良き指導者にもなり、彼らと固い絆で結ばれる。こうした経験から大きな満足感が得られることは確実である。

本書の冒頭で述べたように、もし読者や読者のチームがアジャイルをエンジョイできていないとすれば、あなたのやり方のどこかに問題があるはずだ。

第9章
日本の企業への示唆

本章は日本語版のために特別に加えている。様々な日本の企業の変革の支援に携わってきた立場から、日本の企業におけるアジャイル企業経営への適応状況、その課題、そして処方箋について述べていきたい。

「アジャイル成功へのコンセプトは頭ではわかるが実際にやるのは難しい」

現状に危機感を持ち、変革に取り組まなくてはいけないと思いながらも、このように思う読者は、経営者から日々現場を支える方々まで、少なくないだろう。これまで結論を先送りしていたが、激変する環境の中で生き残りに対する危機感から「変革」への機運が高まっており、経営トップが旗振り役となって、変革に取り組もうとする企業が多く見られるようになってきた。

しかしながら、いざ変革に取り組む段になると、現在のビジネスへの悪影響を恐れ、着手に慎重になったり、特命の一過性の取り組みで終わったりと、結局大きな変化に至らない。

あるいは瀬戸際まで追い込まれてから一気に全部を変えようとするが、普段から運動しておらず身体の凝り固まった人が急に運動をして身体を痛めてしまうのと同様に、急に慣れないことをして失敗してしまう。

どちらの場合も、気がついたら顧客や競合に置いて行かれてしまっており、さらに足がすくむ悪循環になってしまいがちだ。

日本の企業においても、アジャイルという経営用語は変革におけるキーワードとして頻出するようになったが、実態としては言葉だけが先行しているケースが多い。特に見られるのは次の2つのケースである。

1. 個別の特命チームの運用において、アジャイルにやれ（=早くやれ）という指示だけがあり、アジャイルの本来の目的を見失ってしまう
2. 組織の能力・運営方法をアジャイル企業やアジャイル拡大期のそれへと昇華させることができず、個別アジャイルチーム（プロジェクトチーム）の特命運用の域を出ない

アジャイルと言いつつも、「やり方は従来型のまま。結果、望む成果は得られず、一時的な取り組みとしての失敗の思い出で終わり、現場は疲弊するだけ」ということが読者の組織では起きていないだろうか？

敢えて言えば、日本の企業の大企業病があまりに深刻なことに気づかされることが非常に多いと感じる。そうなってしまうのには日本の企業固有の事情もある。

内向き重力の呪縛に囚われた組織

本書では、これまでのやり方のしがらみや大企業病から来る障害・抵抗を徹底的に排し、会社

自体をアジャイルな企業に変革し、「顧客第一主義」と「ノーブルミッション（崇高な使命）」を実践できる、いわば外向きに徹底的に向き合う企業になれるような、「アジャイルの正しい実践法」について述べてきた。

企業にとって、「通常業務の運営」と「変革／イノベーション」の両輪を回すことが必須だが、日本企業においては極めて通常業務の運営の呪縛が強い例が多く見られる。いわば慣性の法則における慣性力が大きいのである。特に、これまでに積み重ねてきたものが多ければ多いほど、完成された組織であればあるほど、その傾向は顕著だ。

これは成功の逆襲ともいえる。過去の日本の企業は、右肩上がりの経済の中で、組織としての強い団結力を持ち、それぞれが与えられた役割の中で職人的なこだわりで完璧な仕事を追求し、今までのやり方を踏襲しながら継続的に改善することで競争を勝ち抜いてきた。

だからこそ、頭ではわかっていても、変化のスピードが速く、これまで想像もしなかったようなことが頻出する環境下において、自分たちが築いてきたものの否定ともとれるような変革に対して強い抵抗がある。

過去の勝利の方程式こそが呪縛となっている。また、今までのやり方や考え方が組織の憲法であり、それに従うことが成功の要件であった組織において、それを覆すような新しい取り組みでの失敗は、（特にマネジメントにとって）キャリアにおける大きなリスクであり、敢えてリスクをとってまで積極的に変革に取り組もうとすることに逡巡しがちだ。

さらにいえば、そもそも磨き込んで完成された組織であるが故、組織として既存のやり方から逸脱する仕組みを持たず、アジャイル変革に取り組もうとしても、それを官僚的な仕組みの中で「管理」しようとしてしまう。

結果、出る杭は打たれ、尖りが削られ、変革は骨抜きにされ改善の域を出ない。そして、「やったけどうまくいかなかった」と失敗した結果だけが注目され、以後、変革に取り組まないことの理由にされてしまう。

日本の企業がこれらの内向きの重力に逆らって変革を推し進めるためには、相当な覚悟と推進力が必要なことはいうまでもない。外圧（＝顧客、業界・競合のディスラプション、資本市場からの要請など）がかかることで呪縛から解放されることが往々にしてある。

逆に、社内から自発的にブレイクスルーするには、予めテスト・アンド・ラーンで進めていくという最低限の合意を主要なステークホルダーと明確にコミットすることが、古くて新しい必須要件であり、アジャイルの成功でも同様である。

間違ったアジャイルvs.正しいアジャイル

日本の企業における、名ばかりアジャイルともいえるありがちな失敗パターンを数多く見てきた。

図表9-1に日本の企業版「間違ったアジャイル」と「正しいアジャイル」の比較を示した。

図表9-1

	間違ったアジャイル	正しいアジャイル
行動指針	社内ステークホルダーからの支持。忖度	徹底的に顧客の心をつかむことを最優先としたこだわり
マインドセット	完璧主義	なるべく早く失敗
オペレーション	試行、レビュー（検証）、軌道修正なくDDDD（Do、Do、Do、Do、といったようにひたすら実行だけを繰り返す）	高速で試行、レビュー、軌道修正を回す
チーム構成	本業が別にある兼務の寄せ集めチーム	機能横断的専任チーム
評価	プロジェクトの成果が評価に反映されない	プロジェクトの成果を評価に適切に反映
情報・KPI	遅い。見えない。バラバラ（前提や疑問ばかりで判断が鈍る）	同じ情報・KPIを全員がタイムリーに見て、即時に判断

読者の組織がこの左右のどちら側に当てはまるか、自己診断することをお勧めする。

以下、日本の企業における特筆される失敗パターンと、あるべき姿としての処方箋について提示したい。

1. 掛け声倒れの顧客主義からの本質回帰

日本においても顧客中心主義を打ち出し、アジャイル変革を志向する企業は非常に多い。だが、本当にアジャイルアプローチにおけるあらゆる目的・判断に顧客視点を徹底させることは難しいのが実態だ。

「お客様第一」が掛け声倒れになるケースでは、顧客情報に関する規制遵守のためだけの表面的な取り組みになっていたり、担当部署ではないからと顧客をたらい回しにしたり、社内規則・

ルールを顧客対応においての言い訳にしたりする。

また、顧客の定義も狭小で、過去からの延長線で自社顧客だけしか見ておらず、離れていく顧客やその外側にいる潜在顧客のことを見ていないこともある。

お客様は原点回帰と攻めの姿勢を迫るための核であり、企業運営における生命線だ。しかし、日本の企業においては、前述の内向きの社内重力が強く、前任者の否定・軋轢の回避といった社内論理の忖度による活力低下が見られることも少なくない。

顧客の心をつかむ、という徹底したこだわりを明確に宣言し、その成功・革新の具体的な目標を設定する上で、お客様の声やNPS®など、判断における基準、絶対にやりきる仕組み、経営陣・リーダーによる繰り返しの刷り込みや動機付けが必須である。

「本気の」企業の中には、経営トップがお客様センターから上がってくる苦情や問い合わせに毎週すべて目を通し、自社の顧客第一主義の観点から状況を点検すると共に、システムとしての改善や先を見据えた打ち手を考えるきっかけにするなど、経営者とお客様の距離を意図的に近くする仕組みを作り、経営トップと現場が白熱したやり取りをしているところもある。

2. 完璧主義から脱却し、失敗から学ぶ

アジャイルでは高速テストによる成功・失敗を通じ、改善をはかるのはご存知の通りである。

究極の成功のためには「失敗大いに結構」。めげずに果敢に攻め続けることが重要だ。本来美徳であるはずの日本企業の「完璧主義」が、アジャイル経営ではマイナスにはたらくケースが少なくない。

完璧主義がいつしか「ミスを許さない」にすり替わり、失敗からの気づきを得にくくなったり、「失敗の社内公表を極度に恐れる」ことでオープンかつタイムリーな情報共有・解決が損なわれたりしているのはよく見る光景だ。

この捻《ねじ》れた完璧主義を安易にアジャイルに持ち込むことで、テスト・アンド・ラーンがうまく機能しなくなり、うまくいっていなかったとしてもそれがなかなか表に出てこず、時間がたってからそれが判明し、取り戻すのに時間・精神面で大変な労力を費やすこともある。

これを回避するためには、「減点主義」になりがちな人事評価制度を、アジャイルミッションにおいては、「加点主義」「プロセス・変化に対する積極評価」へと変更し、仕組み・制度のレベルで、何度失敗しても、たくさんトライし、ポジティブな気づきをいくつも発見できるように動機づけを行うことが必要だ。特に日本の企業にとってはこれまでの経営のやり方とアジャイル経営にはギャップがあり、新たな仕組み・制度そのものが変革の突破口であるともいえよう。

3. ＤＤＤＤのドタバタ劇でなく高速試行・レビュー・修正サイクルへ

マネジメントが豹変して、アジャイルを「とにかく」「すぐに」実行するように頭ごなしに現場に押し付ける。またベンチャー精神を大事にしつつも「子供の全員サッカー」のスタイルが抜けない。これがＤＤＤＤの思考停止の失敗例だ。

かつての天才イノベーターやマーケターが神格化され、暴君化。自分の考えをわかりやすい言葉や仕組みに落とさずに、「何とかするように」「スピードがすべて」という号令を発し、テスト・アンド・ラーンのラーンもなく、ひたすら走り続けた結果、方向を見失ったり、疲弊してしまったりする組織も見受けられる。

さらに、より広く根深い問題は、チームがＤＤＤＤに盲目的に突っ走っていても、誰もブレーキを踏めない、マネジメントに対してＮＯや正論をぶつけられない、という企業風土そのものだ。気合ばかりで肝心の中身は丸投げとなり、「アジャイルの共通言語」自体が成立していない、ということになってはいないだろうか。

高速で試行、レビュー、軌道修正を行っていくには、アジャイル運用におけるプロセス管理の規律が関係者に周知されていることが必須だ。アジャイルの基本的なトレーニングや明確なミッション、ＫＰＩに加え、いつ、誰が、何を、何に基づき、レビュー・方針決定するかを、チームレベルのみならずスポンサーやマネジメントにも周知徹底することが重要である。かつそれを通常のマネジメントシステムとは切り分けて回していくのが実際的だ。

特に周到な根回しの後に、上へ上へと稟議を回していく、コンセンサス型の意思決定モデルを重視している日本の企業において、通常のオペレーションとアジャイルの取り組みを同じ仕組みの中で管理するのは避けたほうがよい。

4. 分身の術を使えるスーパーマン幻想でなく、専任アジャイルチームに集中投下

取り組むべき重要施策は数あれど、施策の実行リーダー候補として挙がる人の名前はいつも同じ。かつ、リーダーもチームメンバーも、通常業務に加えて兼務としてのプロジェクトアサインメント。これは日本の企業において日常的に見られる光景だ。

アジャイルチームに必要なのは、顧客を第一に考え、尖りを持って変革を推し進めるドライブ力がある人材だが、これまで内向き調整型の人材を量産してきた日本の企業の中で、そのような人材はそもそも限られる。

その上、育成する仕組みもないことから増えることもない。

結果、毎度名前が挙がるのは同じ人。通常業務でもそのような人材は重要な戦力であることから上司が手放すことはなく、結果、通常業務に加えて複数のプロジェクトアサインメントという

一部の人材におんぶに抱っこという状態が出来上がる。

しかし、こういった精鋭を20〜30%の兼務でアジャイルチームに任命しても、分身の術を使ってすべての業務をこなせるわけではない。大抵の場合、ただでさえ忙しい通常業務に時間を取られてしまい、「変革／イノベーション」に思い切り時間とエネルギーを割くことができないか、全体で２００％の時間を使わなければならず疲弊してしまうのがおちだ。これでは個々のアジャイルチームがとん挫してしまうのみならず、企業にアジャイルを拡大していくことが不可能となってしまう。

人がいなければ何もできない。しかし、人がいないと嘆いても何も変わらない。問題は如何にそのような人材を増やしていくかだ。多少無理やりにでも精鋭を集めて、期間を明確に設定して専任化したり、人材がいなければ外部の力も借りて混成チームを作ってその中で人材の発掘と育成を図ったりするなど、現実解を考えるべきである。

5. ぼやけがちなアジャイルへの取り組みに対する評価を明確に

アジャイルの取り組みに関する評価が、チーム個々人の評価にどれほど反映されているのであろうか。実態としては、通常業務の遂行を前提とした評価項目・比重が高いため、実質的にプロジェクトに対するインセンティブが弱いことが散見される。いわば、使命感頼みの傾向が強く、持続性に欠けるといえよう。

アジャイルの重要なミーティング時に、キーメンバーが急用で出られなくなったり、優先度を結果的に下げて全体の遅れにつながるケースに出くわすことは少なくない。特に、前述のようにアジャイルチームメンバーが兼務となっている場合、これは深刻だ。

また、「大変な仕事が増える」ことを嫌って、優秀な人材がアジャイルチームへのアサインメントを回避しようとすることもある。通常業務に偏重した硬直的な評価や昇進基準が、キャリアの安全志向を強めているのだ。これでは「変革／イノベーション」のためのアジャイル人財を増やしてゆくことにブレーキをかけてしまい、組織の目詰まりを生む。

アジャイルで取り組む目的・ミッションをしっかりと切り出し、そこに直結するプロセス・評価制度を明確化して人事的にも反映することが定石である。また、報酬のみならず、表彰や抜擢昇格人事といったより柔軟な、いわば人事制度自体のイノベーションが改めて重要となる

6. 言い訳の温床を廃し、同一データ・情報による判断へ

テスト・アンド・ラーンにおいて、評価に必要な社内外の情報やデータにバラつきがあったり見られなかったりするので判断ができないことや、部門や利害関係者にとって都合のよいデータや解釈が飛び交い機能不全に陥る、という混乱を目にすることがよくある。

ベースとなるデータ・情報が脆弱であることは致命的な上、日常業務を行う組織に依拠せざるを得ないことも厄介である。

データアクセスやデータ共有の面では、関係者の誰もがタイムリーに同じデータ・情報を共有し、それに基づいて臨機応変に判断することが重要となる。そのためには一般的なビジネス・インテリジェンスや情報システムの導入のみならず、シンプルなＫＰＩやダッシュボード、デジタルツールの整備が欠かせない。

ただし、データをわかりやすくタイムリーに可視化するだけでは十分とはいえない。集めたデータの解釈を各自に一任していたら、都合の良い解釈を助長してしまうだけだ。

モニタリングしたデータ・ＫＰＩはどのようになっているのが望ましいのか、どのようなデータのときに何のアクションを起こすのか、といった点まで予め具体化して、経営から現場まで共通認識化しておくことで、アジャイルのスピード感を担保できるようになる。

また、データ・情報そのものについては、顧客からのフィードバックを、社内リソースのみならず社外リソースも駆使しながら素早く収集し、事実に忠実に解釈できるように、中立的で一貫性のある仕組みが重要であることはいうまでもなかろう。

日本の企業では、ここで取り上げた6つの事項について、独立でなく各々密接に絡み合っていることがほとんどである。アジャイル企業へと転換を図るためには、トップの号令のみでは不十分で、日本型の組織・人事とオペレーティングモデルのアジャイルシフトの徹底なくしては慣性の法則から抜け出せないことを強く認識しなければならない。

日本の企業にとってまたとないチャンス——現状を打破し成功するには

ここまで日本の企業のアジャイルへの足かせとして、内部志向と相互不可侵になりがちな、いわば大企業病について指摘をしてきた。

しかし、日本の企業が皆、遅れて手をこまねいているというわけではない。やれている、やり始めている企業は実際にある。そういった企業は前述の、正しくアジャイルを実践するための要諦を押さえているのである。大きなディスラプションによる危機感と共に、組織、権限、体制も工夫して有事のように対応している。

正しいアジャイルは言うなればスタートアップの運営のようなものだ。顧客を中心に据え、テスト・アンド・ラーンを繰り返しながら顧客が求めるものを形にしていく。それぞれの専門分野からエキスパートが専任メンバーとして集まり、お互いが顧客目線で喧々囂々と議論し、すべての時間と熱意を注ぎ込む。

コロナ禍で未曾有のディスラプションが強制的に起こったことで、既存の価値観が社会全体で刷新された。盲目的に正しいと思われてきたことが実は不要不急だったことがさらけ出され、無駄であるということを以前は議論すら雰囲気的にできなかったところ、現在は止めやすくなった。むしろ生き残りをかけて共通の目的を作り、新しいことに取り組みやすくなった。今こそ実施できる土台が整った。あらゆることが自分事化し、サイロに陥ることなく高速に対応することが必要となっているのだ。これはいわば強制リセットによるアジャイル実践であったともいえよう。

しかしながら、危機が去った後に、元の内向き志向に戻ってしまうとしたら明日はない。ここで、経営における覚悟なしには成功はない。これまで述べてきたように、通常業務の運営部隊が「変革／イノベーション」を行う部隊と兼任するのは無理筋である。部隊を明確に分け、「変革／イノベーション」の専任部隊を正式に立ち上げて、アジャイル展開をする、人事組織面の踏み込みと、「失敗から学ぶ」ために一定期間我慢することへの覚悟を社内外に示すこと。この変革なくしては、何も変わらない。

ある日本企業クライアントにおいて、顧客価値・ビジネスモデルのイノベーションに関する戦略策定と組織立ち上げにかかわらせていただいた際の好例をご紹介しよう。

戦略策定の時点で、当該部署と過去のしがらみがない外部エキスパートとして、ベインが起用された。戦略策定フェーズの最終報告で、成功要件とタイムラインを提案した後、正式人事発令にて、顧客価値・ビジネスモデルのイノベーションをミッションとする専任組織が組成されたのだ。

もちろんそこのリーダーには、プロジェクトの核をなしたエース人財が据えられ、スムーズな組織立ち上げがなされた。そこから1年を待たずして、革新的な新製品・サービスが上市され、期待を上回り売り切れ続出という素晴らしい成果を生み出している。

ただし、アジャイルスキルと顧客目線を徹底できる組織の質・量を「変革／イノベーション」

の専任組織で担保し、拡大してアジャイル企業へとつなげていくには、社内の第一ロケットだけでは出力不足であることがほとんどだ。

これはあまりにも長い間日本の企業が内向き重力に呑み込まれ、アジャイルや変革の人財を十分に育成できていなかったり、社内で不都合な事実に向き合うことが困難であったりするからだ。

前述の好事例では、しがらみを断ち切って断行できるように、直接顧客の声を吸い上げながら、ベインを中立な外部インテリジェンス・ターボチャージャーとしてうまく活用し、第二ロケットにつないだ結果だといえる。その後、当該クライアントは、アジャイルの取り組みが軌道に乗り、自社でアジャイル・変革の幅を広げることが可能となったのである。

日本の企業にとっては、従来の「兼務・暗黙知型」から「専業と明確な評価・見える化」に変化するくらいの経営の覚悟が必要ではなかろうか。

アジャイル企業への脱却、アジャイルの拡大そのものが、大企業病の企業現場に、顧客目線や外向きの風を吹き込み、現場の活力を高め、競争力を一気に上げる源泉となるはずだ。

石川順也　市川雅稔

おわりに

トーマス・エジソンの名言に「失敗は成功の母」がある。アジャイル・トランスフォーメーションでご支援した、ある大手グローバル消費財メーカーのシニアマネジメントの方に、ベインとのプロジェクトを振り返って頂戴した次のコメントが大変印象に残っている。

「アジャイルのアプローチは、高速でテスト・アンド・ラーンを繰り返し、そこで作り上げた成功モデルをスケール展開していくものであることは周知の通り。その過程で極めて重要であったのは、アジャイルによって〝より早く失敗をすること〟であり、それはむしろ成功を積み重ねることよりも重要である」

「もちろん、何があってもスケール展開可能な成功モデルを作り上げるミッションと執念が前提であり、失敗すること自体が目的ではない。思い切ったチャレンジをし、早く失敗することで、どこが限界で、失敗した要因は何であったのかという学習効果が高まる」

「何が失敗・成功なのかという判断には、ベインの〝顧客の声を、即座に徹底的にフィードバックで吸い上げ、アジャイルチームと協働で原因を分析し、次の策を作り上げる手法〟は極めて有効であった」

まさにアジャイルによって、失敗からの学習の高速回転が成功の母となるのだ。

一方、細かい一つひとつの成功にこだわり過ぎると、思い切った発想や挑戦の気概が失われてしまい、組織が守りに入る可能性がある。

失敗を恐れず、その失敗の早期共有と学習を奨励し、心理的安全を担保することは大事な前提である。すなわち、積極的にリスクを負い、そのマイナスの総和を素早い修正によって管理し、リターンを最大化するということである。

ただし、これを組織の隅々に行きわたらせ、常に本質的価値観として持ち続けるよう念を押すことは簡単ではない。「リスクを取らない」「完璧主義」「内向き」「前例踏襲」などの典型的な「大企業病」に陥ってしまっている日本の企業は多い。

一方、「顧客中心」「現場主導」といった、伝統的に日本の企業が大事にしてきた、外に目を向け続ける価値規範があるものの、これが掛け声倒れに陥ってしまっている例も散見されるのが現実だ。

このような企業では、従業員のモチベーションを高く維持することは難しく、生産性は下がり、離職率が上がり、優れた人財を惹きつけることは難しい。先行きが不透明で、様々なディスラプションが波状攻撃のようにやってくる事業環境において、顧客の声にこだわり、現場・チームが自主的・自律的に行動できるようにし、高速に革新を生み出すアジャイル経営は日本の企業にとって必須のサバイバル手法でもあろう。

日本の企業は総じてまじめで、勤勉である。アジャイル・トランスフォーメーションは、**「まじめ、完璧志向、内向き、遅い、疲弊・モチベーション低下、競争力低下」の負のサイクルを「まじめに失敗から学習、外向き、早い、やる気向上、競争力向上」への正のサイクルへと転換する**ことだ。

日本の企業にとっての企業運営のありかたのトランスフォーメーションに他ならない。

本書に示したように、それには、経営と現場リーダーの意識改革とオペレーティングモデルの刷新が必須だ。どの企業も創業時には、私たちが「創業メンタリティ」と呼んでいる、官僚主義を排し、自らを革新勢力と考え使命感をもって取り組む姿勢を体現していたはずだ。

また、多くの日本企業が世界を牽引していたときは、チャレンジャー精神に満ち溢れ、リスクも厭わずに困難に立ち向かっていったことで企業は成長していたはずである。

本書を通じ、日本の企業の伝統的な価値観、組織の潜在能力を解き放ち、より強くしなやかで、魅力的な企業へと変貌を遂げられることを大いに期待してやまない。

正しくアジャイル変革を起こすことで、将来振り返ったときにかかわったメンバーが、誇りや達成感をもって変貌を遂げた企業を見渡せるようになっていることを切に願っている。

石川順也

付録A　リーダーシップチームのアジャイルマニフェスト

２００１年、「組織の建築家」を自称する17人の専門家が3日間一堂に会して、より適応性に富んだ、ソフトウェアの開発手法について議論し、「アジャイルソフトウェア開発のマニフェスト」と呼ぶものを発表した。その宣言には、専門家たちが最大の価値を生み出すために学んだ実践法が記されていた。

・プロセスやツールよりも個人や対話を重視
・包括的な文書よりも実際に使える柔軟性を持った仕組み
・契約の交渉よりも顧客との協調
・計画の忠実な実行よりも変化への対応が重要

私たちが顧客のアジャイル企業への転換を支援するとき、顧客のアジャイル・リーダーシップチームとの間で同様の議論をさせていただくことが多い。議論の成果を踏まえて独自のアジャイルマニフェストを作成してもらい、それに向かって邁進してもらうためだ。

議論の最後に、リーダーシップチームは自らのアジャイル価値に対するシンプルな声明文を作成する。そしてチームのメンバーは個人的な行動を改めて、アジャイル価値の強化に努めることを約束する。また、お互いに協力しながら行動をモニターし、不適切な行動があればそれを是正することに合意する。図表A-1では、読者のためにアジャイルマニフェストの代表的な例を示している。

各実践法の背景には特別な価値や実践法が存在し、それぞれの行動について詳細な説明を行っている。長い間、私たちは多くのマニフェストを作成する支援をしてきた。個々の宣言は企業の独自性を反映しているが、底流にある議論やコミットメントは共通している部分がある。

プロセスやツールよりも個人や対話を重視

私たちは大きな志（「何をするか」や「なぜそうするか」）と成果を測る指標を明確に設定するが、「どのように達成するか」についてはチームに委ねる。

・私たちは企業の戦略や優先順位――「何をするか」――について強固なリーダーシップ・アラインメント（協力体制）を構築する。
・私たちは明確で説得力のある目標――「なぜそうするか」――を策定し、情報を交換する。
・私たちは定期的なビジネス・レビュー（例えば四半期ごとに行う事業評価）を行って協力体制や目標の共有化を維持する。

図表A-1　アジャイル・リーダーシップチームのマニフェスト

プロセスやツールよりも個人や対話を重視

- 私たちは大きな志（「何をするか」や「なぜそうするか」）と成果を測る指標を明確に設定するが、「どのように達成するか」はチームに委ねる。
- 私たちはチームに権限を委譲する。正しい解決法は私たちではなくチームにあると信じる。

過剰な文書作成よりも実際に機能する解決策

- 私たちは完璧な解決策より実際に機能する解決策を追求する。
- 私たちがチームを支援するのは、チームのメンバーが課題の解決に集中し、大きな障害をスピーディに乗り越えられるようにするためである。
- 私たちは、チームが複雑な問題を細分化することで有効な解決法を提案する支援を行う。

厳格な契約順守よりも顧客エンゲージメント

- 私たちはチームに対して、多様な顧客からのフィードバックを求め、それらに迅速に対応する企業文化を奨励する。
- 私たちはどのようなときでも事態は改善できると信じている。

計画の忠実な実行よりも変化への対応

- 私たちは学習を大いに推奨し、チームが健全なリスクを取り、慣習にとらわれない大胆な仮説を検証できる安全な環境作りを行う。
- 私たちは定期的にかつ厳しく優先順位の見直しを行い、一定の時間内に十分な学びと成果を得られなかった事業は中止する。

私たちは日々のアジャイルな働き方について他人の模範になる。

・私たちは数多くの興味深いデータではなく、少数だが重要な成果の測定基準を持っている。
・私たちはマイルストーン（中間目標）を詳細に追跡するのではなく、チームや集団活動への個人の積極的関与による進化に注目する。

私たちはチームに権限を委譲する。正しい解決法は私たちではなくチームにあると信じる。

・私たちはこちらからチームに指示を出すのを止め、彼らの声に深く耳を傾ける。私たちには具体的な解決策については知識がないことを認める。
・私たちは問題の解決策ではなく、問題解決に向けた戦略と中間目標を明確にする。
・私たちは顧客、オペレーション、プロセスに最も近い人々へ決定の権限を委譲する。
・私たちはすべての人に議論への参加を呼びかける。
・私たちは結果に対してチームが責任を持てるようにする。
・私たちはチームを、チーム同士はお互いをパートナーとして認め合い、私たちは質問に答える代わりに聞き返す――例えば「どのような提案をしてくれるのですか」、「それはどのように検証できるのですか」等。
・私たちは定期的にスクラムチームのイベントに参加し、問題解決のカギは彼らにあると信じていることを明らかにする。
・私たちは、私たちの現在の考えに同調してくれる人ではなく、異論を含む多様な意見を積極的に求める。

過剰な文書作成よりも実際に機能する解決策

私たちは、非の打ち所のない完璧な解決策よりも、実際に機能する解決策を追求する。

・私たちがチームに望むのは、初期段階での考え方とプロトタイプの共有、そしてその後の開発に反映すべきフィードバックである。

・私たちは初期のプロトタイプを一方的に批判することはしない。むしろ顧客に利用してもらい改良に向けた助言をしてもらう。

私たちがチームを支援するのは、チームのメンバーが課題の解決に集中し、大きな障害をスピーディに乗り越えられるようにするためである。

・私たちは解決すべき障害の優先順位を決め、それらの実行を最優先の課題とする。

・私たちはチーム支援のヒントを得るために、会議をキャンセル、あるいは会議の時間を短縮してでも、チームの調整会議（毎日あるいは毎週開催）に出席する。

・私たちは部下に報告を求める回数を減らし、その代わりに透明性を高める。私たちはチームの現場に出向いてプロトタイプの出来栄えや成果を直に見てフィードバックを行う。

・私たちは古くからの経営の承認機関であるステアリングコミッティを廃止する。

私たちはチームが複雑な問題を細かく分解し、スプリント単位で有効な解決策を提案する支援を行う。

- 私たちはチームによる大胆な分析と段階的な解決法をサポートする。
- 私たちはチームにパワーポイントによる解説を求めるのではなく、実際のプロトタイプで示してもらう。
- 私たちはチームの報告会に出席して、自分の意見のフィードバックを行うほかに、顧客の反応などもうかがう。

厳格な契約順守よりも顧客エンゲージメント

私たちはチームに対して、多様な顧客からフィードバックを求め、それらに迅速に対応する企業文化を奨励する。

- 私たちは誰が私たちの顧客であるかを明確に定義し、行動を起こす前に顧客の意見に耳を傾ける。
- 私たちは実際の顧客による実証実験を経ていない提案は受け入れない。
- 私たちは社員全員にオフィスの外で多くの時間を費やす——現場に出ていく——ことを奨励す

る。

・私たちがフィードバックを求める際は、顧客の代理人ではなく、顧客のもとに直接出向く。

・私たちはチームが定期的に立てた仮説について尋ね、その仮説が顧客実験でどのように検証されているのか説明を求める。

・私たちは社内に関連するＫＰＩ（重要業績評価指標）よりも、顧客に関連したＫＰＩを重視する。

・私たちは顧客の視点をプロジェクトチームや会議に取り込む。

・私たちはチームの外ではなくチームの内に特別な機能を設けて顧客からのフィードバックを取り入れる。

・私たちは全会議において顧客フィードバックに関する質問を投げかける役割を担うメンバーを設ける。

・私たちは会議の運営方法を変えて、大半の時間をチームの顧客エンゲージメントに割くようにする。

私たちはどのようなときでも事態は改善できると信じている。

・私たちは優先順位の高い製品は決して安直に終わらせない。さらなる改善のために何ができるかを常に自問する。

・私たちは顧客が今後何を必要とするか、市場がどのようにイノベーションを起こしていくのかといった将来を楽しみにする。

計画の忠実な実行よりも変化への対応

私たちは学習を大いに推奨し、チームが健全なリスクを取り、慣習にとらわれない大胆な仮説を検証できる安全な環境作りを行う。

・私たちは「why（どうしてやりたいのか）」ではなく「why not（やってみたらいいじゃないか）」という姿勢で、プロトタイピング、実験などの機会を設ける。
・私たちは実験のための場所を提供する。特に実証実験を行う場合は、承認を得る部署を必要最小限に抑える。
・私たちは成功を対外的に宣伝する。私たちは会社の様々なイベントで成功ストーリーを語り、将来を展望して様々なチャンスを見つけ出してくる人々を評価する。
・私たちは悪い報告も歓迎する。私たちは、社員たちが安心して周囲に失敗を打ち明けられるよう指導する。
・私たちは厄介で好ましくない内容についても顧客、クライアント、関係者と積極的に議論を交わす。
・私たちはどの部署や職階であっても、斬新、または型破りなアイデアを生み出したすべての社員に報酬を与える。

・私たちは失敗から学ぶことに報いる。

・私たちはリーダーとして自らの失敗を正直に認める。

私たちは定期的、かつ厳しく優先順位の見直しを行い、一定の時間内に十分な学びと成果を得られなかった事業は中止する。

・私たちは最も優先順位の高い活動に全エネルギーを集中し、その仕事が終わるまでは次の課題に取り組まない。

・私たちは優先順位付け、仕事の細目、課題の見える化を行う。

・私たちはリーダーシップチームを編成し、社内外のフィードバックに基づいて、継続的にバックログの見直しを行う。

・私たちは投資が十分な成果をあげていないと判断したら直ちに中止する。

私たちは日々のアジャイルな働き方について他人の模範となる。

・私たちは会議の時間を半分に減らし、顧客や現場にいる社員とすごす時間や企業の優先順位、方向性を考える時間を捻出する。

・私たちは経営トップの会議のやり方を変える。デスクにじっと座って部下から事業の進行状況についてパワーポイントの説明を聞くのは止めて、その代わりに、部屋の中を歩き回りながら、取り組むべき課題の優先順位について議論を交わし、実物のプロトタイプについて意見を述べる。取るべき施策を優先順位付けしたリストを作成し、大きく立ちはだかる障害を解決に導く。

・私たちは変革のプロセスを促進するための触媒の役割を果たす。

・私たちは象徴的な変化を重視する。役員室を廃止し、オフィスの真ん中に執務デスクを置く。そして、社内の誰とでもすぐに話ができるようにする。これまで割り当てられていた駐車スペースを返上し、来客用のスペースに変更する。仕事の最新情報を持ち寄り意見交換するために毎週、社内カフェで懇親会を開催したりして、カジュアルに話せる機会を設ける。順調にいっていること、うまくいっていないことを隠し立てせずに分かち合う。

・私たちは自分の行動変容への決意を明らかにし、個人的な改善計画を全員と共有する。

・私たちは変化に向けたコーチングやフィードバックで他者の支援を求める。

こうした長大な公約リストが示すように、アジャイル変革をリードするためには大変な努力が必要である。アジャイル変革は資金が潤沢にある企業の単なる気晴らしではない。それは経営の手法だ。アジャイル企業のリーダーシップチームも、社内外の顧客の役に立つためにアジャイルチームとして役割を果たさなければならない。

付録B　オペレーティング・モデルの関連用語の定義

目的（=Purpose）と価値観

アジャイル企業の目的とは、インパクトを与えるという使命を持ち続けることである。アジャイルの価値観とは、アジャイル企業が意思決定や優先順位付けを行う際の根拠となるもので、広く共有され長く堅持されるものである。

戦略

アジャイル企業の戦略とは、組織の価値の源泉、つまりどこで戦うか、どのように勝つか、その目標を継続的に達成し続けるために必要な能力とは何か、を明確に定めたもの。

リーダーシップとカルチャー

アジャイル企業ではリーダーだけでなく企業の社員全員がアジャイルの価値観を信奉し、働き方を顧客重視や協働的なものに大胆に変え、新たな環境への適応さえ心地よく感じられるようになる。

・**リーダーシップ**：リーダーの考え方や行動は、従来の予測や管理から、信頼やコーチングの重視へとシフトする。上級執行役員はアジャイル戦略チームとして互いに協力する。

・**カルチャー**：アジャイルの価値観は人々の考え方や行動、日常のルーティンを通じて組織全体に浸透し、協力やイノベーションの企業文化を育む。

計画、予算、レビュー

アジャイル企業は、頻繁な見直しと柔軟性に富んだマネジメントシステムを活用する。経営資源を最大の価値を生み出す収益機会に集中させるためだ。そのサイクルは、戦略的な優先順位付けから始まる。人と資金を優先プロジェクトに投入し、業績、顧客、従業員へのインパクトに基づいて成果を計測する。その結果は、優先順位の見直しに反映される。継続する仕事、修正する仕事、中止する仕事へと、それぞれが仕分けされていく。

・**計画**：変化の激しい環境下では、アジャイル企業は最大の価値を生み出す収益機会について仮説を立て、検証を繰り返す。それによって、目標を実現するためのタイミングと方法を決定する。

・**予算**：アジャイル企業は、頻繁な見直しと柔軟性に富んだベンチャーキャピタルの方式で戦略的な優先プロジェクトに資金を提供する。つまり、検証、学習を行い、最もインパクトが大きい分野へ資金を再配分する。

・**レビュー**：アジャイル企業はフィードバックループを作り、仕事の成果について率直な意見交換を行う。彼らはシンプルで透明性のある評価基準を活用し、組織全体にもその評価基準を浸透させて、予想と現実のパフォーマンスの違いを追跡調査し、それまでのやり方を修正していく。

組織構造と責任

アジャイル企業の構造と責任は、ビジネスユニットの守備範囲や役割、チームの構成と決定権限の詳細な見取り図を示している。

・**組織ユニット**：アジャイル企業は、組織内の価値の源泉を中心にビジネスユニットを配置する。ビジネスユニット、それぞれの部門、本部のマトリックス全体に対するオーナーシップ（個人が仕事に向き合うときの姿勢や関係性を表す）が明確に定義されている。

・**チームと仕事**：アジャイル企業は、顧客ニーズを満たすために必要な仕事を明確に描く。そして機能横断的でひたむきなアジャイルチームを配置し、業務を変革させる。アジャイルチームは個人に大きな自由裁量権のある仕事を創出することで飛躍的な発展を遂げる。

タレントエンジン（人財を採用・育成・強化する仕組み）

アジャイル企業のタレントエンジンでは、どのような人材——戦略的な優先事項を実現する上で必要となる機能やスキル――が求められているか、動きが早く成果主導のシステムによってタレントストラテジーをどのように成し遂げるか、の2点について考えが明確になっている。

・**タレントストラテジー（人財戦略）**：アジャイル企業では、ベストな人材を採用し、彼らをつなぎとめておくために、複数年にわたる人事政策を策定している。タレントストラテジーでは、業務上の目的を達成するために必要なスキルや能力、最高の成果を出すための社内外の経営資源の組み合わせなどが明確に示されている。

・**タレントシステム（人財開発・管理の仕組み）**：アジャイル企業は、パフォーマンスに基づいて、有能な人材の採用、配置、研修、評価、報酬、さらには自己啓発や人事管理体制を継続的に改善する方法などを決めている。

ビジネスプロセス

アジャイル企業はビジネスプロセスを、画期的なカスタマーソリューションを見つけ出す手段として活用している。ビジネスプロセスはシンプルで、絶えず改良が加えられており、個人、チーム、データ、テクノロジーが統合されることで、破壊的なイノベーションが生まれ、必要に応じて様々な領域で応用されている。

テクノロジーとデータ

アジャイル企業におけるテクノロジーとデータには、次のものが含まれる。迅速な意思決定や事業、テクノロジー横断的な協力関係を可能にする働き方といったソフト面の仕組み、組み合わせ型アーキテクチャーのハード面の仕組み、継続的なコミュニケーションプロセス、データのクオリティなど。

・**テクノロジー**：アジャイル企業はモジュラー型で、柔軟性に富む、サービス主導のアーキテクチャーを活用している。それには継続的な供給を可能にする優れたDevOpsと自動化機能、それに効果的な協力関係を促進するツールと働き方が備わっている。

・**データ**：アジャイル企業は、スピード、クオリティ、意思決定のコストを改善するために高価値のデータを生み出し、取り込んでいる。彼らはまた最新のアーキテクチャーを確立しデータへのアクセスを外部に提供している。

付録C　参考文献の要約

アジャイルは人気があり、直感的に人々の心を惹きつける。だが、それらはアジャイルを支持する正当な理由にならない。アジャイルは経験主義の上に成り立っている。経験主義とはすべての仮説は経験によって立証されるべきだという考え方だ。

アジャイルに挑戦すべきかどうか決めかねている企業は、心を奮い立たせるような話よりも、果たしてそれがうまく機能するか、どう活用すれば業績拡大の可能性が高まるかに関する中立的で、幅広い証拠に注目すべきだ。

アジャイルの先行導入で成功している企業は、アジャイルのさらなる拡大が成果をさらに改善させるのか、それとも悪化させてしまうのかに関する証拠を調べてみるべきだ。

アジャイルがうまく機能していない企業は、次の疑問を持っていることだろう。私たちの企業だけが問題を抱えているのか、それとも他の企業もまた同じような問題を抱えているのか。ベインはこれまでの数年間、アジャイル手法に関するデータを収集し分析してきた。その狙いは、以下の5つの重要な疑問に客観的に、かつ確信を持って答えるためだった。

1．イノベーションの拡大や内容の改善は、業績向上に結びついているのか。

2. アジャイルのイノベーションは伝統的なイノベーションよりも優れた成果を生んでいるのか。
3. アジャイルの手法を多くのチームに拡大した場合、そのメリットが失われることはないのか。
4. アジャイルがＩＴ部門以外に適用される場合、そのメリットが失われることはないのか。
5. アジャイル企業は業績を改善できるのか。

私たちは、雑誌記事、書籍、政府報告書、学術論文、会議論文、コンサルタント調査、企業調査など第三者による調査レポートを収集した。これらの研究には、極めて限定された一時点の調査だけでなく、学術的に非常に厳格な現在進行中の研究やメタスタディも含まれていた。

私たちは、イノベーションと企業成果との関係に関するレポートを分析して、右記の5つの疑問の結論を「関連性が認められた」、「関連性が認められなかった」あるいは「どちらとも言えない」の3つに分類した。私たちはこれからもこのデータベースの拡大に努め、新たな関連調査を発見するたびに逐次追加していくつもりだ。

私たちは、右記の5つの疑問についてイノベーションと企業成果との関係性を示す強力な証拠が存在することを発見した。「イノベーションが企業業績をあまねく改善する」と「アジャイル企業は企業業績を改善する」に関しては、極めて強力な裏付けとなる証拠を見つけることができた。

1. 調査レポートの92%は、イノベーションが企業業績を改善させることを示していた。8%はどちらとも言えないという結論だった。

2．調査レポートの76％は、アジャイルのイノベーションのほうが通常のイノベーションよりも優れていることを示していた。優れていないという結論は10％であり、14％がどちらとも言えないという結論だった。

3．調査レポートの67％は、アジャイルを多くのチームに拡大してもそのメリットが失われることはないことを示していた。メリットが失われるとしたのは4％であり、29％はどちらとも言えないという結論だった。

4．調査レポートの81％は、アジャイルが技術部門以外に適用されても、そのメリットが失われることはないことを示していて、19％がどちらとも言えないという結論だった。

5．調査レポートの根拠となる証拠が１００％学術的だとは言えないにしても、アジャイル企業は業績を改善できることを示していた。学術的な証拠が揃っていないのは、こうした新しい分野では研究がまだ初期段階にあることを反映している可能性がある。

このように経験上のデータはとても勇気づけられるものであるが、１００％前向きな答えが見られたわけではなく、結果が覆る余地がないとは言い切れない。私たちは読者が自分自身で研究データを直接調べてみることを推奨したい。研究データの詳細を調べ、方法論を理解し、新たな研究が発表されれば追跡調査してみる必要がある――企業は様々な場所で、異なった手法で、長期間にわたりアジャイル手法を活用しているからだ――。以下に掲げた参考資料は、5つの疑問に取り組んだ71本の第三者調査レポートの全リストとその結果である。

◉参考資料

イノベーションは企業業績をあまねく改善させる

「関連性が認められた」

Atalay, Murat, Nilgün Anafarta, and Fulya Sarvan. “The Relationship between Innovation and Firm Performance: An Empirical Evidence from Turkish Automotive Supplier Industry.” *Procedia — Social and Behavioral Sciences* 75（April 3, 2013）: 226–235. https://doi.org/10.1016/j.sbspro.2013.04.026.
「製品やプロセスに関するイノベーションは企業のパフォーマンスに大きなプラスの影響を与えた」

Australian Bureau of Statistics. “Innovation in Australian Business, 2016–17.” Australian Bureau of Statistics. Updated July 19, 2018. http://www.abs.gov.au/ausstats/abs@.nsf/0/06B08353E0EABA96C

A25712A00161216?Opendocument.
「イノベーションに富む企業は収益が増加した。競争力が拡大し、顧客サービスが改善できたとも感じていた」

Cho, Hee-Jae, and Vladimir Pucik. "Relationship between Innovativeness, Quality, Growth, Profitability, and Market Value." *Strategic Management Journal* 26（April 11, 2005）: 555–575. https://doi.org/10.1002/smj.461.
「イノベーションによって品質の改善と成長の両立が可能になり、品質の改善によってイノベーションと収益性の両立が可能になる。イノベーションと品質の改善には市場価値を高める媒介効果がある」

Jiménez-Jiménez, Daniel, and Raquel Sanz-Valle. "Innovation, Organizational Learning, and Performance." *Journal of Business Research* 64, no. 4（April 2011）: 408–417. https://doi.org/10.1016/j.jbusres.2010.09.010.
「組織的な学習とイノベーションは企業のパフォーマンスに対しプラスの貢献をしている」

Kelly, Bryan, Dimitris Papanikolaou, Amit Seru, and Matt Taddy. "Measuring Technological Innovation over the Long Run." NBER Working Paper No. 25266, National Bureau of Economic

Research, Inc., Cambridge, MA（November 2018). https://www.nber.org/papers/w25266.
「時系列、産業間、企業間のいずれの比較においても、画期的なイノベーションは生産性の向上をもたらしている」

Linder, Jane C. "Does Innovation Drive Profitable Growth? New Metrics for a Complete Picture." *Journal of Business Strategy* 27, no. 5 (September 1, 2006): 38–44. https://doi.org/10.1108/02756660610692699.
「収益ランキングと自社の革新性に対する経営者の自己評価との間には強い正の相関関係がある」

Minor, Dylan, Paul Brook, and Josh Bernoff. "Are Innovative Companies More Profitable?" *MIT Sloan Management Review*, December 28, 2017. https://sloanreview.mit.edu/article/are-innovative-companies-more-profitable/.
「企業のアイディエーション率（新しいアイデアを生み出していく割合）と収益や純利益の伸び率との間に強い相関関係がある」

Nieves, Julia. "Outcomes of Management Innovation: An Empirical Analysis in the Services Industry." *European Management Review* 13（March 21, 2016): 125–136. https://doi.org/10.1111/

emre.12071.
「経営のイノベーションは製品のイノベーションにプラスの影響を与え、製品のイノベーションは企業業績に大きな影響を与える」

Rajapathirana, R. P. Jayani, and Yan Hui. "Relationship between Innovation Capability, Innovation Type, and Firm Performance." *Journal of Innovation & Knowledge* 3, no. 1 (January–April 2018): 44–55. https://doi.org/10.1016/j.jik.2017.06.002.
「イノベーション能力の高い企業は、大きなプラスの影響を受けている」

Shanker, Roy, Ramudu Bhanugopan, Beatrice I. J. M. van der Heijden, and Mark Farrell. "Organizational Climate for Innovation and Organizational Performance: The Mediating Effect of Innovative Work Behavior." *Journal of Vocational Behavior* 100 (June 2017): 67–77. https://doi.org/10.1016/j.jvb.2017.02.004.
「組織のイノベーション環境とパフォーマンスとの間には強い相関関係がある」

「どちらとも言えない」

Youtie, Jan, Philip Shapira, and Stephen Roper. "Exploring Links between Innovation and Profitability in Georgia Manufacturers." *Economic Development Quarterly* 32, no. 4 (September 3, 2018): 271–287. https://doi.org/10.1177/0891242418786430.

「ジョージア州の製造企業を対象にした２００５年の調査では、収益性とイノベーションの間には正の相関関係が見られたが、２０１０年と２０１６年の調査ではイノベーションと企業パフォーマンスの間には関連性がなかった」

アジャイルのイノベーションは伝統的なイノベーションよりもはるかに優れた成果を生んでいる

「関連性が認められた」

Ambler, Scott W. "2013 IT Project Success Rates Survey Results." Ambysoft, January 2014. http://www.ambysoft.com/surveys/success2013.html.

「機動的で、無駄を省き、反復を重視する戦略は、昔ながらの場当たり的な戦略よりもおしなべて優れている」

CollabNet VersionOne. *13th Annual State of Agile Report*. State of Agile, May 7, 2019. https://

www.stateofagile.com/?_ga=2.258734218.1293249604.1571223036-453094266.1571223036#ufh-c-473508-state-of-agile-report.
「報告されたアジャイルのメリットには、優先順位の変更、プロジェクトの見える化、ビジネスとＩＴの連携、商品が市場に出るまでの時間、生産性の向上、プロジェクトリスクの低減などを管理する能力が含まれる」

Fitzgerald, Brian, Gerard Hartnett, and Kieran Conboy. "Customising Agile Methods to Software Practices at Intel Shannon." *European Journal of Information Systems* 15, no. 2 (January 9, 2006): 200–213. https://doi.org/10.1057/palgrave.ejis.3000605.
「研究ではインテル・シャノンにおけるアジャイル手法、エクストリーム・プログラミング（ＸＰ）、スクラムのテイラーリング（仕立て直し）について調査した。メリットには、コードの欠陥密度が７倍低減し、プロジェクトの納期も早まったことなどが含まれる」

Freeform Dynamics. *How Agile and DevOps Enable Digital Readiness and Transformation.* Freeform Dynamics, February 2018. https://freeformdynamics.com/software-delivery/agile-devops-enable-digital-readiness-transformation/.
「平均すれば、アジリティを体得した企業では収益が60％増大した。その後も20％以上の率で成長する可能性が、同業他社の２・４倍にも達している」

Johnson, Suzette, Richard Cheng, Stosh Misiazek, Stephanie Greytak, and James Boston. *The Business Case for Agile Methods.* Arlington, VA: Association for Enterprise Information, 2011. http://docplayer.net/5838794-The-business-case-for-agile-methods.html.

「パトリオット・エクスカリバー（ＰＥＸ）ソフトウェアのリリース・サイクルが18ヵ月から22週に短縮された。ビジネスモデルキャンバス（ＢＭＣ）にアジャイルを取り入れたことで、個々のチームの生産性が20～50％上昇した。アジャイルの採用によって、米国国勢調査局は前回の3分の1の人員で調査表の配布時期が50％も早まった」

Kakar, Adarsh K. "What Motivates Team Members and Users of Agile Projects?" *Proceedings of the Southern Association for Information Systems Conference* 17. Atlanta: Association for Information Systems (AIS), 2013. https://aisel.aisnet.org/sais2013/17.

「アジャイル手法によってプロジェクトチームのメンバーの締め切り意識が高まり、プロジェクトを完成させる大きな誘因になった」

Lo Giudice, Diego, Christopher Mines, Amanda LeClair, Luis Deya, and Andrew Reese. *The State of Agile 2017: Agile at Scale.* Forrester, December 14, 2017. https://www.forrester.com/report/The+State+Of+Agile+2017+Agile+At+Scale/-/E-RES140411.

「アジャイルのメリットには、リリース頻度の高まり、顧客体験の改善、ビジネスとＩＴの連携の強化、機能面での質の改善、チームの士気向上などが含まれる」

Przybilla, Leonard, Manuel Wiesche, and Helmut Krcmar. "The Influence of Agile Practices on Performance in Software Engineering Teams: A Subgroup Perspective." In *Proceedings of the 2018 ACM SIGMIS Conference on Computers and People Research*, 33–40. New York: Association for Computing Machinery, June 2018. https://doi.org/10.1145/3209626.3209703.
「毎日のスタンドアップ・ミーティングや振り返りミーティングによって、無用な対立が減り、パフォーマンスや満足度が高まった」

Reifer, Donald J. "How Good Are Agile Methods?" *IEEE Software* 19, no. 4（2002）: 16–18. https://doi.org/10.1109/MS.2002.1020280.
「メリットには、生産性の改善（15～23％）、コスト削減（5～7％）、商品が市場に出るまでの時間の圧縮（25～50％）が含まれていた」

Rico, David F. "What Is the Return on Investment（ROI）of Agile Methods?" Semantic Scholar. Accessed December 17, 2019. https://pdfs.semanticscholar.org/8e3d/c7208bc743037716f327ba98a7fcb1a69502.pdf.

「文献調査によると、アジャイル手法の活用によって費用対効果、生産性、品質、サイクルタイムの圧縮、顧客満足度の改善が見られた」

Scrum Alliance. *State of Scrum 2017–2018 Report.* ScrumAlliance. Accessed December 17, 2019. https://www.scrumalliance.org/learn-about-scrum/state-of-scrum.
「参加者の97%が将来もスクラムを使用し続けるだろう。アジャイルの採用によるメリットは、供給されたものに対する満足度、商品が市場に出るまでにかかる時間の改善、品質の向上、スタッフの士気の改善、ＩＴに対する投資収益率の改善が挙げられる」

Serrador, Pedro, Andrew Gemino, and Blaize H. Reich. "Creating a Climate for Project Success." *Journal of Modern Project Management* 6 (2018): 38–47. https://doi.org/10.19255/JMPM01604.
「シニア経営者のサポート、ステークホルダーエンゲージメント、非常に献身的なチーム、アジャイル手法への支援、プロダクトオーナーとの頻繁なミーティング、プロジェクトの成功に向けたチームの素晴らしい姿勢」

Serrador, Pedro, and Jeffrey K. Pinto. "Does Agile Work? A Quantitative Analysis of Agile Project Success." *International Journal of Project Management* 33, no. 5 (July 1, 2015): 1040–1051. https://doi.org/10.1016/j.ijproman.2015.01.006.

「アジャイル手法は効率性だけでなく利害関係者全員に良い影響を与える」

Standish Group. *CHAOS Report: Decision Latency Theory: It's All about the Interval.* Boston: Lulu.com, 2018. https://www.standishgroup.com/store/.

「アジャイルな手法の場合、成功する確率が42%、失敗する確率が8%、どちらでもない確率が50%。伝統的な手法の場合、成功する確率が26%、失敗する確率が21%、どちらでもない確率が53%となっている」

「関連性が認められなかった」

Budzier, Alexander, and Bent Flyvbjerg. "Making Sense of the Impact and Importance of Outliers in Project Management through the Use of Power Laws." In *Proceedings of International Research Network on Organizing by Projects at Oslo* 11 (June 1, 2013). New York: SSRN, 2016. https://ssrn.com/abstract=2289549.

「アジャイル手法を採用したグループは、コスト、スケジュール、業績の点で大きな違いが見られなかった」

Magazinius, Ana, and Robert Feldt. “Confirming Distortional Behaviors in Software Cost Estimation Practice.” In *Proceedings of the 37th EUROMICRO Conference on Software Engineering and Advanced Applications*, 411–418. Institute of Electronics and Electronics Engineers, November 3, 2011. https://doi.org/10.1109/SEAA.2011.61.
「アジャイル企業と非アジャイル企業の違いを調べた結果、会議運営の効率化、予算目標の達成、失敗の原因などの点で両手法に大きな違いは見られなかった」

「どちらとも言えない」

Dybå, Tore, and Torgeir Dingsøyr. “Empirical Studies of Agile Software Development: A Systematic Review.” *Information and Software Technology* 50, nos.9–10 (August 2008): 833–859. https://doi.org/10.1016/j.infsof.2008.01.006.
「4本の研究によれば、アジャイルチームは従来のチームに比べて生産性が42%上回っているが、これらの研究のクオリティは高いとは言えない」

Eveleens, Johan, and Chris Verhoef. “The Rise and Fall of the Chaos Report Figures.” *IEEE Software* 27, no.1 (January–February 2010): 30–36. https://doi.org/10.1109/MS.2009.154.

「スタンディッシュカオスレポートは、アジャイルのメリットで引用されることが多いが、その手法を批判している」

Lindvall, Mikael, Vic Basili, Barry Boehm, Patricia Costa, Kathleen Dangle, Forrest Shull, Roseanne Tesoriero, et al. "Empirical Findings in Agile Methods." In *Extreme Programming and Agile Methods—XP/Agile Universe 2002*, 197–207. Berlin: Springer, 2002. https://doi.org/10.1007/3-540-45672-4_19.

「アジャイルを採用するメリットは、顧客との共同作業、欠陥品の処理、予測の改善である。問題点は、ペアプログラミングの非効率化や、デザインやアーキテクチャーに関する問題への注意がおろそかになることである」

アジャイルが多くのチームに拡大しても、そのメリットが失われることはない

「関連性が認められた」

Atlas, Alan. "Accidental Adoption: The Story of Scrum at Amazon.com." In *Agile 2009 Conference*, 135–140. Institute of Electronics and Electronics Engineers, September 25, 2009. https://doi.

org/10.1109/AGILE.2009.10.
「２００４～２００９年の間にスクラムは、アマゾンのソフトウェア開発チームの多くで広がりを見せた。成功の大きなカギは、カルチャー、小規模なチームサイズ、インターナル・チャンピオン（内部のサポーター）、トレーニングだった」

Brown, Alan W. "A Case Study in Agile-at-Scale Delivery." In *Agile Processes in Software Engineering and Extreme Programming. XP 2011. Lecture Notes in Business Information Processing* 77, 266–291. Berlin: Springer, 2011. https://doi.org/10.1007/978-3-642-20677-1_19.
「ある銀行のアジャイルの拡大についての記述。初期の８つの試験的な実験では生産性や品質面での改善が認められた」

Fry, Chris, and Steve Greene. "Large Scale Agile Transformation in an On-Demand World." In *AGILE 2007*, 136–142. Institute of Electronics and Electronics Engineers, August 27, 2007. https://doi.org/10.1109/AGILE.2007.38.
「Salesforce.comでのアジャイルの拡大についての記述。ある組織サーベイでは、回答者の80％が新しい開発手法によってチームの効率性が増しつつあると考えている」

Furuhjelm, Jörgen, Johan Segertoft, Joe Justice, and J. J. Sutherland. "Owning the Sky with Agile."

Global Scrum Gathering, San Diego, California, April 10–12, 2017. https://www.scruminc.com/wp-content/uploads/2015/09/Release-version_Owning-the-Sky-with-Agile.pdf.
「アジャイルの拡大によって、Saabは高性能の航空機を安く、早く供給できるようになった」

Jørgensen, Magne. "Do Agile Methods Work for Large Software Projects?" In *Agile Processes in Software Engineering and Extreme Programming. XP 2018. Lecture Notes in Business Information Processing* 314: 179–190. Cham, Switzerland: Springer, 2018. https://doi.org/10.1007/978-3-319-91602-6_12.
「中規模や大規模のソフトウェア開発において、アジャイル手法のチームのほうが非アジャイル手法のチームよりも平均して良い成績を挙げた」

Kalenda, Martin, Petr Hyna, and Bruno Rossi. "Scaling Agile in Large Organizations: Practices, Challenges, and Success Factors. *Journal of Software: Evolution and Process* 30, no. 10 (May 16, 2018). https://doi.org/10.1002/smr.1954.
「グローバルなソフトウェア企業は、アジャイルのプロセスを自分の会社のニーズに合わせて作り変える一方で、アジャイルの考え方を忠実に守り、経験豊富なアジャイルチームのメンバーを採用することでアジャイルの拡大に成功した」

Knaster, R., and D. Leffingwell. *SAFe 4.0 Distilled: Applying the Scaled Agile Framework for Lean Software and Systems Engineering*. Boston: Addison-Wesley, 2017.（リチャード・ナスター／ディーン・レフィングウェル著、藤井拓監訳、株式会社オージス総研訳『SAFe 4.0 のエッセンス：組織一丸となってリーン－アジャイルにプロダクト開発を行うためのフレームワーク』エスアイビーアクセス、２０１８年）
「スケールド・アジャイル・フレームワーク（ＳＡＦｅ）をアジャイルの拡大に適用することによって、品質、生産性、従業員エンゲージメント、商品が市場に出るまでの時間の短縮、プログラムの実行、連携、透明性の改善に成功した企業事例を数多く引用している」

Korhonen, Kirsi. “Evaluating the Impact of an Agile Transformation: A Longitudinal Case Study in a Distributed Context.” *Software Quality Journal* 21（November 1, 2012）: 599–624. https://doi.org/10.1007/s11219-012-9189-4.
「ノキア・シーメンス・ネットワークス（現：ノキアソリューションズ&ネットワークス）は、知名度の向上、要件変更への対応力の強化、ソフトウェア開発の品質向上、従業員モチベーションの改善を実現した」

Lagerberg, Lina, Tor Skude, Pär Emanuelsson, Kristian Sandahl, and Daniel Ståhl. “The Impact of Agile Principles and Practices on Large-Scale Software Development Projects: A Multiple-Case Study

of Two Projects at Ericsson." In *2013 ACM / IEEE International Symposium on Empirical Software Engineering and Measurement*, 348–356. Institute of Electronics and Electronics Engineers, December 12, 2013. https://doi.org/10.1109/ESEM.2013.53.
「アジャイルの実行は知識の共有に貢献し、その一方でプロジェクトの知名度の向上、連携の効率化、そしておそらく生産性の向上にも関係していることがわかった」

Paasivaara, Maria, Benjamin Behm, Casper Lassenius, and Minna Hallikainen. "Large-Scale Agile Transformation at Ericsson: A Case Study." *Empirical Software Engineering* 23 (January 11, 2018): 2550–2596. https://doi.org/10.1007/s10664-017-9555-8.
「エリクソンが、どのようにアジャイルを新しいR&Dや製品開発プログラムに導入しながら、積極的な規模拡大を図っていったかについての記述。大きな成功要因は、アジャイルの考え方を守り、変革は段階的（ビッグバン式ではなく）に、そして自社に合うように拡大方法をカスタマイズしたことである」

Schnitter, Joachim, and Olaf Mackert. "Large-Scale Agile Software Development at SAP AG." In *Evaluation of Novel Approaches to Software Engineering. Communications in Computer and Information Science*, 209–220. Berlin: Springer, 2011. https://doi.org/10.1007/978-3-642-23391-3_15.
「ＳＡＰは12ヵ所のグローバル拠点にある１万８０００社の開発業者に対しアジャイルを拡大し

た。実行はかなり難渋したが、アジャイルによって透明性やインフォーマルなコミュニケーションが大幅に改善された」

Vaidya, Aashish. “Does DAD Know Best, Is It Better to Do LeSS or Just Be SAFe? Adapting Scaling Agile Practices into the Enterprise.” Presented at the Pacific Northwest Software Quality Conference, Portland, OR, October 20–22, 2014. http://www.uploads.pnsqc.org/2014/Papers/t-033_Vaidya_paper.pdf.
「キャンビア・ヘルス・ソリューションズはスクラムやその他のアジャイル活動を40以上のチームに導入した。デリバリープロセスの改善や品質の向上で成果を得ている」

「どちらとも言えない」

Bjarnason, Elizabeth, Krzysztof Wnuk, and Björn Regnell. “A Case Study on Benefits and Side-Effects of Agile Practices in Large-Scale Requirements Engineering.” In *Proceedings of the 1st Agile Requirements Engineering Workshop,* 1–5. New York: ACM, 2011. https://doi.org/10.1145/2068783.2068786.
「アジャイルの実践（少なくとも部分的な）によって大規模ソフトウェア開発に関連する昔から

の課題や問題は改善できたが、それはまた新たな別の問題を発生させている」

Conboy, Kieran, and Noel Carroll. "Implementing Large-Scale Agile Frameworks: Challenges and Recommendations." *IEEE Software* 36, no. 2 (March–April 2019): 44–50. https://doi.org/10.1109/MS.2018.2884865.
「アジャイル拡大の課題を分析し、その問題点の軽減策を提案している」

Dikert, Kim, Maria Paasivaara, and Casper Lassenius. "Challenges and Success Factors for Large-Scale Agile Transformations: A Systematic Literature Review." *Journal of Systems and Software* 119 (September 2016): 87–108. https://doi.org/10.1016/j.jss.2016.06.013.
「大規模なアジャイル変革の課題と成功要因を分析している」

Moe, Nils, Bjørn Dahl, Viktoria Stray, Lina Sund Karlsen, and Stine Schjødt-Osmo. "Team Autonomy in Large-Scale Agile." ScholarSpace, January 8, 2019. https://doi.org/10.24251/HICSS.2019.839.
「アジャイルを拡大するときのチームの自律性に対する障害を特定し、その改善策を示唆している」

Paasivaara, Maria. "Adopting SAFe to Scale Agile in a Globally Distributed Organization." In *Proceedings of 2017 IEEE 12th International Conference on Global Software Engineering,* 36–40. Institute of Electronics and Electronics Engineers, July 17, 2017. https://doi.org/10.1109/ICGSE.2017.15.

「世界的に流通しているソフトウェアの開発会社コンプテルが、どのようにしてＳＡＦｅフレームワークを２つの事業部門に導入したかについての記述。２番目に導入した事業部門は最初の事業部門からの学びを活かすことができたため、さらに高い効果をあげた」

Paasivaara, Maria, and Casper Lassenius. "Scaling Scrum in a Large Globally Distributed Organization: A Case Study." In *2016 IEEE 11th International Conference on Global Software Engineering,* 74–83. Institute of Electronics and Electronics Engineers, September 29, 2016. https://doi.org/10.1109/ICGSE.2016.34.

「商業的にはアジャイル変革は成功だった。しかしチームにはアジャイルの考え方が欠けており、ＬｅＳＳフレームワークで示されたすべての重要な実践法を採用できなかった。チーム間の調整も不十分に終わった」

Paasivaara, Maria, Casper Lassenius, and Ville T. Heikkilä. "Inter-Team Coordination in Large-Scale Globally Distributed Scrum: Do Scrum-of-Scrums Really Work?" In *Proceedings of the 2012*

ACM-IEEE International Symposium on Empirical Software Engineering and Measurement, 236–238. New York: ACM, 2012. https://doi.org/10.1145/2372251.2372294.

「すべてのチームの代表者からなるスクラム・オブ・スクラムの会議は問題が多い。参加者が目標と利害を共有するチームの会議のほうがうまく機能した」

アジャイルはIT以外でも効果がある

「関連性が認められた」

CMG Partners. *Sixth Annual CMO's Agenda: The Agile Advantage.* CMOs Agenda, 2013. https://cmosagenda.com/always-always-agile.

「マーケティングでアジャイルを導入するメリットは、スピード、適応力、生産性、優先順位付け、顧客重視の成果をもたらす能力の改善である」

Fryrear, Andrea. “State of Agile Marketing.” AgileSherpas. Accessed December 18, 2019. https://www.agilesherpas.com/state-of-agile-marketing-2019/.

「参加者の3分の2はマーケティングにおいて少なくともアジャイル手法の一部を採用しており、

50％は翌年のアジャイルの採用を計画している。アジャイルを採用するメリットは、適応能力、品質改善、スピードの強化である」

Furuhjelm, Jörgen, Johan Segertoft, Joe Justice, and J. J. Sutherland. "Owning the Sky with Agile." Global Scrum Gathering, San Diego, California, April 10–12, 2017. https://www.scruminc.com/wp-content/uploads/2015/09/Release-version_Owning-the-Sky-with-Agile.pdf.
「Ｓａａｂは新型の多用途戦闘機であるヤース39Ｅグリペンの製造において、ハードウェア、ソフトウェア両方のチームの問題解決のためにアジャイル手法を採用した。同戦闘機は低コスト、短納期、高品質で出荷することができた」

McFarland, Keith R. "Should You Build Strategy Like You Build Software?" *MIT Sloan Management Review* 49, no. 3 (2009): 69–74. https://sloanreview.mit.edu/article/should-you-build-strategy-like-you-build-software/.
「食品流通業のシャムロック・フーズ・カンパニーは、戦略プランにアジャイル手法を用いたスパイラル・プランニング・モデルの実践に成功した」

Petrini, Stefano, and Jorge Muniz Jr. "Scrum Management Approach Applied in Aerospace Sector." Presented at the IIE Annual Conference, Montreal, Canada, May 31–June 3, 2014.

「航空機部品のシステムテストにスクラムを導入したことによって、効率性、適応性、認知度、従業員モチベーションが改善された」

Raubenolt, Amy. "An Analysis of Collaborative Problem-Solving Mechanisms in Sponsored Projects: Applying the 5-Day Sprint Model." *Journal of Research Administration* 47, no. 2 (2016): 94–111. https://files.eric.ed.gov/fulltext/EJ1152255.pdf.

「ネーションワイド・チルドレンズ・ホスピタル研究所の財務・スポンサー企画室は5日間のデザインスプリント会議を行い、報告手続きの見直しを行った。同会議で示されたフィードバックは極めて有効だった。すべてのチームが将来の問題解決にあたってスプリント・モデルを活用することを推奨していた」

Scheuermann, Constantin, Stephan Verclas, and Bernd Bruegge. "Agile Factory—An Example of an Industry 4.0 Manufacturing Process." In *2015 IEEE 3rd International Conference on Cyber-Physical Systems, Networks, and Applications*, 43–47. Institute of Electronics and Electronics Engineers, September 21, 2015. https://doi.org/10.1109/CPSNA.2015.17.

「アジャイル工場でのプロトタイプの開発によって、アジャイルなソフトウェア開発技術を製造分野に移転させた成功例を紹介している」

Serrador, Pedro, and Jeffrey K. Pinto. "Does Agile Work?—A Quantitative Analysis of Agile Project Success." *International Journal of Project Management* 33, no. 5 (July 2015): 1040–1051. https://doi.org/10.1016/j.ijproman.2015.01.006.
「多種多様な産業、企業、プロジェクトから抽出した１００２件のデータサンプルによれば、アジャイル／反復型手法の導入が増えるほど、プロジェクトが成功する確率も高まっていた」

Skinner, Ryan, Mary Pilecki, Melissa Parrish, Lori Wizdo, Jessica Liu, Chahiti Asarpota, and Christine Turley. *Agile Methodology Embeds Customer Obsession in Marketing.* Forrester, July 1, 2019. https://www.forrester.com/report/Agile+Methodology+Embeds+Customer+Obsession+In+Marketing/-/E-RES139938.
「マーケティングにおいてアジャイルの原則や実践法を導入した企業の事例を紹介。メリットとして挙げているのは、選択と集中、商品化のスピード、変化への対応能力の改善や、チーム能力への現実的判断である」

Sommer, Anita Friis, Christian Hedegaard, Iskra Dukovska-Popovska, and Kenn Steger-Jensen. "Improved Product Development Performance through Agile/Stage-Gate Hybrids: The Next-Generation Stage-Gate Process?" *Research-Technology Management* 58 (December 28, 2015): 34–45. https://doi.org/10.5437/08956308X5801236.

「アジャイル／ステージ・ゲート・ハイブリッドを実践した5つの企業によれば、効率性の改善、重複プロセスの削減、認知度の向上、目的の明確化、顧客クレームの減少、チームオーナーシップやチームの士気向上で極めて大きなプラス効果があった」

Sutherland, Jeff, and J. J. Sutherland. *Scrum: The Art of Doing Twice the Work in Half the Time.* New York: Crown Business, 2014.（ジェフ・サザーランド著、石垣賀子訳『スクラム：仕事が4倍速くなる〝世界標準〟のチーム戦術』早川書房、２０１５年）
「様々な企業や産業においてスクラムの採用に成功した企業の事例を紹介。オランダの学校で実施されたスクラムでは生徒の成績が10％改善した」

van Solingen, Rini, Jeff Sutherland, and Denny de Waard. "Scrum in Sales: How to Improve Account Management and Sales Processes." In *Agile 2011 Conference*, 284–288. Institute of Electronics and Electronics Engineers, August 20, 2011. https://doi.org/10.1109/AGILE.2011.12.
「営業や顧客管理でスクラムを導入するメリットは、売上の改善、チームの自発性や売上の予測可能性の向上だ」

Willeke, Marian H. H. "Agile in Academics: Applying Agile to Instructional Design." In *Agile 2011 Conference*, 246–251. Institute of Electronics and Electronics Engineers, August 30, 2011. https://doi

.org/10.1109/AGILE.2011.17.
「研修カリキュラムの考案にアジャイルを導入することで、生産性や従業員のモチベーションが向上した」

「どちらとも言えない」

Ahmed-Kristensen, Saeema, and Jaap Daalhuizen. "Pioneering the Combined Use of Agile and Stage-Gate Models in New Product Development—Cases from the Manufacturing Industry." *Proceedings of Innovation & Product Development Management Conference*, Copenhagen, Denmark, June 14–16, 2015. https://pdfs.semanticscholar.org/a53d/1f7909c01c8626b8da9dfa5ae7214f6e658b.pdf.
「アジャイルによって、要件の変更や日頃から知識を共有しておく必要性が早い段階からわかるようになった。今後の課題は、アジャイルをどのように継続していくか、厳格な規則を遵守しながら必須要件の変更をどのように受け入れていくかなどの点について理解を深めることである」

アジャイル企業は業績を改善できる

「関連性が認められた」

Appelbaum, Steven, Rafael Calla, Dany Desautels, and Lisa N. Hasan. “The Challenges of Organizational Agility: Part 2.” *Industrial and Commercial Training* 49, no. 2 (February 6, 2017): 69–74. https://doi.org/10.1108/ICT-05-2016-0028.
「組織のアジリティが高まったことによって、従業員は予期せぬ環境の変化に積極的に対応できるようになったが、その作業は困難を要する。経営者、意思決定のメカニズム、スキル、個人的な人間関係などの変革が必要だ」

Business Agility Institute. *2019 Business Agility Report: Raising the B.A.R.,* 2nd ed. Business Agility Institute. https://businessagility.institute/learn/2019-business-agility-report-raising-the-bar/.
「ビジネスのアジャイル化で得られたメリットは、顧客や従業員の満足度の向上、市場パフォーマンスの改善である」

Denning, S. *The Age of Agile: How Smart Companies Are Transforming the Way Work Gets Done.* New York: AMACOM, 2018.

「アジャイル企業（あるいはアジャイル企業に向かいつつある企業）の事例を紹介。彼らの成功の原因は品質、イノベーション、商品化速度の改善である」

Glenn, Marie. *Organisational Agility: How Business Can Survive and Thrive in Turbulent Times.* Economist Intelligence Unit, CFO Innovation, March 1, 2010. https://www.cfoinnovation.com/organisational-agility-how-business-can-survive-and-thrive-turbulent-times.
「エグゼクティブ調査の回答者の約90％が、組織のアジリティが企業発展に不可欠であると信じている。引用した研究によると、アジャイル企業は非アジャイル企業に比べて売上の伸び率で37％、利益では30％上回っている」

Project Management Institute. "Achieving Greater Agility: The People and Process Drivers that Accelerate Results." Project Management Institute, September 2017. https://www.pmi.org/learning/thought-leadership/pulse/agile-project.
「アジリティの高い企業では、多くのプロジェクトで初期の目標や事業目的を達成していると報告している。例えば売上の伸び率を見ると75％の企業が年率5％以上だった。責任者やプロセスの管理者を活性化させる可能性もある」

Saha, Nibedita, Ales Gregar, and Petr Sáha. "Organizational Agility and HRM Strategy: Do They

Really Enhance Firms' Competitiveness?" *International Journal of Organizational Leadership* 6（2017）: 323–334. https://doi.org/10.33844/ijol.2017.60454.
「研究によれば、気づきや反応の速さ（意思決定のアジリティ）が高まり、組織的な敏速さ（アジリティの実行）によって、個人の能力、組織の学習、組織の革新が促進される」

Sutherland, J. J. *The Scrum Fieldbook: A Master Class on Accelerating Performance, Getting Results, and Defining the Future*. New York: Currency, 2019.
「ルネサンス企業、つまり組織全体にスクラムを拡大した企業の事例と、そのメリットについて解説」

Yang, Chyan, and Hsian-Ming Liu. "Boosting Firm Performance via Enterprise Agility and Network Structure." *Management Decision* 50（June 22, 2012）: 1022–1044. https://doi.org/10.1108/00251741211238319.
「結果の示すところでは、アジリティ能力やネットワーク構造は企業のパフォーマンスにとって重要である。さらに言えば、優れたエンタープライズ・アジリティを持つ企業ほどネットワーク構造をうまく利用することができる」

「どちらとも言えない」

Ries, Eric. *The Startup Way: How Modern Companies Use Entrepreneurial Management to Transform Culture and Drive Long-Term Growth.* New York: Currency, 2017.（エリック・リース著、井口耕二訳『スタートアップ・ウェイ：予測不可能な世界で成長し続けるマネジメント』日経ＢＰ、２０１８年）

「売上を拡大しイノベーションを刺激するために、企業全体にアジャイルや起業家の原理を導入した企業の例を紹介。しかしながら、本書で紹介した著名な事例のＧＥは、リーン・スタートアップ手法を導入して以降、歴史的な株価下落に見舞われている」

AX（アジャイル・トランスフォーメーション）戦略
次世代型現場力の創造

2021年9月2日発行

著　者――ダレル・リグビー／サラ・エルク／スティーブ・ベレズ
監訳・解説者――石川順也／市川雅稔
訳　者――川島睦保
発行者――駒橋憲一
発行所――東洋経済新報社
〒103-8345　東京都中央区日本橋本石町1-2-1
電話＝東洋経済コールセンター　03(6386)1040
https://toyokeizai.net/

装丁・本文デザイン……和全（Studio Wazen）
D T P……………アイランドコレクション
印　刷……………ベクトル印刷
製　本……………ナショナル製本
編集担当…………佐藤朋保／関俊介
Printed in Japan　ISBN 978-4-492-53442-7

著者紹介

ダレル・リグビー（DARRELL RIGBY）

ベイン・アンド・カンパニーのボストンオフィスを拠点とするパートナーであり、同社のグローバル・イノベーション＆アジャイル・プラクティスを率いる。42年以上のコンサルティング経験の中で、100社以上の世界的企業の革新的な成長戦略のサポートを含む、様々な業界の課題を解決してきた。イノベーションに関するスピーチや執筆も多く、『ハーバード・ビジネス・レビュー』『ウォール・ストリート・ジャーナル』『ブルームバーグ ビジネスウィーク』『フィナンシャル・タイムズ』などに寄稿してきた。

サラ・エルク（SARAH ELK）

ベイン・アンド・カンパニーのグローバル・オペレーティングモデル・プラクティスを率いる。20年以上のコンサルティング経験の中で、多くの有名企業に変革をもたらしてきた。可能性を信じ、企業変革に伴って人間の潜在能力を引き出すことに情熱を注いでいる。

スティーブ・ベレズ（STEVE BEREZ）

1980年にベイン・アンド・カンパニーに入社して以来28年間同社に在籍し、エンタープライズ・テクノロジー・プラクティスを創設する。最近まで同プラクティスのアメリカ担当トップを務める。過去10年間、世界中の数多くの企業に対し、テクノロジーをベースとしたイノベーションの加速、アジャイル、有効性向上の支援を行ってきた。

監訳・解説者紹介

石川 順也（いしかわ じゅんや）

ベイン・アンド・カンパニー東京オフィスのパートナーであり、組織および企業変革プラクティスリーダーを務める。約25年にわたってヘルスケア、食品、飲料、小売、金融、産業財、投資ファンド、アウトソーシング等、様々な業界の企業に対するコンサルティングおよびアドバイザリーに携わっている。M&A・提携戦略、組織・ガバナンス改革、ブランド戦略、サプライチェーン戦略等、多岐にわたるテーマのプロジェクトをリードしている。東京オフィスのサステイナビリティ・プラクティス推進も手掛ける。本書の監訳および日本市場向けの解説章などを共同執筆。

市川 雅稔（いちかわ まさとし）

ベイン・アンド・カンパニー東京オフィスのアソシエイト パートナー。全社戦略、トランスフォーメーション、業績改善をテーマに、約10年にわたり、食品、飲料、小売、ヘルスケア、化粧品、自動車部品、投資ファンド等、様々な業界の企業に対するコンサルティングに携わっている。本書の監訳および日本市場向けの解説章を共同執筆。

訳者紹介

川島 睦保（かわしま むつほ）

翻訳家、フリーランスのジャーナリスト。東洋経済新報社入社後、『週刊東洋経済』編集長、取締役出版局長を務めて現職。1991〜92年にフルブライト留学生として米国ハーバード大学経済学部に短期留学。訳書に『シャルマの未来予測』『「追われる国」の経済学』『格差は心を壊す』『マイケル・ジェンセンとアメリカ中産階級の解体』（共訳）など。

注釈

イントロダクション

1. 国際的な調査対象となった10万1592社のソフトウェア開発業者では、85.9%がアジャイルを利用している。“Developer Survey Results, 2018,” Stack Overflow, https://insights.stackoverflow.com/survey/2018#development-practices (accessed December 9, 2019).
2. Sears Holdings, “Sears Holdings Outlines Next Phase of Its Strategic Transformation,” press release, February 10, 2017, https://searsholdings.com/press-releases/pr/2030.
3. ウェーバーの古典的な名著 *The Protestant Ethic and the Spirit of Capitalism*（マックス・ヴェーバー著、大塚久雄訳『プロテスタンティズムの倫理と資本主義の精神』岩波文庫、1989年）を参照。最新版はRoutledge Classics（Oxford and New York, 2001）から出版されている。
4. Frederick Winslow Taylor, *The Principles of Scientific Management*（New York: Harper & Brothers, 1911).（フレデリック・W. テイラー著、有賀裕子訳『新訳 科学的管理法』ダイヤモンド社、2009年）グーテンベルク・プロジェクトでも参照できる。
5. See Dominic Barton, Dennis Carey, and Ram Charan, “One Bank’s Agile Team Experiment,” *Harvard Business Review,* March–April 2018, 59 – 61.（ドミニク・バートン／デニス・ケアリー／ラム・チャラン著「世界的金融グループはアジャイル手法で組織を変えた：フィンテック時代のING全社戦略」DIAMONDハーバード・ビジネス・レビュー、2018年7月号）
6. Anthony Mersino, “Agile Project Success Rates 2X Higher than Traditional Projects (2019),” Vitality Chicago, April 1, 2018, https://vitalitychicago.com/blog/agile-projects-are-more-successful-traditional-projects/.

第1章

1. Hirotaka Takeuchi and Ikujiro Nonaka, “The New New Product Development Game,” *Harvard Business Review,* January–February 1986, 137–146.
2. Takeuchi and Nonaka, “The New New Product Development Game,” 137.

3. James O. Coplien, “Borland Software Craftsmanship: A New Look at Process, Quality and Productivity,” in *Proceedings of the 5th Annual Borland International Conference*, Orlando, Florida, June 5, 1994, https://pdfs.semanticscholar.org/3a09/1c3f265de024b18ccbf88a6aead223133e39.pdf.
4. Steven L. Goldman, Roger N. Nagel, and Kenneth Preiss, *Agile Competitors and Virtual Organizations: Strategies for Enriching the Customer* (New York: John Wiley, 1994).（スティーブン・L・ゴールドマン／ロジャー・N. ネーゲル／ケネス・プライス著、紺野登訳『アジル・コンペティション：「速い経営」が企業を変える』日本経済新聞出版、1996年）
5. アジャイル宣言は、https://agilemanifesto.org/（accessed December 30, 2019）で見ることができる。
6. Darrell K. Rigby, Jeff Sutherland, and Hirotaka Takeuchi, “Embracing Agile: How to Master the Process That’s Transforming Management,” *Harvard Business Review*, May 2016, 40–50.（ダレル・K. リグビー／ジェフ・サザーランド／竹内弘高著「アジャイル開発を経営に活かす6つの原則：臨機応変のマネジメントで生産性を劇的に高める」DIAMONDハーバード・ビジネス・レビュー、2016年9月号）
7. Rigby, Sutherland, and Takeuchi, “Embracing Agile,” 42.（ダレル・K. リグビー／ジェフ・サザーランド／竹内弘高著「アジャイル開発を経営に活かす6つの原則：臨機応変のマネジメントで生産性を劇的に高める」DIAMONDハーバード・ビジネス・レビュー、2016年9月号）

第2章

1. 2017年のセバスチャン・ワグナーとの個人的なインタビュー。
2. F. Scott Fitzgerald, “The Crack-Up,” originally published in *Esquire*, February, March, and April, 1936.
3. Bart Schlatmann and Peter Jacobs, “ING’s Agile Transformation,” interview by Deepak Mahadevan, *McKinsey Quarterly*, January 2017, https://www.mckinsey.com/industries/financial-services/our-insights/ings-agile-transformation?
4. 2017年11月17日、27日のタミー・スパロウとの個人的なインタビュー。
5. See CollabNet VersionOne, *13th Annual State of Agile Report*, May 7, 2019, https://www.stateofagile.com/?ga=2.211020822.2043163775.

1579308446-1467289744.1577216170#ufh-i-521251909-13th-annual-state-of-agile-report/473508.

6. Henrik Kniberg and Anders Ivarsson, “Scaling Agile @ Spotify with Tribes, Squads, Chapters & Guilds,” October 2012, https://blog.crisp.se/wp-content/uploads/2012/11/SpotifyScaling.pdf.

第3章

1. Mark Allen, “Mark Allen Interview on Heart Rate Training and Racing,” interview by Floris Gierman, Extramilest, July 2, 2015, https://extramilest.com/blog/mark-allen-interview-on-training-and-racing/.
2. Allen, “Mark Allen Interview.”
3. Susan Lacke, “Mark Allen Voted Greatest American Triathlete of All Time,” May 7, 2018, Ironman, https://www.ironman.com/news_article/show/1042292.
4. Michael Sheetz, “Technology Killing Off Corporate America: Average Life Span of Companies under 20 Years,” *CNBC*, August 24, 2017, https://www.cnbc.com/2017/08/24/technology-killing-off-corporations-average-lifespan-of-company-under-20-years.html;https://www.innosight.com/insight/creative-destruction/.
5. Max Marmer and Ertan Dogrultan, “Startup Genome Report Extra on Premature Scaling,” March 2012, https://s3.amazonaws.com/startupcompass-public/StartupGenomeReport2_Why_Startups_Fail_v2.pdf.
6. See, for example, Kate Taylor and Benjamin Goggin, “49 of the Biggest Scandals in Uber's History,” *Business Insider*, May 10, 2019, https://www.businessinsider.com/uber-company-scandals-and-controversies-2017-11; Sam Levin, “Uber's Scandals, Blunders and PR Disasters: The Full List,” *Guardian*, June 27, 2017, https://www.theguardian.com/technology/2017/jun/18/uber-travis-kalanick-scandal-pr-disaster-timeline.
7. Cadie Thompson, “Elon Musk on Missing Model 3 Production Deadlines,” *Business Insider*, December 9, 2018, https://www.businessinsider.com/elon-musk-blames-missed-model-3-production-targets-stupidity-2018-12?nr_email_referer=1&utm_source=Sailthru& utm_medium=email&utm_content=Tech_select.

8. Dan Lovallo and Daniel Kahneman, "Delusions of Success: How Optimism Undermines Executives' Decisions," *Harvard Business Review,* July 2003, 56–63.（ダン・ロバロ／ダニエル・カーネマン著「楽観主義が意思決定を歪める：バラ色の『色眼鏡』を外せ」DIAMOND ハーバード・ビジネス・レビュー、2003 年 12 月号）
9. Dan Gardner and Philip E. Tetlock, *Superforecasting: The Art and Science of Prediction*（New York: Broadway Books, 2016).（フィリップ・E. テトロック／ダン・ガードナー著、土方奈美訳『超予測力：不確実な時代の先を読む 10 カ条』早川書房、2016 年）
10. 企業目的は、会社のウェブサイト https://www.warbyparker.com/history（accessed January 2, 2020）で見ることができる。
11. "Barnes & Noble Mission Statement and/or Vision Statement," http:// www.makingafortune.biz/list-of-companies-b/barnes-&-noble.htm（accessed December 10, 2019). 2019 年の Barnes & Noble のウェブサイトでは、以下のように刷新され簡略化されている。「バーンズ・アンド・ノーブルの使命は、アメリカ国内で最も優れたオムニチャネルの専門小売業を営むことによって、私たちの顧客や書籍販売業者が目的を達成する一助となる一方で、地域社会の誉れになることです」。https://www.barnesandnobleinc.com/about-bn/（accessed January 2, 2020）参照。
12. Listing can be found on Wikipedia, s.v. "Ironman World Championship," last modified October 19, 2019, https://en.wikipedia.org/wiki/Ironman_World_Championship.
13. Data from Allen, "Mark Allen Interview."

第 4 章

1. 2019 年 4 月 1 日のダニエラ・クレーマーとの電話インタビュー。
2. 2019 年 5 月 2 日のヘンク・ベッカーとの電話インタビュー。
3. See Douglas McGregor, *The Human Side of Enterprise*（New York: McGraw-Hill, 1985). Originally published in 1960.（ダグラス・マグレガー著、高橋達男訳『新版 企業の人間的側面：統合と自己統制による経営』産業能率大学出版部、1970 年）
4. Amar V. Bhidé, *The Origin and Evolution of New Businesses*（New York: Oxford University Press, 2000).

5. Douglas McGregor, *The Professional Manager* (New York: McGraw-Hill, 1967), 163.
6. David Ricardo, *On the Principles of Political Economy and Taxation* (Mineola, NY: Dover, 2004).（リカードウ著、羽鳥卓也／吉澤芳樹訳『経済学および課税の原理』［上・下巻］岩波文庫、1987年）
7. 2019年4月5日以降のアン・キャスリン・ゲバートとの複数回におよぶ個人的な電話インタビュー。

第5章

1. アジャイル宣言は、https://agilemanifesto.org/ (accessed December 30, 2019). で見ることができる。
2. Jeff Bezos, "2016 Letter to Shareholders," https://blog.aboutamazon.com/company-news/2016-letter-to-shareholders (accessed January 3, 2020).
3. Darrell K. Rigby, Jeff Sutherland, and Andy Noble, "Agile at Scale," *Harvard Business Review*, May–June 2018, 95.（ダレル・K. リクビー／ジェフ・サザーランド／アンディ・ノーブル著「アジャイル 全社展開の実践法：大企業に俊敏で柔軟な組織をつくる」DIAMOND ハーバード・ビジネス・レビュー、2018年10月号）

第6章

1. Alfred D. Chandler Jr., *Strategy and Structure: Chapters in the History of the Industrial Enterprises* (Cambridge, Mass.: MIT Press, 1962), 314.（アルフレッド・D. チャンドラー Jr. 著、有賀裕子訳『組織は戦略に従う』ダイヤモンド社、2004年）
2. 2019年4月1日のダニエラ・クレーマーとの電話インタビュー。
3. "Help Increase the GDP of the Internet," Stripe, https://stripe.com/jobs (accessed January 3, 2020).
4. "A Quick Guide to Stripe's Culture," Stripe, https://stripe.com/jobs/culture (accessed January 6, 2020).
5. Michael Mankins and Eric Garton, *Time, Talent, Energy* (Boston: Harvard Business Review Press, 2017).（マイケル・マンキンス／エリック・ガートン著、石川順也・西脇文彦・堀之内順至監修・監訳、斎藤栄一郎訳『TIME TALENT ENERGY：組織の生産性を最大化するマネジメント』プ

レジデント社、2017年）
6. 2019年5月2日のヘンク・ベッカーとの電話インタビュー。
7. ベッカーとの電話インタビュー。
8. 2019年5月2日のアン・リスとの電話インタビュー。
9. Mankins and Garton, *Time, Talent, Energy*, 127.『TIME TALENT ENERGY』
10. Mankins and Garton, *Time, Talent, Energy*, 120.『TIME TALENT ENERGY』

第7章

1. 2019年11月17日のエジンバラでのレス・マセソンとのインタビュー。
2. マセソンとのインタビュー。
3. 2019年11月5日のエジンバラでのフラン・ウェルダーズとのインタビュー。
4. Elizabeth Swan and Tracy O'Rourke, *The Problem-Solver's Toolkit: A Surprisingly Simple Guide to Your Lean Six Sigma Journey* (Seattle: Amazon Digital Services, 2018).
5. Hongyi Chen and Ryan Taylor, "Exploring the Impact of Lean Management on Innovation Capability," in *Proceedings of PICMET '09—Technology Management in the Age of Fundamental Change,* Portland International Center for Management of Engineering and Technology (New York: Institute of Electrical and Electronics Engineers, 2009), 816–824.
6. Steve Blank, "When Startups Scrapped the Business Plan," interview by Curt Nickisch, *Harvard Business Review*, August 23, 2017, https://hbr.org/ideacast/2017/08/when-startups-scrapped-the-business-plan.html.
7. Eric Ries, *The Lean Startup: How Today's Entrepreneurs Use Continuous Innovation to Create Radically Successful Businesses* (New York: Crown Publishing, 2011), Kindle edition, 4.（エリック・リース著、伊藤穣一／井口耕二訳『リーン・スタートアップ：ムダのない起業プロセスでイノベーションを生みだす』日経BP、2012年）
8. Marty Cagan, *Inspired: How to Create Tech Products Customers Love* (New York: Wiley, 2017), Kindle edition, 49.（マーティ・ケーガン著、佐藤真治・関満徳監訳、神月謙一訳『INSPIRED：熱狂させる製品を生み出すプ

ロダクトマネジメント』日本能率協会マネジメントセンター、2019年)

第8章

1. 「会議またはその一部がチャタムハウスルールの下で開催されたとき、参加者はそこで得た情報は自由に活用してよいが、スピーカーあるいは他の参加者が特定できるような情報は明らかにしてはならない」。“Chatham House Rule,” https://www.chathamhouse.org/chatham-house-rule (accessed December 30, 2019) を参照。
2. George Anders, “Inside Amazon’s Idea Machine: How Bezos Decodes Customers,” *Forbes*, April 23, 2012, https://www.forbes.com/sites/georgeanders/2012/04/04/inside-amazon/#1058738b6199.
3. アマゾンの使命は同社のウェブサイトを参照。“Come Build the Future with Us,” https://www.amazon.jobs/en/working/working-amazon (accessed December 30, 2019).
4. アマゾンの運営原則は同社のウェブサイトを参照。“Leadership Principles,” https://www.amazon.jobs/en/principles (accessed December 30, 2019).
5. Eugene Kim, “Jeff Bezos to Employees: ‘One Day, Amazon Will Fail,’ but Our Job Is to Delay It as Long as Possible,” CNBC, November 15, 2018, https://www.cnbc.com/2018/11/15/bezos-tells-employees-one-day-amazon-will-fail-and-to-stay-hungry.html.
6. Jack Welch, “Speed, Simplicity, Self-Confidence: An Interview with Jack Welch,” interviewed by Noel Tichy and Ram Charan, *Harvard Business Review*, September–October 1989, 113.
7. Amar V. Bhidé, *The Origin and Evolution of New Businesses* (New York: Oxford University Press, 2000), 61.
8. Fred Wilson, “Why Early Stage Venture Investments Fail,” Union Square Ventures (USV), November 30, 2007, https://www.usv.com/writing/2007/11/why-early-stage-venture-investments-fail/.
9. Daniel Kahneman, *Thinking, Fast and Slow* (New York: Farrar, Straus and Giroux, 2013), Kindle edition, 207. (ダニエル・カーネマン著、村井章子訳『ファスト&スロー：あなたの意思はどのように決まるか？』[上・下] 早川書房、2014年)

10. Teresa Amabile and Steven J. Kramer, “The Power of Small Wins,” *Harvard Business Review*, May 2011, https://hbr.org/2011/05/the-power-of-small-wins.（テレサ・M. アマビール／スティーブン・クレイマー著「進捗の法則：知識労働者の生産性を高める」DIAMOND ハーバード・ビジネス・レビュー、2012 年 2 月号）